Knollmann

Gärtnern mit Pflanzplänen

IDEEN FÜR JEDE GARTENECKE

MIRANDA BEAUFORT & JANE NICHOLAS

Gärtnern mit Pflanzplänen

IDEEN FÜR JEDE GARTENECKE

FOTOS JOHN GLOVER

CHRISTIAN VERLAG

Denen gewidmet, die uns inspirieren

Miranda Beaufort: meiner Mutter Primrose und meinem Mann David
Jane Nicholas: meinen Eltern Laurence und Judy Nicholas

Aus dem Englischen übertragen von Dr. Jens-Uwe Voss
Korrektur: Dr. Michael Schenkel
Umschlaggestaltung: Horst Bätz
Satz: SatzDesign Yvonne Heizinger, München

Die Originalausgabe mit dem Titel *Easy Gardening. Recipes for Successful Planting* wurde erstmals 2004 im Verlag Frances Lincoln, 4 Torriano Mews, Torriano Avenue, London NW5 2RZ, veröffentlicht.

Druck und Bindung: Tien Wah Press, Singapore
Printed in Singapore

ISBN 3-88472-704-4

INHALT

Einleitung **6**

Wissenswertes **8**

Pflanzrezepte

Sonnige Blumenbeete im Garten

Gelb, Weiß und Blau 12
Rosa, Blau und Weiß 16
Rosa und Gelb 20
Feurige Farben 24
Kastanienbraun, Hellgelb und Rahmweiß 28
Blau und Weiß 32
Rosa und Rot 36
Gedeckte Farben 40

Schattige Blumenbeete im Garten

Feuchter Schatten 44, 48
Lichter Schatten 52, 56
Tiefer Schatten 60
Trockener Schatten unter Bäumen 64

Sonnige Blumenbeete vor einer Mauer

Weiß 68
Rosen mit Begleitung 72, 76, 80
Blau, Weiß und Hellrosa 84
Gemischte Farben 88
Stauden und Sträucher 92

Schattige Blumenbeete vor einer Mauer

Blattformen 96
Stauden und Sträucher 100, 104
Blau und Weiß 108
Gelb und Weiß 112
Grün, Lila und Weiß 116

Am Wasser

Sonnig und ufernah 120
Schattig mit Stauden und Sträuchern 124
Sonnig am Meer 128

Für besondere Ansprüche

Kalt und exponiert: Windschutz 132
Windig, kalt und exponiert: Sträucher 136
Trockenheit und dünne Bodendecke 140
Auf saurem Boden: Stauden und Sträucher 144, 148
Auf Kalk vor einer Mauer: Sonnig oder halbschattig 152
Auf Kalk im Garten: Sonnig oder halbschattig 156
Ein schön bepflanztes Kräuterbeet 160
Ein Kräuterbeet zum Anbeißen 164
Eine Steinmauer in der Stadt: Sonnig und duftend 168
Ein Hochbeet vor einer Mauer: Sonnig oder halbschattig 172
Ein Wildblumenbeet für Bienen und Schmetterlinge 176

Register 180
Nützliche Adressen 183

EINLEITUNG

Gärten mit einer abgestimmten, romantischen Bepflanzung, wie man sie in England häufig findet, werden auch hierzulande immer beliebter. Viele Menschen möchten selbst auch solch einen Garten anlegen, haben aber nicht so die rechte Vorstellung davon, wie man das macht.

Dieses Buch zeigt, wie es ganz einfach geht.

Wer ein nach Süden gerichtetes Beet in heißer, sonniger Lage hat, träumt vielleicht von einer ruhigen, duftenden Bepflanzung mit Lavendel und Rosen. Ein anderer hat vielleicht einen schwierigen Platz unter Bäumen, der durch eine sorgfältig ausgewählte Bepflanzung aufgelockert werden soll. Für solche und viele andere Situationen gibt dieses Buch genaue Beschreibungen, was man dort pflanzen kann und wie man es richtig pflegt.

Dieses Buch macht Vorschläge zur Bepflanzung für ganz unterschiedliche Situationen im Garten und gibt „Rezepte" zu deren Umsetzung. Dazu findet man jeweils einen Pflanzplan und eine Liste der empfohlenen Pflanzen, die außerdem jeweils auf einem Farbfoto abgebildet werden. Was den Abstand der Pflanzen voneinander betrifft, so kann man sich an den Angaben unter „Größe und Pflanzung" sowie an den Angaben in der Zeichnung orientieren. Wo Gruppen ein und derselben Pflanze vorgesehen sind, werden genauere Angaben zur Dichte der Bepflanzung und dem Abstand der Pflanzen voneinander gegeben. Außerdem werden zusätzliche Pflanzen genannt, die im Frühling und Sommer mehr Farbe ins Spiel bringen und die anfänglichen Lücken füllen, und die erforderlichen Pflegemaßnahmen für das Blumenbeet erläutert. Jedes kurze Kapitel schließt mit einer Beschreibung aller verwendeten Pflanzen und ihren Ansprüchen.

Auf den folgenden Seiten 9–11 findet sich Wissenswertes zur Pflege und Bepflanzung eines Gartens kurz zusammengestellt, verbunden mit ein paar Hinweisen, wie man das Beste aus seinem Garten machen kann.

Alle Pflanzpläne sind für eine Rabatte von etwa 4 m Länge und 2 m Breite ausgelegt. Bei größeren Rabatten kann man die Bepflanzung wiederholen, bei kleineren entsprechend weniger Pflanzen verwenden. In jedem Fall muss man überschlagen, wie viele Pflanzen man bei der vorhandenen Fläche braucht. Wichtig ist dabei die Zusammenstellung der verschiedenen Pflanzen, nicht, ob man von der Zahl her mehr oder weniger Pflanzen benötigt. Bei den Größenangaben wird jeweils erst die Höhe einer Pflanze, dann deren Breite genannt.

Wer sich daranmacht, die „Rezepte" selbst auszuprobieren, die einem zusagen, wird hoffentlich feststellen, dass Gartenarbeit trotz gegenteiliger Behauptungen in Wirklichkeit gar nicht so schwer ist!

WISSENSWERTES

Die Pflegeanleitungen sind kurz und knapp gefasst. In diesem Kapitel sind einige allgemeine wissenswerte Aspekte und ein paar Beispiele zusammengestellt, die das Verständnis und die Freude am Gärtnern vertiefen.

DER pH-WERT DES BODENS

Der pH-Wert gibt an, ob ein Boden sauer, neutral oder basisch ist, und lässt sich mit einem einfachen Bodentest aus dem Gartenmarkt bestimmen. Bei pH 7 ist ein Boden neutral, darunter sauer und darüber basisch. Manche Pflanzen haben ganz bestimmte Ansprüche an den pH-Wert, so benötigen zum Beispiel Rhododendren sauren Boden.

KLETTERPFLANZEN AN MAUERN

Bevor man Kletterpflanzen an Mauern setzt, sollte man dort eine stabile Befestigung anbringen, da man auf diese Weise Wuchs und Form der Pflanze beeinflussen kann.

Als Erstes bohrt man im Abstand von etwa 50 cm übereinander Löcher, so hoch es geht, dann ebenso nebeneinander auf 2 m Breite im selben Abstand; daraufhin fügt man Dübel ein und bringt in jedem Loch eine Schrauböse an. Anschließend befestigt man einen stabilen Draht an der untersten und äußersten Öse, zieht ihn horizontal durch die weiteren Ösen und befestigt ihn an der letzten. Auf diese Weise bringt man in jeder horizontalen Ösenreihe einen Draht an, wobei man darauf achtet, dass dieser straff gespannt ist und nicht durchhängt. Schließlich bringt man vertikal ebenso Drähte an.

Die Kletterpflanzen werden mit Gartenschnur an den Drähten angebunden. Bei ausdauernden Kletterpflanzen kann man ein Stück einer alten Nylonstrumpfhose verwenden, die besser hält und, weil sie sich dehnt, nicht in die allmählich dicker werdenden Zweige einschneidet.

DAS PFLANZEN

Vor dem Pflanzen

Die herkömmliche und beste Zeit zum Pflanzen ist im Oktober oder im März/April. Da die meisten Pflanzen aber heute in Containern geliefert werden, kann man fast das ganze Jahr über pflanzen, wenn kein Frost herrscht. Das Wichtigste, was man beachten muss, ist, dass neu gesetzte Pflanzen regelmäßig gewässert werden müssen, damit sie gut anwachsen.

Man steckt zunächst das Beet ab und räumt alle dort wachsenden Pflanzen ab. Wenn die Größe des Beets von der im Pflanzplan angegebenen (4 m Länge, 2 m Tiefe) abweicht, muss man zunächst die entsprechende Anzahl von Pflanzen berechnen (siehe Seite 6). Das Beet wird sorgfältig umgegraben, sodass der Boden locker und für die Pflanzen vorbereitet ist. Anschließend stellt man die Pflanzen noch im Topf an den im Plan angegebenen Stellen auf und kontrolliert, ob man genug Pflanzen hat und alles an der richtigen Stelle steht.

Pflanzen setzen

Ein guter Start ist Voraussetzung für gutes Wachstum und Widerstandsfähigkeit gegen Schädlinge und Krankheiten.

Wenn der Ballen trocken ist, taucht man die Pflanze mit dem Topf so lange in einen Eimer Wasser, bis keine Luftblasen mehr aufsteigen. Das Pflanzloch sollte etwas tiefer und breiter als der Ballen sein. Man lockert die Erde am Grund des Lochs und mischt sie mit einer Hand voll Dünger. Im Herbst nimmt man Knochenmehl, im Frühjahr Fisch-, Blut- und Knochenmehl, alles leicht erhältliche, organische Dünger, die langsam wirken. Man nimmt die Pflanze aus dem Topf und setzt sie etwa 1 cm tiefer als das umgebende Erdreich, füllt seitlich die zuvor ausgehobene Erde ein und drückt fest an. Zum Schluss wird nochmals gewässert.

Man pflanzt niemals in einer schnurgeraden Linie! Selbst bei Reihenpflanzungen ordnet man die Pflanzen versetzt an. Auch durch eine ungerade Anzahl von Pflanzen beugt man einer monotonen Wirkung vor. Was den Abstand der Pflanzen voneinander betrifft, so können die Angaben je nach Art des beschriebenen Beets variieren.

Rosen pflanzen

Wurzelnackte Rosen stellt man vor dem Pflanzen zunächst einige Zeit ins Wasser. Beim Pflanzen breitet man dann die Wurzeln spinnenförmig auseinander, damit die Rose gut einwurzelt. Ebenso geht man bei den Wurzeln von Rosen im Container vor, wobei man die Wurzeln vorsichtig vom Rand des Topfs löst. Man achte darauf, die Rose ausreichend tief zu pflanzen, füllt bis etwa 1 cm unterhalb der Ansatzstelle der ersten Zweige mit Erde an und sorgt für eine ausreichende Bewässerung, bis die Pflanze richtig angewachsen ist. Kletterrosen setzt man mit mindestens 30 cm Abstand vom Zaun oder von der Wand.

WÄSSERN

Alle Pflanzen müssen bei Trockenheit gewässert werden, das gilt ganz besonders für Neupflanzungen.

STÜTZEN UND HALT GEBEN

Kaum etwas bietet einen so scheußlichen Anblick wie Pflanzen, die in einer Reihe an Stäben festgebunden und eingeschnürt dastehen. Das Stützen ist eine Kunst für sich, die – sollen die Pflanzen natürlich wirken – mit Sorgfalt ausgeführt sein will. Als Erstes wird man einen genauen Blick auf die Pflanze werfen und sehen, wie sie wachsen möchte. Wenn man sie stützt, so soll sie dadurch im Zaum gehalten, aber nicht in eine unnatürliche Wuchsform gebracht werden. Bevor man sich ans Werk macht, muss man sich also klar machen, wie man dem Wuchsverhalten der Pflanze gerecht wird, und nach getaner Arbeit das Ergebnis fortlaufend überprüfen.

Wenn eine Pflanze einen Halt benötigt, weil die Blüten zu schwer sind (was etwa bei Pfingstrosen häufig vorkommt), so nimmt man am besten fertige, stabile Ringstützen aus Kunststoff oder Metall, die es in Gartenmärkten gibt. Man stellt sie auf, wenn die Triebe etwa 15 cm hoch sind, sodass diese durch die Stützen hindurchwachsen.

Pflanzen werden nur dann angebunden, wenn es wirklich nötig ist. Bei vielen Stauden, die leicht etwas auseinander fallen, ist es besser, Haselzweige zwischen die noch jungen Triebe zu stecken, die der Pflanze im weiteren Verlauf Halt geben.

Hohe, schlanke Blütentriebe muss man möglicherweise an (wenn möglich, grünen) Bambusstäben festbinden, vor allem dann, wenn der Wind Schaden anrichten kann. Dabei zieht man nicht einfach die Blütenköpfe an einem Stab hoch, sondern bindet die Triebe sorgfältig mit Gartenschnur an, gegebenenfalls einzeln an unterschiedliche Stäbe.

BODENDÜNGER

Viele Böden werden mit der Zeit, wenn der Humusgehalt abnimmt, schlechter und profitieren deshalb von der Zufuhr organischer Materialien, die sich allmählich zersetzen und auf diese Weise den verlorenen Humusanteil ergänzen und den Boden verbessern. Beim Mulchen bringt man solche Stoffe als Decke auf den Boden auf. Die wichtigsten organischen Materialien sind Stallmist und Kompost.

Stallmist

Stallmist bekommt man entweder direkt beim Bauern oder Pferdestall (gut abgelagert, mindestens ein Jahr alt) oder sackweise im Gartenmarkt. Man kann ihn als etwa 5 cm hohe Mulchdecke im Spätherbst, Winter oder zeitigen Frühling ausbringen, wenn der Boden nicht gefroren ist, wobei man darauf achtet, dass er nicht direkt an die oberirdischen Pflanzenteile gelangt. Stallmist verbessert die Bodenstruktur, führt Nährstoffe zu und hält den Boden feucht. Pilzkompost, der in Gartenmärkten angeboten wird, enthält zersetzten Stallmist und kann entsprechend verwendet werden.

Kompost

Bei Kompost handelt es sich um Pflanzenreste, die in einem Komposthaufen, einer Miete oder einem Kompostcontainer aus dem Gartenmarkt verrottet sind. Um Kompost zu bereiten, schichtet man etwa 15 cm hohe Lagen von pflanzlichen Garten- und Küchenabfällen im Wechsel mit etwa 5 cm hohen Lagen Stroh oder feuchtem Zeitungspapier auf. Die Kompostierung lässt sich beschleunigen, wenn man den Haufen etwa alle 2 Monate umschichtet und dabei Material, das noch nicht zersetzt ist, in der Mitte des Haufens zusammenträgt. Nach 6–8 Monaten sollte der Kompost fertig sein und kann dann zwischen den Pflanzen ausgebracht werden, etwa ein Eimer pro Quadratmeter.

Lauberde

Lauberde ist Kompost aus zersetzten Blättern. Wenn man genug Platz hat, kann man einen Laubhaufen aufsetzen und das Laub im Wechsel mit Erde aufschichten. Man kann auch Plastiksäcke, in die man zahlreiche Löcher sticht, mit Laub füllen und in einer Ecke im Garten sich selbst überlassen. In beiden Fällen ist das Laub nach rund einem Jahr zersetzt und kann dann als Lauberde in den Boden ein- oder als Mulchdecke aufgebracht werden.

Pflanzendünger

Im Frühling verwendet man einen „Allzweck"-Volldünger, der Stickstoff, Phosphat und Kalium enthält. Das Verhältnis dieser drei Nährstoffe ist auf der Packung angegeben und sollte bei 7:7:7 liegen. Der Volldünger wird zwischen den Pflanzen ausgebracht und vorsichtig in den Boden eingeharkt, ohne dabei Zwiebelblumen und andere Pflanzen, die anfangen auszutreiben, zu beschädigen. Wer organischen Dünger bevorzugt, sollte eine Mischung von Fisch-, Blut- und Knochenmehl verwenden (die ein Verhältnis von 5:7:5 aufweist). Organische Dünger wirken nicht so schnell wie Kunstdünger, dafür hält die Wirkung länger an. In jedem Fall hält man sich genau an die empfohlenen Mengenangaben, denn ein Zuviel richtet rasch Schaden an.

Blattdünger

Ein fertiger Flüssigdünger oder ein in Wasser aufgelöstes Pulver, zwischen Spätfrühling und Hochsommer auf die Blätter ausgebracht, kann den Pflanzen zu einem raschen, aber nur kurzzeitigen Wachstumsschub verhelfen, da die Nährstoffe unmittelbar vom Blatt aufgenommen werden. Auch hier muss man sich genau an die Anweisungen halten und darf auf keinen Fall überdosieren.

SCHÄDLINGE UND KRANKHEITEN

Ohne ins Detail zu gehen, werden im Folgenden einige allgemeine Hinweise gegeben, wie man seine Pflanzen vor den häufigsten Schädigungen schützen kann.

Schnecken

Bei besonders gefährdeten Pflanzen (zum Beispiel Funkien) kann eine Schicht scharfer Kies helfen, vor allem in Verbindung mit einem in Gartenmärkten erhältlichen natürlichen Pulver, das eine abschreckende Wirkung auf Schnecken hat. Andere Mittel sind flüssige Schneckenbekämpfungsmittel, die Vögel nicht gefährden, oder für Haustiere sicheres Schneckenkorn (insbesondere auf Basis von Eisenphosphat als Wirkstoff). Schnecken verstecken sich gerne in Mauerspalten und unter Blumentöpfen, wo man sie absammeln kann.

Insekten

Bei leichtem Befall sammelt man die Schädlinge ab, spült sie mit einem Wasserstrahl ab oder schneidet befallene Stellen aus; häufig lässt sich schon dadurch ein stärkerer Befall verhindern. Meistens geht der Befall durch Schadinsekten nach einiger Zeit von selbst zurück: So fressen zum Beispiel Marienkäfer (die man sich zu diesem Zweck auch liefern lassen kann) Blattläuse, und auch Blaumeisen machen diesen Schädlingen oft den Garaus. Es dauert zwar ein wenig, bis die Natur hier zu einem Gleichgewicht findet, doch ist es sehr beruhigend zu sehen, wie sich dieses einstellt. Natürlich gibt es auch Sprays gegen Insekten, die aber meistens auch Bienen und Vögel gefährden und deshalb nur mit Vorsicht zu verwenden sind. Besser sind Mittel auf biologischer Basis, hier sollte man sich vom Gärtner fachlich beraten lassen.

Mäuse, Kaninchen und Eichhörnchen

Auch wenn sie niedlich aussehen mögen, so können sie doch beträchtlichen Schaden anrichten. Abhilfe können Hunde und Katzen schaffen, die Kaninchen und Eichhörnchen kaum erbeuten, aber doch abschrecken können. Wer kein Haustier möchte, kann Mäuse mit Fallen bekämpfen. Eine wirkungsvolle, wenn auch nicht ganz billige Maßnahme gegen Kaninchen ist das Einzäunen ringsherum, wobei der Zaun 30 cm tief eingegraben wird und mindestens ebenso hoch sein muss. In manchen Gegenden werden Eichhörnchen zur Plage in Blumenbeeten; manche haben mit Mottenkugeln, die um Blumenzwiebeln und in Töpfen vergraben werden, gute Erfahrungen gemacht, andere mit Netzen. Man muss sich aber damit abfinden, dass man sich immer wieder etwas Neues überlegen muss, um sie zu überlisten.

Rehe, Rotwild und Wildschweine

In manchen ländlichen Gegenden kann Wild Schäden verursachen. Man kann sich an den Jagdpächter wenden. Es kann aber erforderlich sein, den ganzen Garten einzuzäunen oder zumindest Fraßschutzmaßnahmen bei Bäumen und Sträuchern zu ergreifen.

Rosenkrankheiten

Über 25 Jahre Gärtnern mit Rosen hat uns gezeigt, dass Spritzen gegen Krankheiten nicht allzu viel bringt. Besser ist es, einige Pflegehinweise zu beachten, damit die Rosen möglichst gesund bleiben. Das beginnt schon mit dem Pflanzen (siehe oben).

Mehltau (weißlicher Belag auf den Blättern) wird durch Trockenheit im Wurzelbereich begünstigt. Zur Vorbeugung achte man daher auf eine ausreichende Bewässerung, bei starkem Befall kann man sich von Fachleuten beraten lassen, welche Mittel infrage kommen.

Bei Befall durch Rost (orangefarbene Flecken auf den Blättern) und Sternrußtau beseitigt man alle befallenen Blätter und Triebe (nicht auf den Kompost geben), nur bei starkem Befall kann es sinnvoll sein, mit einem Fungizid zu spritzen. Wenn der Befall über die Jahre immer wieder auftritt, stärker wird und die Rose einen kümmerlichen Anblick bietet, ist es besser, sie durch eine weniger anfällige Sorte zu ersetzen.

Clematiswelke

Diese Erkrankung befällt vor allem großblumige Clematis und lässt die Jungtriebe schlagartig welken. In diesem Fall schneidet man die Triebe bis zum Boden zurück, worauf in der Regel von der Basis her neue, gesunde Triebe austreiben.

SCHNITT

In den jeweiligen Beschreibungen der Pflanzenkombinationen finden sich genauere Angaben zum Schnitt der betreffenden Pflanzen.

EINJÄHRIGE UND BLUMENZWIEBELN

Bei jeder Pflanzenzusammenstellung werden als „Zusatzbepflanzung" Zwiebeln und Knollen für eine Frühlings- und Einjährige für die Sommerblüte empfohlen. Einjährige werden in der Regel als blühfähige Pflanzen aus Töpfen direkt gepflanzt und bringen somit gleich Farbe ins Beet. Manchmal wird aber auch vorgeschlagen, Einjährige in die nackte Erde im Beet auszusäen und damit Lücken zu füllen. Auch hier muss man wieder auf eine gute Bewässerung achten, den Boden feucht halten, bis die ersten Sämlinge erscheinen, und die Wachstumszeit über immer wieder gießen. Einjährige sterben zum Winter ab und müssen alljährlich neu gepflanzt werden.

Zwiebeln und Knollen setzt man so tief in lockere Erde wie auf der Packung angegeben (oder, falls dort keine Angaben stehen, etwa zweimal so tief, wie die Zwiebel groß ist) und bedeckt sie mit Erde. Wenn man Narzissen oder Tulpen gruppenweise pflanzen will, so hebt man ein entsprechend breites Loch aus, streut dort etwas Knochenmehl, setzt die Zwiebeln in etwa 15 cm Abstand hinein und bedeckt sie mit Erde. Dabei pflanzt man niemals in geraden Linien oder mit immer gleichem Abstand, da dies sehr unnatürlich aussieht, wenn die Pflanzen blühen.

Am Ende der Blütezeit sollte man um die Zwiebeln herum wiederum etwas Knochenmehl ausstreuen, wenn man die Blätter der Zwiebelblumen abschneidet. Dadurch führt man dem Boden Nährstoffe zu, die den Pflanzen zugute kommen und dafür sorgen, dass sie über viele Jahre stets aufs Neue blühen werden.

1

2

3

4

5

6

7

8

EIN SONNIGES BEET IM GARTEN: GELB, WEISS UND BLAU

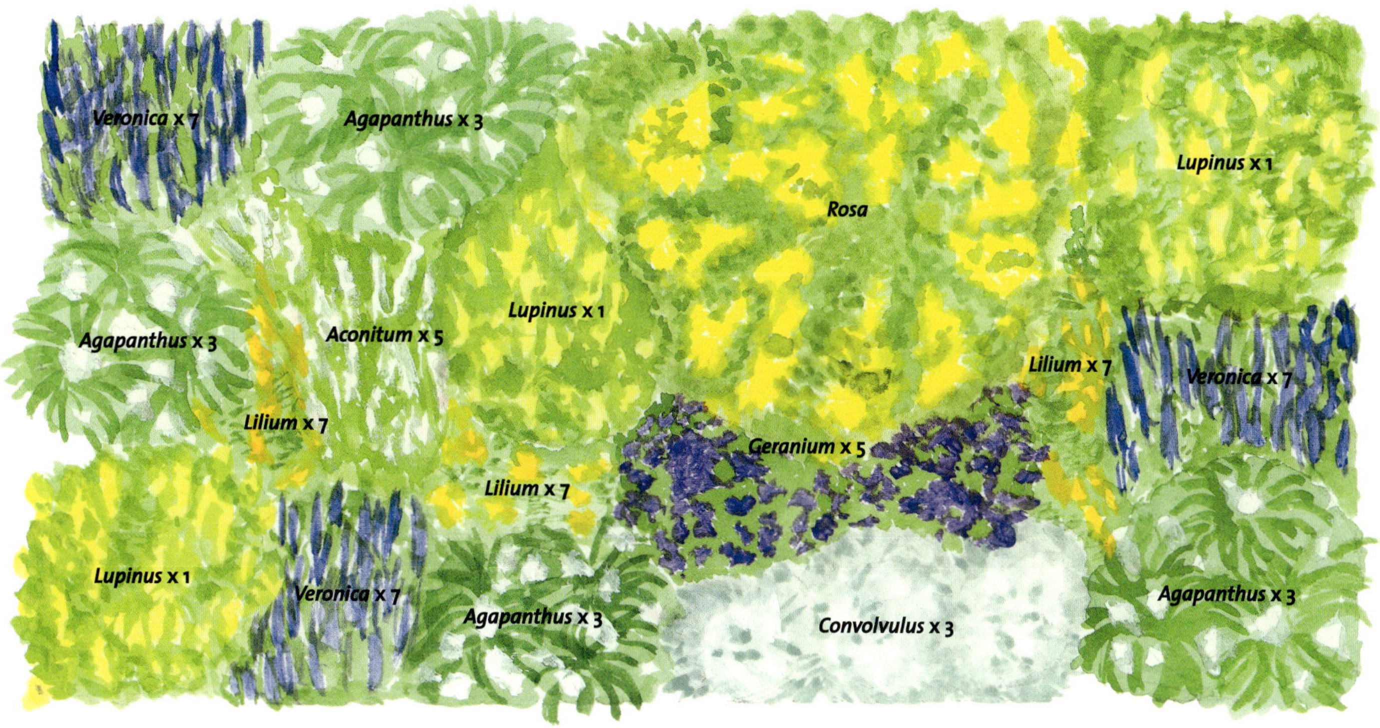

	DIE PFLANZEN	ANZAHL
1	*Lupinus arboreus*, gelb blühende Sorte	3
2	*Rosa xanthina* 'Canary Bird'	1
3	*Agapanthus* 'Alba' (oder *A.* 'White Superior')	12
4	*Convolvulus cneorum*	3
5	*Aconitum* 'Ivorine'	5
6	*Geranium ibericum*	5
7	*Lilium* African-Queen-Gruppe	21
8	*Veronica spicata*	21

GRÖSSE UND PFLANZABSTAND

Aconitum 'Ivorine': 75 cm x 23 cm, mit 20 cm Abstand setzen.

Agapanthus 'Alba': wird über 60 cm hoch, mit 30 cm Abstand setzen.

Convolvulus cneorum: 30 cm x 30 cm, mit 20 cm Abstand setzen.

Geranium ibericum: 30 cm x 45 cm, mit 30 cm Abstand setzen.

Lilium African-Queen-Gruppe: wird 90–120 cm hoch, mit 15 cm Abstand setzen.

Lupinus arboreus: 90 cm x 90 cm

Rosa xanthina 'Canary Bird': 250 cm x 150 cm

Veronica spicata: 60 cm x 30 cm, mit 20 cm Abstand setzen.

ZUSATZBEPFLANZUNG

FRÜHLINGSBLÜHER

Im Herbst:
Gelbe und weiße Tulpen, etwa 'West Point', 'White Triumphator', 'Candela', 'Purissima', 'Maureen', 'Bellona', in Gruppen von jeweils mindestens 10 Stück setzen, jede Sorte für sich.

Im Frühling:
Gelbe, blaue und weiße Stiefmütterchen (*Viola* x *wittrockiana*) in Gruppen mit jeweils einheitlicher Farbe zwischen die Pflanzen setzen.

Mit so viel Vergissmeinnicht wie nötig die Lücken schließen.

SOMMERBLÜHER

Im Spätfrühling:
Gelbe oder weiße Löwenmäulchen punktweise im Beet pflanzen.

In die Lücken Sonnenaugen (*Heliopsis*) einsäen.

Lücken im Hintergrund des Beets mit weißen Kosmeen schließen.

ALLGEMEINE PFLEGEHINWEISE

Neue gesetzte Pflanzen gut wässern.

Im Herbst abgestorbene Blätter und Pflanzenreste absammeln, aber nichts zurückschneiden.

Im Frühling Volldünger geben.

Auf Schnecken aller Art achten und bei Schäden sofort mit Schneckenkorn oder anderen Mitteln bekämpfen. Die Lilien anbinden, wenn sie zu sehr überhängen. Im Frühling das Beet säubern und abgestorbene Triebe abschneiden.

DIE PFLANZEN IM EINZELNEN

***Aconitum* 'Ivorine'**
Eisenhut
BODEN: feucht
LAGE: sonnig bis halbschattig
BLÜTENFARBE: Weiß
BLÜTEZEIT: Spätfrühling bis Hochsommer
DÜNGUNG: im Frühling mit Volldünger
SCHNITT: Blütentriebe nach der Blüte bis auf etwa 20 cm abschneiden.
WEITERE HINWEISE: Stattliche, an Rittersporn erinnernde Blüten an kräftigen Stängeln, blüht früh.

***Agapanthus* 'White Superior'**
Schmucklilie
BODEN: nährstoffreich, sehr durchlässig
LAGE: vollsonnig
BLÜTENFARBE: Weiß
BLÜTEZEIT: Hochsommer bis Frühherbst
DÜNGUNG: Frühling und Hochsommer
SCHNITT: Alte Blütentriebe im Herbst oder nach der Blüte so tief wie möglich herausschneiden.
WEITERE HINWEISE: Eine sehr schöne Pflanze, die alle 3–4 Jahre geteilt werden sollte. *Agapanthus* lässt sich bei uns sehr gut als frostfrei zu überwinternde Kübelpflanze halten, dabei auf gute Drainage durch eine Schotterschicht im Topf achten.

Convolvulus cneorum
Silberwinde
BODEN: sehr durchlässig, arm
LAGE: vollsonnig
BLÜTENFARBE: Weiß, außen mit Dunkelrosa
BLÜTEZEIT: Spätfrühling bis Spätsommer
DÜNGUNG: im Frühling
SCHNITT: nicht erforderlich
WEITERE HINWEISE: Eine sehr schöne Immergrüne mit schmalem, seidigem und wirklich silbrigem Laub, nur in geschützten Lagen winterhart.

Geranium ibericum
Storchschnabel
BODEN: sehr durchlässig
LAGE: sonnig bis halbschattig
BLÜTENFARBE: Blauviolett
BLÜTEZEIT: Früh- bis Hochsommer
DÜNGUNG: Frühling und Hochsommer
SCHNITT: Nach der Blüte auf die halbe Höhe zurückschneiden, damit neue Blütentriebe nachwachsen.
WEITERE HINWEISE: Ein sehr schöner Storchschnabel, der gut zu Rosen und Stauden passt.

***Lilium* African-Queen-Gruppe**
Lilie
BODEN: sehr durchlässig, nährstoffreich
LAGE: sonnig
BLÜTENFARBE: Weiß
BLÜTEZEIT: Hoch- bis Spätsommer
DÜNGUNG: Frühling und Hochsommer
SCHNITT: Abgeblühte Triebe bis auf 30 cm zurückschneiden.
WEITERE HINWEISE: Etwas Kies unter die Zwiebel ins Pflanzloch geben, um den Wasserabzug zu verbessern. Sehr schöner Duft.

***Lupinus arboreus*, gelb blühende Sorte**
Strauchlupine
BODEN: sehr durchlässig
LAGE: vollsonnig
BLÜTENFARBE: Hellgelb
BLÜTEZEIT: zeitiger Frühling bis Hochsommer
DÜNGUNG: Frühling
SCHNITT: Nach der Blüte zu einer ansprechenden Form zurechtschneiden.
WEITERE HINWEISE: Oft kurzlebig. Auf die Form achten, wächst rasch und fällt dann leicht auseinander. Nur in sehr geschützten Lagen winterhart.

***Rosa xanthina* 'Canary Bird'**
Goldgelbe Rose
BODEN: guter, durchlässiger Boden
LAGE: sonnig
BLÜTENFARBE: Hellgelb
BLÜTEZEIT: Spätfrühling bis Frühsommer
DÜNGUNG: Frühling und Hochsommer
SCHNITT: Nach der Blüte gleichmäßig zurückschneiden.
WEITERE HINWEISE: Eine der schönsten Rosenarten mit schönem, farnähnlichem Laub und leichtem Duft. Im Spätfrühling sind die Zweige mit ungefüllten Blüten übersät.

Veronica spicata
Heide-Ehrenpreis
BODEN: sehr durchlässig
LAGE: sonnig
BLÜTENFARBE: Blau
BLÜTEZEIT: Frühsommer bis Frühherbst
DÜNGUNG: Frühling
SCHNITT: Abgeblühte Triebe bis zur Basis zurückschneiden.
WEITERE HINWEISE: Eine schöne Pflanze mit leuchtend blauen Blütenähren.

EIN SONNIGES BEET IM GARTEN: ROSA, BLAU UND WEISS

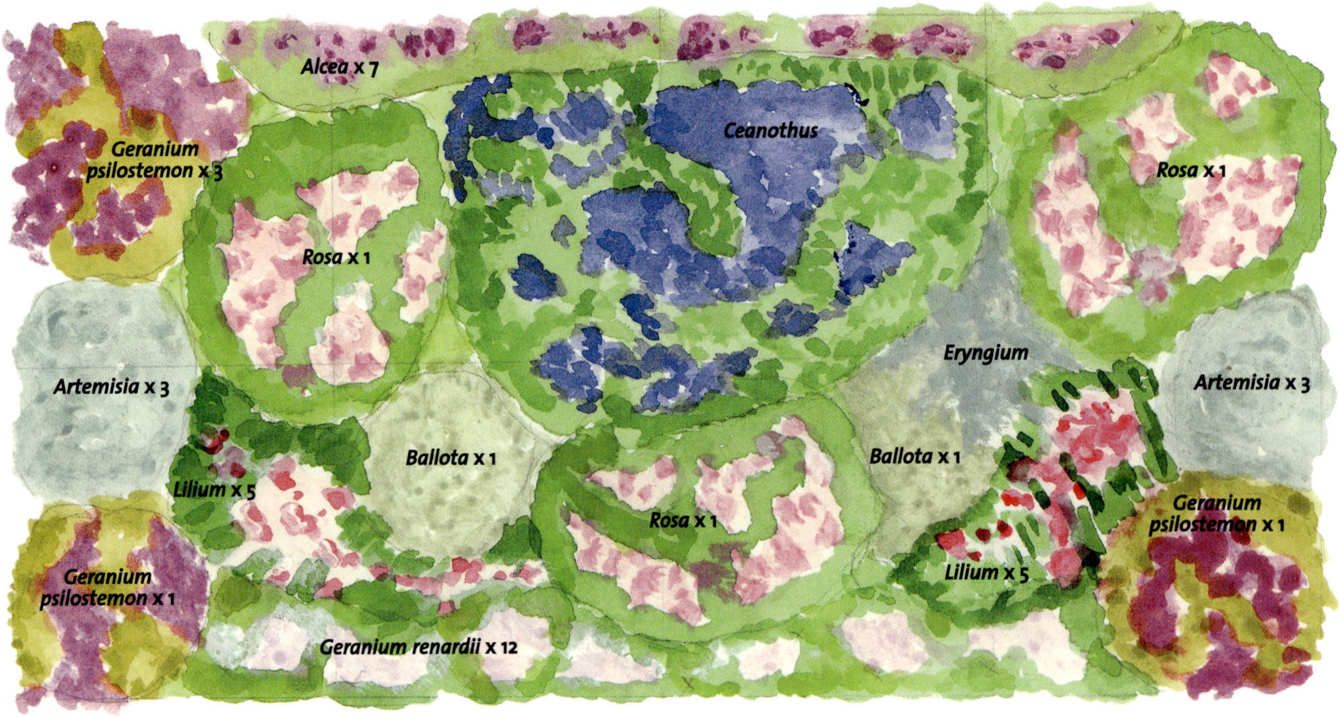

	DIE PFLANZEN	ANZAHL
1	*Ballota pseudodictamnus*	2
2	*Ceanothus thyrsiflorus* var. *repens*	1
3	*Rosa* 'Belle Isis'	3
4	*Alcea rosea*, rosa blühende Sorten	7
5	*Geranium renardii*	12
6	*Eryngium giganteum*	1
7	*Geranium psilostemon*	5
8	*Artemisia* 'Powis Castle'	6
9	*Lilium speciosum* var. *rubrum*	10

1

2

3

4

5

6

7

8

9

GRÖSSE UND PFLANZABSTAND

Alcea rosea: 150 cm x 60 cm, mit 60 cm Abstand setzen.

Artemisia 'Powis Castle': 60 cm x 60 cm, mit 60 cm Abstand setzen.

Ballota pseudodictamnus: 45 cm x 60 cm

Ceanothus: Bildet das zentrale Element dieser Bepflanzung, 120–150 cm x 150–180 cm, bei Rückschnitt aber nur 90 cm x 150 cm.

Eryngium giganteum: 90–120 cm x 60 cm, mit 60 cm Abstand zu den Nachbarpflanzen setzen.

Geranium psilostemon: 75 cm x 60 cm, mit 45 cm Abstand setzen.

Geranium renardii: 23 cm x 30 cm, vorne im Beet in versetzten Reihen pflanzen.

Lilium speciosum var. *rubrum*: 75 cm x 15 cm, mit 15 cm Abstand setzen.

Rosa 'Belle Isis': 110 cm x 75 cm

ZUSATZBEPFLANZUNG

FRÜHLINGSBLÜHER

Im Herbst:
Je 20 rosa und weiße Tulpen der Sorten 'Clara Butt', 'China Pink', 'White Triumphator', 'White Swan' und 'Peach Blossom' als Einzelpflanzen über das gesamte Beet verteilt. Die Farben dürfen sich dabei vermischen.

Im gesamten Beet eine bunte Mischung von rosa, weißen und blauen *Anemone blanda* setzen.

Im Frühling:
Vorne im Beet Vergissmeinnicht pflanzen.

In Lücken blaue Veilchen oder Stiefmütterchen (*Viola* x *wittrockiana*) setzen.

SOMMERBLÜHER

Im Frühling:
Weiße oder rosa Kosmeen oder Spinnenblumen (*Cleome*) in Lücken übers Beet verteilt setzen.

ALLGEMEINE PFLEGEHINWEISE

Im Frühling Volldünger geben.

Auf Sämlinge von *Eryngium* achten und diese umpflanzen.

Die Tulpen abschneiden und düngen, wenn das Laub gelb wird und abstirbt.

Die Lilien anbinden, wenn sie etwa 15 cm hoch geworden sind.

Im Frühling die silbrige und grauweiße Bepflanzung säubern. Verblühtes bei den Rosen ausschneiden und gegen Schädlinge und Krankheiten, wenn nötig, spritzen, im Frühsommer Rosendünger geben.

Ceanothus, wenn nötig, nach der Blüte stutzen.

Verblühtes bei den Stockrosen entfernen.

DIE PFLANZEN IM EINZELNEN

***Alcea rosea*, rosa blühende Sorten (Stockrose)**
BODEN: schwer, nährstoffreich
LAGE: vollsonnig
BLÜTENFARBE: Rosa
BLÜTEZEIT: Hochsommer bis Frühherbst
DÜNGUNG: Alljährlich gut abgelagerten Mist oder Kompost geben und im Frühling düngen.
SCHNITT: Abgeblühte Blütentriebe bis zur Basis herunterschneiden, es sei denn, es soll Saatgut gewonnen werden.
WEITERE HINWEISE: In Trockenzeiten gut wässern. Zeitiges Spritzen im Jahr mit unpasteurisierter Milch hilft, den Malvenrost unter Kontrolle zu halten. Alte Pflanzen von Zeit zu Zeit durch Jungpflanzen ersetzen, da sie dazu neigen, krank zu werden.

***Artemisia* 'Powis Castle'**
Beifuß
BODEN: sehr durchlässig
LAGE: sonnig
BLÜTENFARBE: Unbedeutend, wird wegen des silbrigen Laubs gepflanzt.
BLÜTEZEIT: Nicht zur Blüte kommen lassen.
DÜNGUNG: Frühling
SCHNITT: Rückschnitt im Frühling, um eine ansprechende Form zu wahren und um Blütenansätze zu entfernen, sobald sie angelegt werden.
WEITERE HINWEISE: Sehr schönes, fiedriges, silbriges Laub. Oft kurzlebig. Passt sehr gut zu Rosen und in formale Bepflanzungen.

Ballota pseudodictamnus
Schwarznessel
BODEN: leicht, nicht zu nährstoffhaltig, empfindlich gegen Winternässe
LAGE: vollsonnig
BLÜTENFARBE: In erster Linie wegen der wolligen, silbergrünen Blätter gepflanzt, Blüten klein, rosa.
BLÜTEZEIT: Hochsommer
DÜNGUNG: Frühling
SCHNITT: Alte Triebe im Frühling auf 30 cm zurückschneiden.
WEITERE HINWEISE: Pflanze mit sehr schönem Blattschmuck

Ceanothus thyrsiflorus* var. *repens
Säckelblume
BODEN: gut, durchlässig
LAGE: vollsonnig
BLÜTENFARBE: Blau
BLÜTEZEIT: Vor- bis Spätfrühling
DÜNGUNG: Frühling
SCHNITT: Nach der Blüte in eine ansprechende Form zurückschneiden.
WEITERE HINWEISE: Eine vielseitige Pflanze mit ansehnlichem dunkelgrünem Laub. Kann verwendet werden, um eine Böschung oder Gullydeckel zu verdecken. Wuchs nicht zu steif, ergibt ein dichtes Polster. Benötigt Winterschutz.

Eryngium giganteum
Elfenbeindistel
BODEN: sehr durchlässig
LAGE: sonnig
BLÜTENFARBE: silbriges Laub, silberblaue Blütenstände
BLÜTEZEIT: Früh- bis Hochsommer
DÜNGUNG: Frühling
SCHNITT: Nicht schneiden, ansehnliche Samenstände.
WEITERE HINWEISE: Ansehnliche Pflanze mit kräftigem, silbrigem Laub. Zweijährig, deshalb nach der Blüte nachpflanzen, sät sich aber leicht selbst aus, daher auf Sämlinge achten und diese umpflanzen.

Geranium psilostemon
Armenischer Storchschnabel
BODEN: gut durchlässig
LAGE: sonnig
BLÜTENFARBE: Magenta mit schwarzem Auge
BLÜTEZEIT: Früh- bis Hochsommer
DÜNGUNG: Frühling
SCHNITT: Nach der Blüte bis zum jungen Laub zurückschneiden, um eine zweite Blüte anzuregen.
WEITERE HINWEISE: Ausgezeichnete Pflanze, die etwas Winterschutz erhalten sollte.

Geranium renardii
Kaukasischer Storchschnabel
BODEN: jeder gute, durchlässige Boden
LAGE: sonnig, halbschattig, schattig
BLÜTENFARBE: Weiß mit purpurroten Adern
BLÜTEZEIT: Spätfrühling bis Hochsommer
DÜNGUNG: Frühling
SCHNITT: Nach der Blüte zurückschneiden, abgestorbenes Laub entfernen.
WEITERE HINWEISE: Graugrünes Laub, kompakter Wuchs. Eine sehr schöne, pflegeleichte Art, die im Frühherbst oder Vorfrühling geteilt werden kann.

Lilium speciosum* var. *rubrum
Prachtlilie
BODEN: durchlässig, nährstoffreich
LAGE: sonnig
BLÜTENFARBE: Tiefrosa
BLÜTEZEIT: Spätsommer bis Frühherbst
DÜNGUNG: Frühling
SCHNITT: Blütenstände nach der Blüte auf 30 cm zurückschneiden.
WEITERE HINWEISE: Wertvoll durch die späte, reiche Blüte und den angenehmen Duft.

***Rosa* 'Belle Isis'**
BODEN: jeder außer Sand oder Kalk
LAGE: sonnig
BLÜTENFARBE: Hellrosa
BLÜTEZEIT: Sommer
DÜNGUNG: Frühling und nochmals im Hochsommer
SCHNITT: Im Winter zurückschneiden, dabei auf eine ansprechende Form achten, alles schwache und tote Holz herausnehmen, aber nicht zu stark beschneiden.
WEITERE HINWEISE: eine reizende, duftende Rose im alten Stil

1

2

3

4

5

6

7

8

EIN SONNIGES BEET IM GARTEN: ROSA UND GELB

	DIE PFLANZEN	ANZAHL
1	*Iris*, hellgelb blühende Sorten (z. B. 'Jeanne Price' oder 'Vinho Verde')	20
2	*Sidalcea* 'Elsie Heugh'	10
3	*Nepeta govaniana*	10
4	*Sedum* 'Herbstfreude'	6
5	*Verbascum* 'Gainsborough'	10
6	*Geranium sanguineum* var. *striatum*	7
7	*Alchemilla mollis*	18
8	*Paeonia*, rosa blühende Sorten mit gelber Mitte (z. B. *P. lactiflora* 'Bowl of Beauty' oder *P.* 'Golly')	3

GRÖSSE UND PFLANZABSTAND

Alchemilla mollis: 30 cm x 30 cm, breitet sich aus, mit 23 cm Abstand setzen.

Geranium sanguineum var. *striatum*: 15 cm x 23 cm, mit 23 cm Abstand setzen.

Iris: 30 cm, Blütenstand 90 cm hoch und 30 cm breit, mit 15 cm Abstand halbmondförmig setzen.

Nepeta govaniana: 90 cm x 60 cm, mit 30 cm Abstand halbmondförmig setzen.

Paeonia: 90 cm x 90 cm, mit 90 cm Abstand setzen.

Sedum 'Herbstfreude': 45 cm x 23 cm, mit 30 cm Abstand setzen.

Sidalcea 'Elsie Heugh': 60 cm x 45 cm, mit 23 cm Abstand setzen.

Verbascum 'Gainsborough': 90 cm x 45 cm, mit 30 cm Abstand kreisförmig setzen.

ZUSATZBEPFLANZUNG

Beim Anlegen des Beets sollten folgende Pflanzen dazugesetzt werden, damit die Bepflanzung geschlossener wirkt.

FRÜHLINGSBLÜHER

Im Herbst:
Schwarze und rosa Tulpen setzen, z. B. 'Queen of Night', 'Philippe de Comines', 'Black Parrot', 'China Pink', 'Angélique', 'Peach Blossom', in Gruppen von jeweils mindestens 10 Stück pro Sorte setzen. Vorne im Beet 100 *Narcissus* 'Hawera' setzen.

Im gesamten Beet eine bunte Mischung von mindestens 50 rosa, weißen und blauen *Anemone blanda* als bunten Blütenteppich für den Frühling setzen.

Im Herbst oder Frühling:
10 *Viola cornuta* (Hornveilchen) setzen, die sich als Staude zwischen den anderen Pflanzen ansiedeln wird.

SOMMERBLÜHER

Im Frühjahr:
Im Hintergrund des Beets rosa blühende *Cosmos* (Kosmeen) setzen.

Gruppen von je 5 oder 10 rosa oder hellgrün blühendem Ziertabak setzen, um Lücken zu füllen.

ALLGEMEINE PFLEGEHINWEISE

Beim Austrieb im Frühling Volldünger geben.

Die Pfingstrosen müssen, sobald sie austreiben, an Bambusstäbe oder fertige Stützen gebunden werden.

Die Tulpen nach dem Verblühen bis zum Boden zurückschneiden und düngen.

Das Laub der Narzissen erst dann beseitigen, wenn es vergilbt ist.

Abgeblühte Blütenstände herausschneiden, viele Pflanzen blühen dann ein zweites Mal.

Die Blütenstände von *Sedum* können vor dem Verblühen geschnitten und für Blumengestecke getrocknet werden.

Auf ausreichende Bewässerung achten.

DIE PFLANZEN IM EINZELNEN

Alchemilla mollis
Weicher Frauenmantel
BODEN: jeder, aber nicht sumpfig
LAGE: sonnig bis schattig
BLÜTENFARBE: grünliches Gelb
BLÜTEZEIT: Frühsommer bis Frühherbst
DÜNGUNG: Frühling
SCHNITT: Wenn nötig, alte Blüten und abgestorbenes Laub entfernen.
WEITERE HINWEISE: Eine äußerst vielseitig verwendbare Pflanze mit zahllosen kleinen Blüten, die über den Blättern stehen und vom Tau benetzt besonders schön aussehen. Sehr gut für Sträuße und zum Trocknen geeignet.

Geranium sanguineum* var. *striatum
Blutroter Storchschnabel
BODEN: nährstoffreich
LAGE: sonnig oder halbschattig
BLÜTENFARBE: Hellrosa
BLÜTEZEIT: Spätfrühling bis Hochsommer
DÜNGUNG: Frühling
SCHNITT: Nach der Blüte zurückschneiden.
WEITERE HINWEISE: Blüht sehr schön hellrosa, sehr guter Bodendecker.

***Iris*, hellgelb**
Schwertlilie
BODEN: gut durchlässig
LAGE: vollsonnig
BLÜTENFARBE: Hellgelb
BLÜTEZEIT: Spätfrühling bis Frühsommer
DÜNGUNG: Im Winter

Knochenmehl, im Frühling Volldünger geben.
SCHNITT: Alte Blütenstände abschneiden und die Blätter fächerförmig bis auf 20 cm über dem Boden zurückschneiden.
WEITERE HINWEISE: Kann im Hochsommer geteilt und neu gesetzt werden. Dabei den Boden etwas anhäufeln und das Rhizom so setzen, dass nur die Wurzeln in den Boden gehen. Das Rhizom sollte oberirdisch liegen, damit es von der Sonnenwärme profitiert.

Nepeta govaniana
Katzenminze
BODEN: gut durchlässig
LAGE: vollsonnig
BLÜTENFARBE: Hellgelb
BLÜTEZEIT: Hochsommer bis Frühherbst
DÜNGUNG: Frühling
SCHNITT: Im Herbst bis zum Boden zurückschneiden.
WEITERE HINWEISE: Eine der schönsten gelb blühenden Pflanzen, wächst gerne zwischen und durch andere Pflanzen.

Paeonia,
rosa mit gelber Mitte
Pfingstrose
BODEN: tiefgründig, nährstoffreich
LAGE: sonnig
BLÜTENFARBE: Rosa und Gelb
BLÜTEZEIT: Spätfrühling bis Hochsommer
DÜNGUNG: Frühling
SCHNITT: Nicht schneiden.
WEITERE HINWEISE: Einmal gesetzt, möchten Pfingstrosen nicht mehr gestört werden. Muss angebunden werden, da die Blütenköpfe recht schwer sind.

***Sedum* 'Herbstfreude'**
BODEN: gut durchlässig
LAGE: vollsonnig
BLÜTENFARBE: Rosa
BLÜTEZEIT: Spätsommer bis Herbst
DÜNGUNG: Frühling
SCHNITT: Alte Blütentriebe bis zum Frühling stehen lassen, erst dann bodennah abschneiden.
WEITERE HINWEISE: Eine pflegeleichte Pflanze. Im Frühsommer mit Zweigen als Stütze umstecken. Die Blüten können für Trockensträuße verwendet werden.

***Sidalcea* 'Elsie Heugh'**
Präriemalve
BODEN: jeder normale Gartenboden
LAGE: sonnig
BLÜTENFARBE: Rosa
BLÜTEZEIT: Frühsommer bis Frühherbst
DÜNGUNG: Frühling
SCHNITT: Abgeblühte Triebe ausschneiden, damit neue Blüten erscheinen.
WEITERE HINWEISE: zarte, hellrosa Blüten auf kräftigen, reich verzweigten Blütentrieben

***Verbascum* 'Gainsborough'**
(Cotswold-Hybriden)
BODEN: gut durchlässig
LAGE: sonnig
BLÜTENFARBE: Hellgelb
BLÜTEZEIT: Spätfrühling bis Frühsommer
DÜNGUNG: Frühling
SCHNITT: Blütenstände im Abblühen an der Basis abschneiden, um die Bildung neuer Blütentriebe anzuregen.
WEITERE HINWEISE: Diese majestätische Pflanze passt gut in naturnahe Gärten, aber ebenso in Gruppen gesetzt in Blumenbeeten.

EIN SONNIGES BEET IM GARTEN: FEURIGE FARBEN

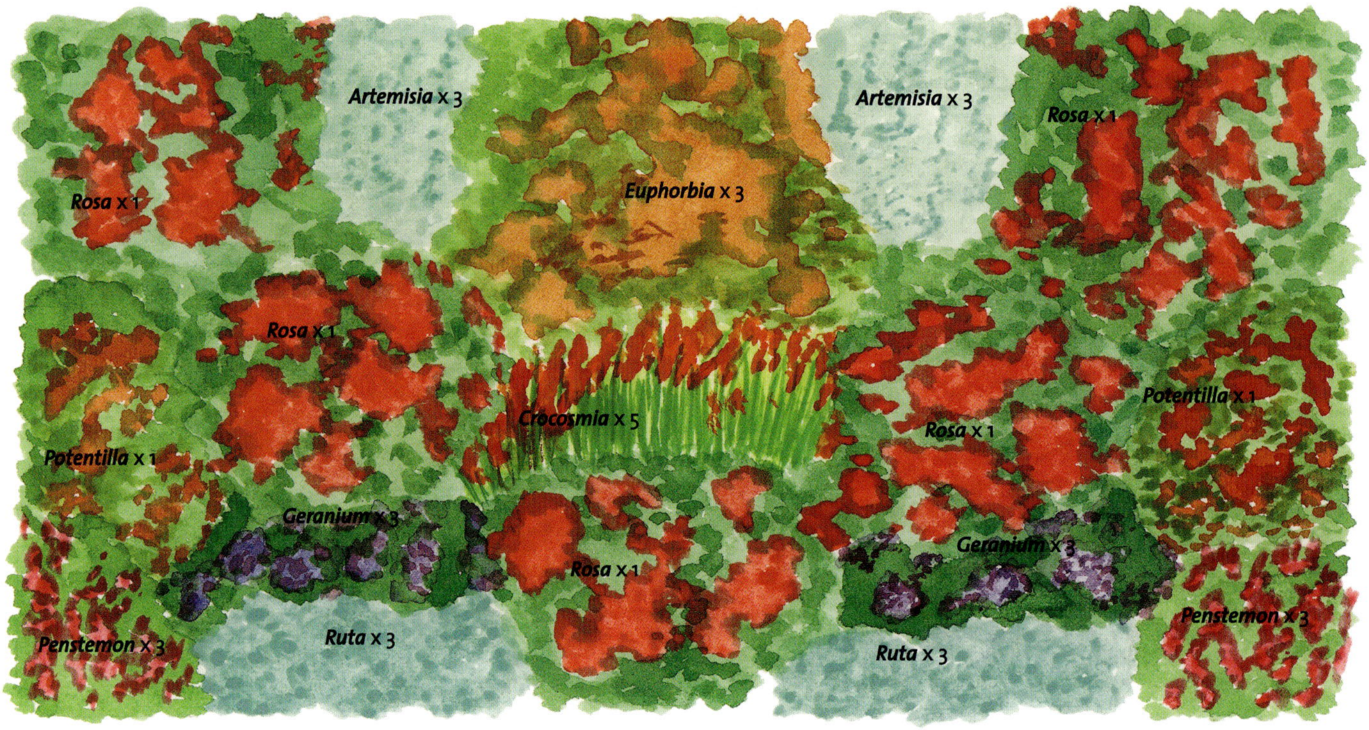

	DIE PFLANZEN	ANZAHL
1	*Potentilla fruticosa* 'Red Ace'	2
2	*Artemisia ludoviciana* 'Silver Queen'	6
3	*Euphorbia griffithii* 'Fireglow'	3
4	*Rosa* 'Frensham'	5
5	*Penstemon* 'Firebird'	6
6	*Ruta graveolens* 'Jackman's Blue'	6
7	*Crocosmia* × *crocosmiiflora* 'Emily McKenzie'	5
8	*Geranium* × *magnificum*	6

1

2

3

4

5

6

7

8

GRÖSSE UND PFLANZABSTAND

Artemisia ludoviciana 'Silver Queen': 90 cm x 60 cm

Crocosmia x *crocosmiiflora* 'Emily McKenzie': 75 cm x 75 cm, breitet sich seitlich aus, mit 30 cm Abstand setzen.

Euphorbia griffithii 'Fireglow': 90 cm x 60 cm, mit 45 cm Abstand setzen.

Geranium x *magnificum*: 60 cm x 45 cm, mit 30 cm Abstand setzen.

Penstemon 'Firebird': 60 cm x 60 cm, mit 30 cm Abstand setzen.

Potentilla fruticosa 'Red Ace': 120 cm x 110 cm

Rosa 'Frensham': 120 cm x 90 cm, mit 90 cm Abstand setzen.

Ruta graveolens 'Jackman's Blue': 30 cm x 30 cm, mit 30 cm Abstand setzen.

ZUSATZBEPFLANZUNG

FRÜHLINGSBLÜHER

Im Herbst:
Bunte Tulpen in Gruppen zu je 10 Stück zwischen die Stauden setzen, z. B. 'Generaal de Wet', 'Red Shine', 'Estella Rijnveld'.

Vorne im Beet 50 *Crocus korolkowii* 'Kiss of Spring' setzen.

Wo noch Platz ist, gelbe Kaiserkronen (*Fritillaria imperialis* 'Lutea') in zwei Gruppen von je 5 Zwiebeln setzen.

Über das Beet verteilt 15 verschiedenfarbige Goldlack (*Erysimum cheiri*) pflanzen.

SOMMERBLÜHER

Im Herbst oder im Frühling:
Klatschmohn (*Papaver rhoeas*) im Beet verteilt aussäen.

Im Frühling:
5 leuchtend rote Kapuzinerkressen (*Tropaeolum majus* 'Empress of India') in Lücken an der Vorderseite des Beets setzen.

Im Spätfrühling:
10 dunkelrote Dahlien jeweils einzeln in Lücken im Hintergrund pflanzen.

ALLGEMEINE PFLEGEHINWEISE

Das gesamte Beet im Frühling düngen.

Silber- (*Artemisia*) und Weinraute (*Ruta*) nicht zur Blüte kommen lassen, Blütentriebe sogleich abschneiden. Beim Arbeiten mit Weinraute und Euphorbien Handschuhe tragen, da deren Saft die Haut (und die Augen) reizt und Entzündungen verursachen kann.

Tulpenblätter abschneiden, wenn sie vergilben, und die Tulpen dann düngen.

Verblühtes bei den Rosen laufend ausschneiden und den Pflanzen im Hochsommer Rosendünger geben. Wenn nötig, Schädlinge und Krankheiten bekämpfen.

Verblühte Kapuzinerkresse und Mohn im Spätherbst ausreißen und kompostieren.

Die Dahlien im Spätherbst aufnehmen und die Knollen trocken und frostfrei überwintern.

DIE PFLANZEN IM EINZELNEN

Artemisia ludoviciana
'Silver Queen'
Hohe Silberraute

BODEN: gut durchlässig
LAGE: sonnig
FARBE: Wegen des silbrigen Laubs gepflanzt.
BLÜTEZEIT: Nicht zur Blüte kommen lassen.
DÜNGUNG: Frühling
SCHNITT: Im Frühling die alten Triebe abschneiden, damit neue nachwachsen und die Pflanze eine ansprechende Form behält. Blüten im Frühjahr schon im Ansatz entfernen.
WEITERE HINWEISE: Eine der besten silberweißen Pflanzen, die wegen ihres schönen, farnähnlichen Laubs verwendet wird, sehr schön zwischen Alten Rosen.

Crocosmia* x *crocosmiiflora
'Emily McKenzie'

BODEN: jeder durchlässige Gartenboden
LAGE: sonnig
BLÜTENFARBE: Dunkelorange mit sattbraunem Grund
BLÜTEZEIT: Spätsommer bis Frühherbst
DÜNGUNG: Frühling
SCHNITT: keiner
WEITERE HINWEISE: Eine kompakte Sorte, deren aufrechte, schwertartige Blätter im Beet strukturelle Akzente setzen. Winterschutz geben oder wie Gladiolen frostfrei überwintern.

Euphorbia griffithii **'Fireglow'**
Griffith's Wolfsmilch
BODEN: jeder durchlässige Gartenboden
LAGE: sonnig
BLÜTENFARBE: dunkles Orangerot
BLÜTEZEIT: Spätfrühling bis Hochsommer
DÜNGUNG: Frühling
SCHNITT: Keiner, alte Blütenstände bodennah abschneiden, wenn sie unschön aussehen.
WEITERE HINWEISE: Nicht mit dem hautreizenden Milchsaft in Berührung kommen.

Geranium* x *magnificum
Prachtstorchschnabel
BODEN: gut durchlässig
LAGE: sonnig
BLÜTENFARBE: Purpurviolett
BLÜTEZEIT: Spätfrühling bis Frühsommer
DÜNGUNG: Frühling
SCHNITT: Nach der ersten Blüte bis zu den grundständigen Blättern abschneiden, um neue Blütentriebe anzuregen.
WEITERE HINWEISE: Sehr schöne, intensive Blütenfarbe, sehr kräftiger Wuchs, gut als Bodendecker geeignet.

Penstemon **'Firebird'**
Bartfaden
BODEN: fruchtbarer, sehr durchlässiger Boden
LAGE: sonnig
BLÜTENFARBE: kräftiges, leuchtendes Rot
BLÜTEZEIT: Hochsommer bis Frühherbst
DÜNGUNG: Frühling
SCHNITT: Alte Blütenstände bis ins Frühjahr belassen, wenn kein Frost mehr droht, dann um etwa ein Drittel einkürzen.
WEITERE HINWEISE: In rauen Lagen Winterschutz geben oder vorsichtshalber bewurzelte Sommerstecklinge frostfrei überwintern.

Potentilla fruticosa **'Red Ace'**
Fingerstrauch
BODEN: jeder durchlässige Gartenboden
LAGE: sonnig bis halbschattig
BLÜTENFARBE: Zinnoberrot
BLÜTEZEIT: Spätfrühling bis Frühherbst
DÜNGUNG: Frühling
SCHNITT: Im zeitigen Frühling vorsichtig so schneiden, dass ein runder Busch entsteht.
WEITERE HINWEISE: Blüten außen gelb getönt, Einzelblüte kurzlebig, doch erscheinen über längere Zeit sehr zahlreich immer neue Blüten.

Rosa **'Frensham'**
BODEN: jeder außer Sand oder Kalk
LAGE: sonnig
BLÜTENFARBE: reines Rot
BLÜTEZEIT: Frühsommer bis Frühherbst
DÜNGUNG: Frühling und Hochsommer
SCHNITT: Im Spätwinter um etwa die Hälfte einkürzen.
WEITERE HINWEISE: Wurde früher häufig verwendet und ist wegen des reinen Rots der Blüten sehr zu empfehlen.

Ruta graveolens **'Jackman's Blue'**
Weinraute
BODEN: jeder durchlässige Gartenboden
LAGE: sonnig bis halbschattig
FARBE: Wegen des silbrigen Laubs gepflanzt.
BLÜTEZEIT: Nicht zur Blüte kommen lassen.
DÜNGUNG: Frühling
SCHNITT: Im Frühling zurückschneiden, damit der Wuchs kompakt bleibt. Blütenansätze im Frühsommer abschneiden.
WEITERE HINWEISE: Blätter nicht mit bloßen Händen berühren, da der Saft die Haut reizt, insbesondere unter Lichteinwirkung. Pflanze mit sehr schönem Laub, gut zu Rosen und als Einfassung.

1

2

3

4

5

6

7

8

9

10

EIN SONNIGES BEET IM GARTEN: KASTANIENBRAUN, HELLGELB UND RAHMWEISS

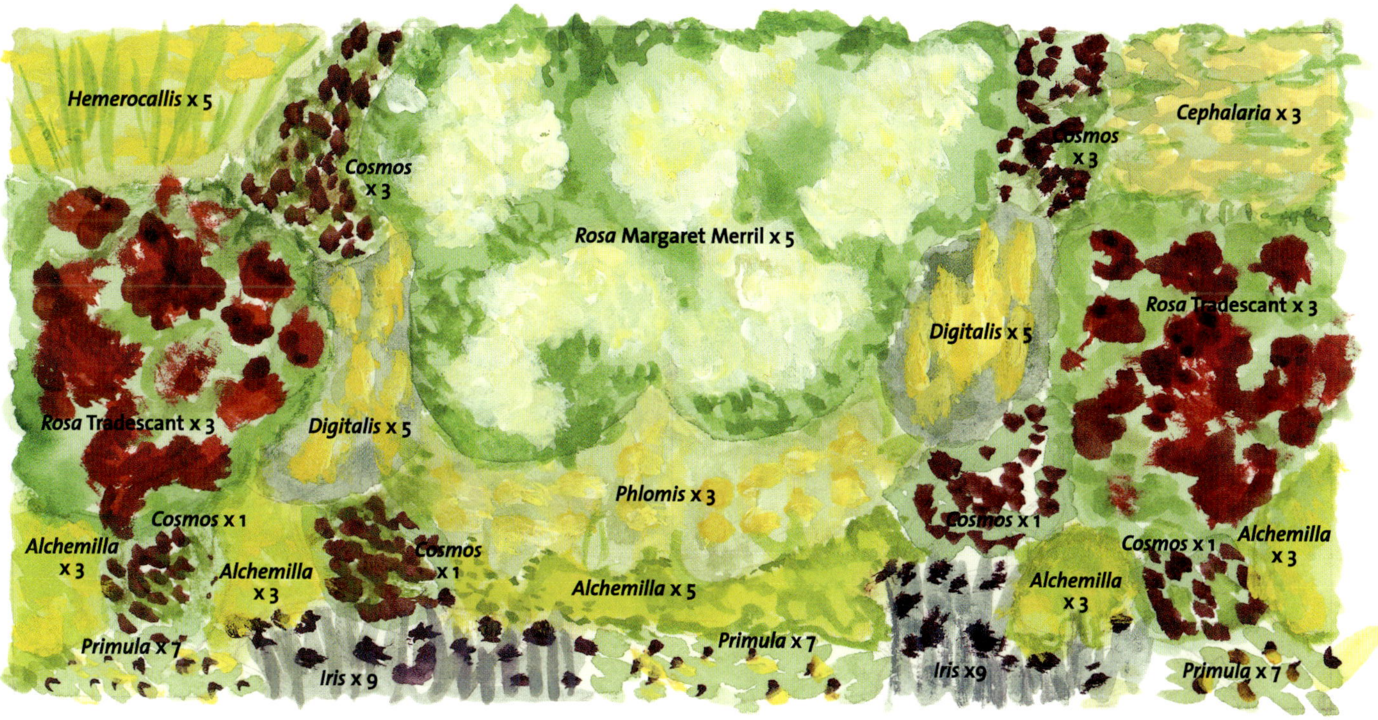

	DIE PFLANZEN	ANZAHL
1	*Alchemilla mollis*	17
2	*Phlomis russeliana*	3
3	*Primula auricula*, grünlich kastanienbraune Sorte	21
4	*Digitalis grandiflora*	10
5	*Hemerocallis* 'Green Flutter'	5
6	*Iris*, dunkelkastanienbraun blühende Sorte (z. B. 'Rosette Wine' oder 'Fort Apache')	18
7	*Cosmos atrosanguineus*	10
8	*Rosa* Margaret Merril	5
9	*Cephalaria gigantea*	3
10	*Rosa* Tradescant	6

GRÖSSE UND PFLANZABSTAND

Alchemilla mollis: 30 cm x 30 cm, mit 15 cm Abstand setzen.

Cephalaria gigantea: 180 cm x 60 cm

Cosmos atrosanguineus: 60 cm x 45 cm, mit 30 cm Abstand setzen.

Digitalis grandiflora: 90 cm x 30 cm, mit 20 cm Abstand setzen.

Hemerocallis 'Green Flutter': 90 cm x 60 cm, mit 45 cm Abstand setzen.

Iris: Blätter bis 30 cm hoch, Blütenstände 60 cm x 30 cm

Phlomis russeliana: 90 cm x 60 cm, mit 38 cm Abstand setzen.

Primula auricula: 15 cm x 15 cm, mit 20 cm Abstand setzen.

Rosa Margaret Merril: 90 cm x 90 cm, mit 60 cm Abstand setzen.

Rosa Tradescant: 60 cm x 75 cm, mit 60 cm Abstand setzen.

ZUSATZBEPFLANZUNG

FRÜHLINGSBLÜHER

Im Herbst:
Dunkelrote, hellgelbe und rahmweiße Tulpen setzen, z. B. zwei Gruppen von je 20 'Havran' und 'Burgundy Lace' (dunkelrot), 20 'Maja' (hellgelb) und 20 'Purissima' (rahmweiß).

Im Frühling oder Herbst:
Lücken mit *Primula vulgaris* (Kissenprimeln) bepflanzen.

SOMMERBLÜHER

Im Frühling:
Zwiebeln von *Lilium* 'Roma' in Fünfergruppen pflanzen, dabei mindestens vier solcher Gruppen an freien Stellen setzen.

An der Vorderkante des Beets hellgelbe *Viola* 'Moonlight' setzen.

ALLGEMEINE PFLEGEHINWEISE

Im Frühling Volldünger geben.

Die Rosen im Frühling düngen und mulchen.

Auf ausreichende Bewässerung achten.

Verblühte Rosentriebe entfernen, Rosen im Juli nochmals Rosendünger geben.

Die *Cephalaria* mit Stäben stützen, wenn sie umzufallen drohen.

Die *Cosmos* im Winter mit einer dicken Lage Kompost schützen oder besser frostfrei überwintern.

Das Beet im Herbst säubern.

Im Frühling totes Laub und alte Blütenstände entfernen.

DIE PFLANZEN IM EINZELNEN

Alchemilla mollis
Weicher Frauenmantel
BODEN: jeder, aber nicht sumpfig
LAGE: sonnig bis schattig
BLÜTENFARBE: grünliches Gelb
BLÜTEZEIT: Frühsommer bis Frühherbst
DÜNGUNG: Frühling
SCHNITT: Nach der Blüte bis ins gesunde Laub zurückschneiden.
WEITERE HINWEISE: Eine äußerst vielseitig verwendbare Pflanze mit zahllosen kleinen Blüten, die über den Blättern stehen und vom Tau benetzt besonders schön aussehen. Sehr gut für Sträuße (vor allem mit roten Rosen) und zum Trocknen geeignet.

Cephalaria gigantea
Schuppenkopf
BODEN: gut durchlässig
LAGE: sonnig
BLÜTENFARBE: Hellgelb
BLÜTEZEIT: Früh- bis Spätsommer
DÜNGUNG: wenig, im Frühling
SCHNITT: Blütenstände im Herbst bis auf 30 cm zurückschneiden.
WEITERE HINWEISE: Eine anspruchslose Pflanze mit großen, an Skabiosen erinnernden, hellgelben Blüten. Neigt gelegentlich zum Verwildern, ist aber wegen ihrer ansehnlichen Gestalt und Statur wert, verwendet zu werden.

Cosmos atrosanguineus
Schokoladenblume
BODEN: sehr durchlässig, aber nicht vollkommen austrocknend
LAGE: sonnig
BLÜTENFARBE: Dunkelbraunrot bis Schwarz

BLÜTEZEIT: Hochsommer bis Frühherbst
DÜNGUNG: Frühling
SCHNITT: Nicht schneiden.
WEITERE HINWEISE: Die Blüten duften nach Schokolade. Benötigt sehr guten Winterschutz oder, besser, frostfreie Überwinterung wie bei Dahlienknollen. Treibt im Frühjahr zuweilen nur zögernd aus, deshalb Pflanzstelle markieren und freihalten.

Digitalis grandiflora
Großblütiger Fingerhut
BODEN: jeder normale, nicht austrocknende Gartenboden
LAGE: sonnig bis halbschattig
BLÜTENFARBE: Hellgelb
BLÜTEZEIT: Früh- bis Spätsommer
DÜNGUNG: Frühling
SCHNITT: Nach der ersten Blüte bis zum Boden und im Herbst bis auf 30 cm zurückschneiden.
WEITERE HINWEISE: Die Blätter sind immergrün. Weniger auffällig als der Rote Fingerhut, aber wegen der Blütenfarbe sehr wertvoll.

***Hemerocallis* 'Green Flutter'**
Taglilie
BODEN: jeder Gartenboden
LAGE: sonnig bis schattig
BLÜTENFARBE: grünliches Hellgelb
BLÜTEZEIT: Hochsommer bis Frühherbst
DÜNGUNG: Frühling
SCHNITT: Nicht schneiden.
WEITERE HINWEISE: Sehr anpassungsfähig, pflegeleicht. Die Blüten stehen über den grünen, linealischen Blättern und duften. Sie halten nur ein oder zwei Tage, es erscheinen aber ständig neue.

***Iris*, dunkelkastanienbraune Sorte**
Schwertlilie
BODEN: durchlässig, gut, nicht sauer
LAGE: offen, sonnig
BLÜTENFARBE: Kastanienbraun
BLÜTEZEIT: Spätfrühling bis Frühsommer
DÜNGUNG: spärlich, im Frühling
SCHNITT: Blätter nach der Blüte fächerförmig zurückschneiden, sodass das Rhizom Sonne erhält.
WEITERE HINWEISE: Pflegeleicht, verleiht der Bepflanzung Struktur. Blätter und Verblühtes von der Basis fern halten; nur die Wurzeln sollen in der Erde liegen, das Rhizom obenauf. Alle drei Jahre teilen und so zugleich vermehren.

Phlomis russeliana
Brandkraut
BODEN: jeder Gartenboden
LAGE: sonnig
BLÜTENFARBE: Gelb
BLÜTEZEIT: Frühsommer bis Frühherbst
DÜNGUNG: Frühling
SCHNITT: Blütenstände im Herbst bis zum Boden zurückschneiden, altes Laub im Frühling entfernen.
WEITERE HINWEISE: Eindrucksvolle, bodendeckende Staude mit Quirlen gelber Lippenblüten, die sich über das Laub erheben.

***Primula auricula*, grünlich kastanienbraune Sorte**
Gartenaurikel
BODEN: nährstoffreich, kiesig, durchlässig, humusreich
LAGE: sonnig bis halbschattig
BLÜTENFARBE: Kastanienbraun und grünlich Gelb (viele Sorten, unterschiedlichste Farben)
BLÜTEZEIT: Frühling
DÜNGUNG: Frühling
SCHNITT: Alte Blüten entfernen.
WEITERE HINWEISE: Eine liebenswürdige, altmodische Pflanze, ein ungewöhnlicher Blickfang. Gilt als schwierig, was aber in gut durchlässigem, nährstoffreichem Boden nicht zutrifft.

***Rosa* Margaret Merril**
BODEN: jeder durchlässige Boden, außer Sand oder Kalk
LAGE: offen, sonnig, ausreichend bewässert
BLÜTENFARBE: Weiß
BLÜTEZEIT: Früh- bis Hochsommer und nochmals vom Frühherbst bis Herbst
DÜNGUNG: Im Frühling und im Hochsommer Rosendünger geben, im Spätherbst Knochenmehl und im Winter etwas gut abgelagerten Stallmist.
SCHNITT: Verblühtes ausschneiden und im Winter kräftig auf etwa 50 cm auf nach außen weisende Knospen zurückschneiden.
WEITERE HINWEISE: Sehr schöne, duftende Rose, die sich gut für die Vase eignet.

***Rosa* Tradescant**
BODEN: jeder nährstoffreiche Boden, außer Sand oder Kalk
LAGE: sonnig bis halbschattig
BLÜTENFARBE: dunkles Karminrot
BLÜTEZEIT: den Sommer über
DÜNGUNG: Frühling und Hochsommer
SCHNITT: Im Winter, dabei alles schwache, tote oder unschön wachsende Holz herausschneiden, aber nicht zu stark zurückschneiden.
WEITERE HINWEISE: Wegen der intensiven Blütenfarbe und der langen Blütezeit geschätzt.

EIN SONNIGES BEET IM GARTEN: BLAU UND WEISS

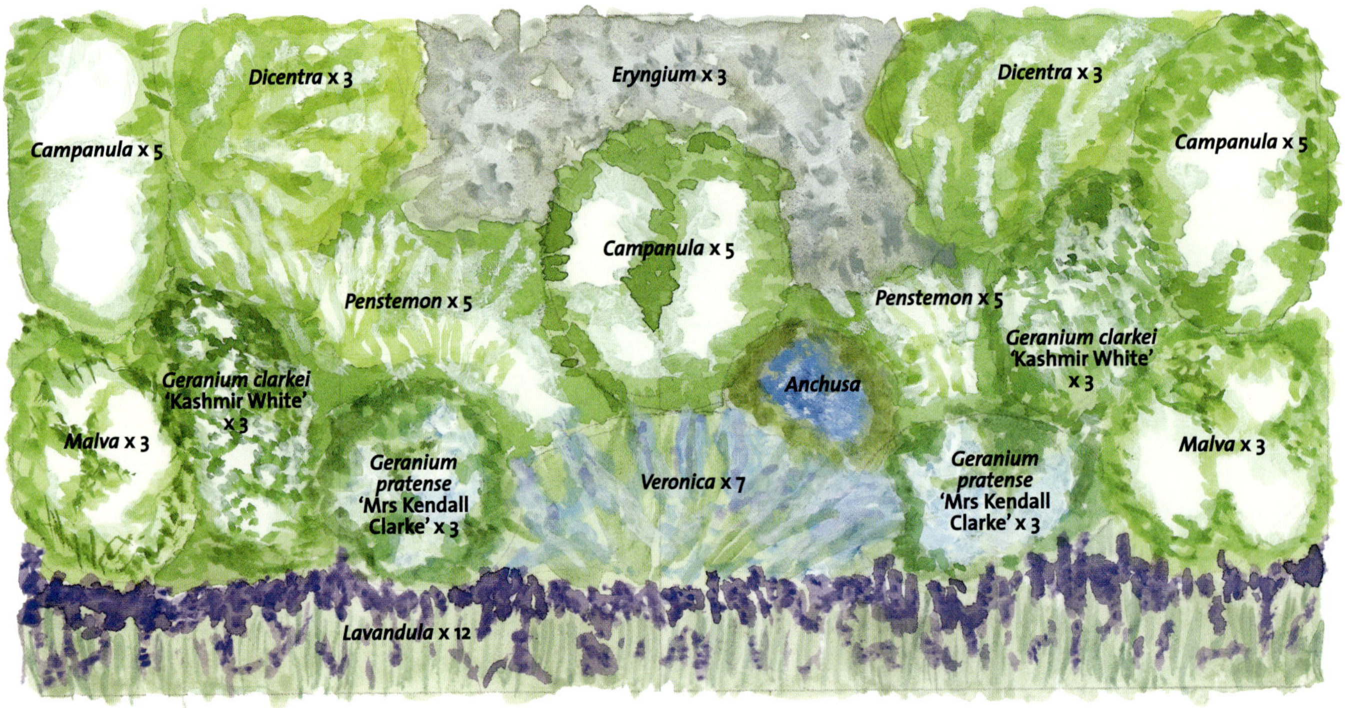

	DIE PFLANZEN	ANZAHL
1	*Anchusa azurea* 'Opal'	1
2	*Campanula lactiflora* 'Alba'	15
3	*Geranium pratense* 'Mrs Kendall Clarke'	6
4	*Geranium clarkei* 'Kashmir White'	6
5	*Lavandula angustifolia* 'Hidcote'	12
6	*Veronica gentianoides*	7
7	*Malva moschata* f. *alba*	6
8	*Dicentra spectabilis* 'Alba'	6
9	*Penstemon* 'White Bedder'	10
10	*Eryngium giganteum* 'Silver Ghost'	3

1

2

3

4

5

6

7

8

9

10

GRÖSSE UND PFLANZABSTAND

Anchusa azurea 'Opal': 110 cm x 60 cm

Campanula lactiflora 'Alba': 120 cm x 60 cm, mit 30 cm Abstand setzen.

Dicentra spectabilis 'Alba': 45 cm x 45 cm, mit 30 cm Abstand setzen.

Eryngium giganteum 'Silver Ghost': 90–120 cm x 60 cm, mit 45 cm Abstand setzen.

Geranium clarkei 'Kashmir White': 45 cm x 30 cm, mit 30 cm Abstand setzen.

Geranium pratense 'Mrs Kendall Clarke': 60 cm x 45 cm, mit 30 cm Abstand setzen.

Lavandula angustifolia 'Hidcote': 38 cm x 38 cm, mit 30 cm Abstand setzen.

Malva moschata f. *alba*: 75 cm x 45 cm, mit 30 cm Abstand setzen.

Penstemon 'White Bedder': 45 cm x 30 cm, mit 30 cm Abstand setzen.

Veronica gentianoides: 45 cm x 45 cm, mit 30 cm Abstand setzen.

ZUSATZBEPFLANZUNG

FRÜHLINGSBLÜHER

Im Herbst:
100 Zwiebeln *Muscari armeniacum* 'Blue Spike' (Traubenhyazinthe) in Gruppen übers Beet verteilt setzen.

100 weiße *Anemone blanda* in Gruppen von mindestens 10 Stück übers Beet verteilt setzen.

60 Tulpen 'White Triumphator' in Gruppen von je 10 Stück setzen.

SOMMERBLÜHER

Im Frühling:
An freie Stellen 30 weiße Löwenmäulchen (*Antirrhinum*) pflanzen.

In Gruppen von je 10 Stück 20 *Salvia farinacea* 'Strata' setzen.

Mitte Frühling:
Jungfer im Grünen (*Nigella damascena* 'Miss Jekyll') verteilt aussäen.

ALLGEMEINE PFLEGEHINWEISE

Das Beet im Frühling säubern und Volldünger geben.

Den Lavendel Mitte Frühling schneiden und nach der Blüte trimmen.

Storchschnabel nach der ersten Blüte zurückschneiden, um eine zweite Blüte anzuregen.

DIE PFLANZEN IM EINZELNEN

***Anchusa azurea* 'Opal'**
Ochsenzunge
BODEN: gut durchlässig
LAGE: sonnig
BLÜTENFARBE: leuchtend Blau
BLÜTEZEIT: Früh- bis Hochsommer
DÜNGUNG: Frühling
SCHNITT: Nicht schneiden.
WEITERE HINWEISE: Eine sehr schöne Pflanze, die leider aber kurzlebig ist.

***Campanula lactiflora* 'Alba'**
Riesenglockenblume
BODEN: jeder Gartenboden
LAGE: sonnig bis halbschattig
BLÜTENFARBE: Weiß
BLÜTEZEIT: Früh- bis Hochsommer, später etwas nachblühend
DÜNGUNG: Frühling
SCHNITT: Nach der ersten Blüte zurückschneiden; Blütenstände abschneiden, wenn die Blüten welken.
WEITERE HINWEISE: Wenn nötig, im Frühling anbinden. Sehr zuverlässige, aufrecht wachsende Pflanze.

***Dicentra spectabilis* 'Alba'**
Tränendes Herz
BODEN: feucht, nährstoffreich
LAGE: sonnig bis schattig
BLÜTENFARBE: Weiß
BLÜTEZEIT: Frühling bis Frühsommer
DÜNGUNG: Frühling
SCHNITT: Nicht schneiden. Zieht zum Winter ein.
WEITERE HINWEISE: Eine schöne Pflanze mit medaillonähnlichen

Blüten, die über dem grünen, farnartigen Laub hängen.

***Eryngium giganteum* 'Silver Ghost'**
Elfenbeindistel
BODEN: gut durchlässig
LAGE: sonnig
BLÜTENFARBE: silbriges Laub, blaue Blüten
BLÜTEZEIT: Spätsommer bis Frühherbst
DÜNGUNG: Frühling
SCHNITT: Verblühtes entfernen.
WEITERE HINWEISE: Stattliche Pflanze, zweijährig, sät sich aber reichlich selbst aus, auf Sämlinge achten und diese verpflanzen.

***Geranium clarkei* 'Kashmir White'**
Clarkes Storchschnabel
BODEN: jeder normale Gartenboden
LAGE: sonnig bis halbschattig
BLÜTENFARBE: Weiß
BLÜTEZEIT: Frühsommer bis Frühherbst
DÜNGUNG: Frühling
SCHNITT: Nach der Blüte zurückschneiden, damit eine zweite Blüte erfolgt.
WEITERE HINWEISE: Zuverlässiger weiß blühender Storchschnabel mit schönen, fein geteilten Blättern, reich blühend. Einmal eingewachsen, breitet sie sich oft rasch aus und muss im Auge behalten werden.

***Geranium pratense* 'Mrs Kendall Clarke'**
Wiesenstorchschnabel
BODEN: guter Gartenboden
LAGE: sonnig bis halbschattig
BLÜTENFARBE: Hellgraublau mit weißer Zeichnung
BLÜTEZEIT: Frühsommer, später nachblühend
DÜNGUNG: Frühling
SCHNITT: Nach der Blüte zurückschneiden, damit eine zweite Blüte erfolgt.
WEITERE HINWEISE: Eine gute Begleiterin für die meisten anderen Pflanzen, auch für naturnahe Gärten im Gras.

***Lavandula angustifolia* 'Hidcote'**
Lavendel
BODEN: leicht, durchlässig
LAGE: sonnig
BLÜTENFARBE: Blauviolett
BLÜTEZEIT: Frühsommer bis Frühherbst
DÜNGUNG: Frühling
SCHNITT: Blütenstände nach der Blüte abschneiden. Im Frühjahr in eine ansprechende Form bringen, aber nicht ins alte Holz schneiden.
WEITERE HINWEISE: Eine wundervolle Pflanze, die aber keine Nässe verträgt, deshalb, wenn nötig, durch Kies für Wasserabzug im Boden sorgen. Blüten lebhaft blau, gut für Sträuße geeignet. Für Trockensträuße die Blüten pflücken, sobald sie aufblühen, und in Bündeln kopfüber an einem kühlen, trockenen Ort aufhängen.

Malva moschata* f. *alba
Moschusmalve
BODEN: nährstoffreich, durchlässig
LAGE: sonnig
BLÜTENFARBE: Weiß
BLÜTEZEIT: Spätfrühling bis Spätsommer
DÜNGUNG: Frühling, im Sommer nochmals mit Tomatenflüssigdünger
SCHNITT: Alte Triebe im Frühling abschneiden.
WEITERE HINWEISE: Buschiger Wuchs, Mengen weißer, schüsselförmiger Blüten an langen Trieben. Manchmal kurzlebig, aber leicht heranzuziehen und zuverlässig blühend.

***Penstemon* 'White Bedder'**
Bartfaden
BODEN: nährstoffreich, durchlässig
LAGE: sonnig bis halbschattig
BLÜTENFARBE: Weiß
BLÜTEZEIT: Hochsommer bis Herbst
DÜNGUNG: Frühling
SCHNITT: Alte Blütenstände als Frostschutz stehen lassen und erst im Frühjahr um mindestens die Hälfte einkürzen, um den Neutrieb anzuregen.
WEITERE HINWEISE: Einer der schönsten Bartfäden, mit zahlreichen glockenförmigen Blüten, die über einen langen Zeitraum erscheinen.

Veronica gentianoides
Enzianähnlicher Ehrenpreis
BODEN: feucht, aber durchlässig
LAGE: sonnig bis halbschattig
BLÜTENFARBE: Hellblau
BLÜTEZEIT: Spätfrühling bis Hochsommer
DÜNGUNG: Frühling
SCHNITT: Verblühendes zurückschneiden.
WEITERE HINWEISE: Eine harte, ausdauernde Pflanze mit hellblauen Blüten über dem zierenden Laub.

1

2

3

7

4

5

6

8

9

10

11

EIN SONNIGES BEET IM GARTEN: ROSA UND ROT

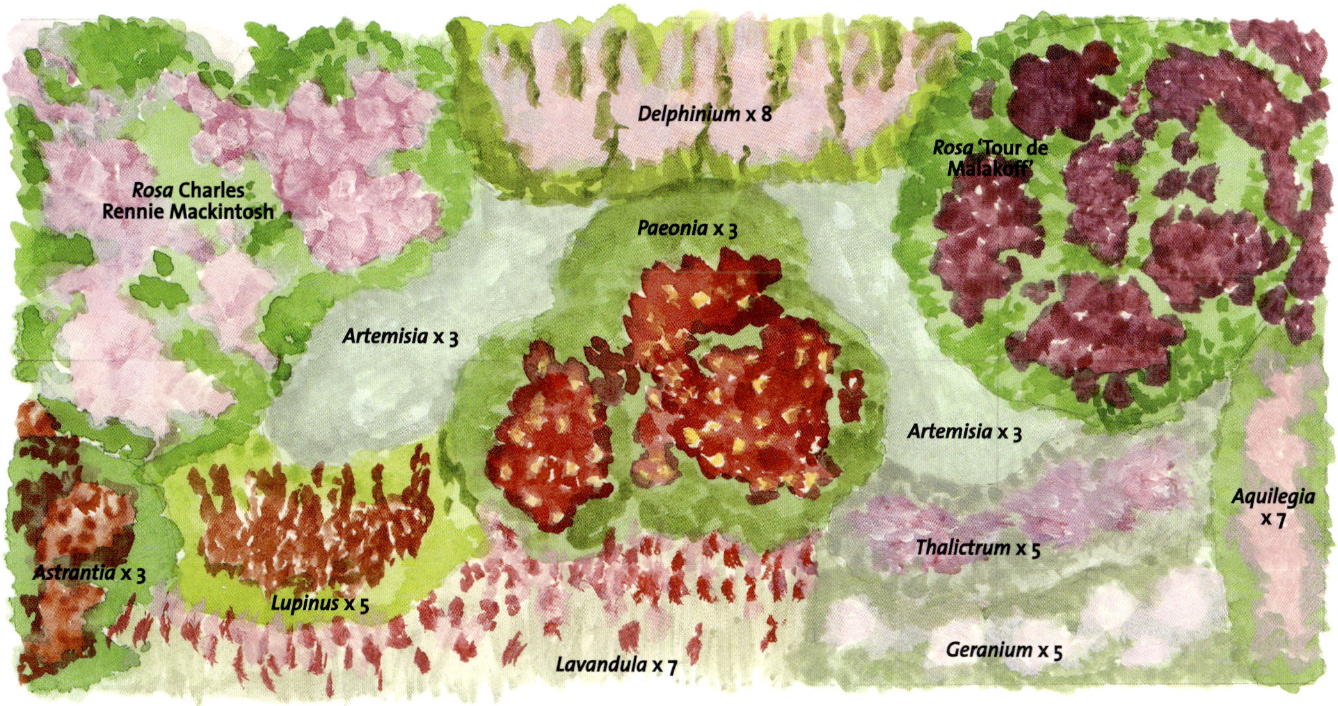

	DIE PFLANZEN	ANZAHL
1	*Delphinium* 'Langdon's Royal Flush'	8
2	*Astrantia* 'Hadspen Blood'	3
3	*Paeonia*, ungefüllte, rote Sorte mit gelber Mitte (z. B. *P.* 'America' oder *P. peregrina*)	3
4	*Artemisia ludoviciana* 'Silver Queen'	6
5	*Aquilegia vulgaris*	7
6	*Rosa* Charles Rennie Mackintosh	1
7	*Lupinus*, rot blühende Sorte (z. B. 'My Castle' oder 'Judith Chalmers')	5
8	*Lavandula stoechas* 'Kew Red'	7
9	*Thalictrum aquilegiifolium*	5
10	*Geranium sanguineum* var. *striatum*	5
11	*Rosa* 'Tour de Malakoff'	1

GRÖSSE UND PFLANZABSTAND

Aquilegia vulgaris: 75 cm x 30 cm, mit 20 cm Abstand setzen.

Artemisia ludoviciana 'Silver Queen': 90 cm x 60 cm, mit 38 cm Abstand setzen.

Astrantia 'Hadspen Blood': 60 cm x 38 cm, mit 30 cm Abstand setzen.

Delphinium 'Langdon's Royal Flush': 120–150 cm x 45 cm, mit 30 cm Abstand setzen.

Geranium sanguineum var. *striatum*: 15 cm x 23 cm, mit 20 cm Abstand setzen.

Lavandula stoechas 'Kew Red': 38 cm x 30 cm, mit 30 cm Abstand setzen.

Die Lupinen erreichen 90 cm x 45 cm, mit 30 cm Abstand setzen.

Die Pfingstrosen erreichen 90 cm x 90 cm, mit 45 cm Abstand setzen.

Rosa Charles Rennie Mackintosh: 110 cm x 90 cm, mit 60 cm Abstand setzen.

Rosa 'Tour de Malakoff': 180 cm x 150 cm

Thalictrum aquilegiifolium: 90–120 cm x 45 cm, mit 30 cm Abstand setzen.

ZUSATZBEPFLANZUNG

FRÜHLINGSBLÜHER

Im Herbst:
Je 20 Tulpenzwiebeln der Sorten 'Marilyn', 'Angélique', 'Red Wing' und 'Carnaval de Nice' in Gruppen zu je 5 von jeder Sorte verteilt übers Beet setzen.

Am Rand des Beets 50 *Muscari armeniacum* 'Blue Spike' setzen.

Im Hintergrund des Beets zum Rittersporn *(Delphinium)* 25 *Narcissus* 'Thalia' als Gruppe pflanzen.

SOMMERBLÜHER

Im Frühling:
Rosa und rote Bartnelken *(Dianthus barbatus)* in Fünfergruppen an der Vorderseite des Beets setzen.

Im Hintergrund freie Stellen mit rosa Kosmeen bepflanzen.

Um die Rosen und an den Beetkanten Lücken mit Duftgeranien bepflanzen.

ALLGEMEINE PFLEGEHINWEISE

Das Beet im Frühling gründlich säubern, Pflanzenreste und totes Laub beseitigen. Um die Rosen und Pfingstrosen herum mit gut abgelagertem Kompost oder Lauberde mulchen.

Das gesamte Beet im Frühling mit Volldünger düngen.

Wenn im zeitigen Frühling der Rittersporn austreibt, Schneckenkorn ausbringen.

Den Lavendel zur Mitte des Frühlings und nochmals nach der Blüte stutzen.

Rittersporn und Pfingstrosen anbinden.

Bei den Rosen, wenn nötig, Krankheiten und Schädlinge bekämpfen.

Die *Artemisia* nicht zur Blüte kommen lassen, Blütenansätze sogleich abschneiden.

Bei den Rosen Verblühtes entfernen.

Den Rosen im Hochsommer ein zweites Mal Rosendünger geben.

Lupinen, Storchschnabel, Rittersporn, Wiesenraute und Akelei nach der Blüte zurückschneiden, damit sie ein zweites Mal im Jahr blühen.

Die Blätter an den Pfingstrosen erst im Herbst bodennah abschneiden.

DIE PFLANZEN IM EINZELNEN

Aquilegia vulgaris
Akelei
BODEN: jeder Gartenboden
LAGE: sonnig bis halbschattig
BLÜTENFARBEN: Weiß, Rosa, Violett oder Rot
BLÜTEZEIT: Spätfrühling bis Hochsommer
DÜNGUNG: Frühling
SCHNITT: Abgeblühte Triebe abschneiden.
WEITERE HINWEISE: Eine wirklich dankbare, altmodische Pflanze mit eleganten, nickenden Blüten über den schönen, farnähnlichen Blättern. Am schönsten als Gruppe, neigt zur Selbstaussaat.

***Artemisia ludoviciana* 'Silver Queen'**
BODEN: gut durchlässig
LAGE: sonnig
FARBE: Wegen des silbrigen Laubs gepflanzt.
BLÜTEZEIT: Nicht zur Blüte kommen lassen.
DÜNGUNG: Frühling
SCHNITT: Blüten im Frühsommer schon im Ansatz entfernen. Im Frühling die alten Triebe abschneiden, damit neue nachwachsen und die Pflanze eine ansprechende Form behält.
WEITERE HINWEISE: Eine der besten silberweißen Pflanzen, die wegen ihres schönen, farnähnlichen Laubs verwendet wird, sehr schön zwischen Alten Rosen.

***Astrantia* 'Hadspen Blood'**
Sterndolde
BODEN: jeder durchlässige Gartenboden
LAGE: lichter Schatten oder, wenn der Boden nicht austrocknet, volle Sonne
BLÜTENFARBE: Dunkelrot

BLÜTEZEIT: Früh- bis Spätsommer
DÜNGUNG: Frühling
SCHNITT: Im Spätsommer alte Blütenstände bodennah abschneiden.
WEITERE HINWEISE: Bildet eine dichte Blattrosette, über der sich die Blüten auf dünnen, aber stabilen Stängeln erheben. In windexponierten Lagen gegebenenfalls mit Reisig als Stütze umstecken. Gut für den Schnitt geeignet.

***Delphinium* 'Langdon's Royal Flush'**
Rittersporn
BODEN: durchlässig, tiefgründig, nährstoffreich mit reichlich Dung oder Kompost
LAGE: vollsonnig, aber windgeschützt
BLÜTENFARBE: Rosa
BLÜTEZEIT: Hoch- bis Spätsommer
DÜNGUNG: Frühling und Sommer
SCHNITT: Nach der Blüte zurückschneiden, um eine zweite Blüte zu fördern. Bei Pflanzen, die bereits länger am selben Platz stehen, alle schwachen Triebe im zeitigen Frühling ausschneiden.
WEITERE HINWEISE: Muss vor Schneckenfraß geschützt werden, dazu Schneckenkorn oder -fallen ausbringen, sobald die Tiere im Frühling aktiv werden. Die Pflanzen ab einer Höhe von 30 cm anbinden.

Geranium sanguineum* var. *striatum
Blutroter Storchschnabel
BODEN: jeder durchlässige Gartenboden
LAGE: sonnig
BLÜTENFARBE: Hellrosa mit dunkleren Adern
BLÜTEZEIT: Frühsommer bis Herbst
DÜNGUNG: Frühling
SCHNITT: Nach der Blüte zurückschneiden.
WEITERE HINWEISE: Anspruchslos, gut für den Beetrand geeignet, sehr schöne hellrosa Blüten.

***Lavandula stoechas* 'Kew Red'**
Schopflavendel
BODEN: leicht, durchlässig
LAGE: vollsonnig
BLÜTENFARBE: Basis dunkelrot, Lippe vorn rosa
BLÜTEZEIT: Hochsommer bis Frühherbst
DÜNGUNG: Frühling
SCHNITT: Abgeblühte Blütenstände abschneiden. Im Frühling alljährlich stutzen und in eine ansprechende Form bringen, aber nicht bis ins alte Holz zurückschneiden; auf diese Weise wird der Neutrieb angeregt und die Pflanze fällt nicht auseinander.
WEITERE HINWEISE: Lavendel ist pflegeleicht, verträgt aber besonders im Winter keine Nässe, deshalb den Boden beim Pflanzen mit Kies versetzen. Bei uns nur in milden Lagen mit Winterschutz hart, am besten Stecklinge nehmen, die sich rasch bewurzeln, und überwintern. 'Kew Red' zeigt eine besonders schöne Farbkombination und ist ein Blickfang im Blumenbeet.

***Lupinus*, rot blühende Sorte**
Lupine
BODEN: leicht, durchlässig
LAGE: sonnig bis halbschattig
BLÜTENFARBE: intensives Rot
BLÜTEZEIT: Früh- bis Hochsommer und nochmals vom Spätsommer in den Herbst hinein
DÜNGUNG: im Frühling und nach der ersten Blüte
SCHNITT: Nach der Blüte zurückschneiden, damit eine zweite Blüte erscheint. Alte Blütenstände im Herbst auf 30 cm herunterschneiden.
WEITERE HINWEISE: Rückschnitt nach der Blüte verhindert die sonst üppige Selbstaussaat, was wichtig ist, da die Sorten aus Saat nicht echt fallen. Man kann auch das Saatgut ernten, anderswo im Garten oder in Töpfen aussäen und sehen, welche Farbe die Blüten zeigen. Vor Schnecken schützen und nicht mit Mist düngen.

***Paeonia*, ungefüllte Sorte, rot blühend mit gelber Mitte**
Pfingstrose
BODEN: tiefgründig, nährstoffreich
LAGE: sonnig
BLÜTENFARBE: Dunkelrot
BLÜTEZEIT: Spätfrühling bis Hochsommer
DÜNGUNG: Frühling
SCHNITT: Nicht schneiden.
WEITERE HINWEISE: Störungen nach dem Pflanzen vermeiden.

***Rosa* Charles Rennie Mackintosh**
BODEN: jeder außer Sand oder Kalk
LAGE: sonnig
BLÜTENFARBE: Rosa, lila überhaucht
BLÜTEZEIT: Frühsommer, remontierend
DÜNGUNG: Frühling und Hochsommer
SCHNITT: Nach dem zweiten Jahr auf 60 cm zurückschneiden, schwaches und dürres Holz entfernen.
WEITERE HINWEISE: Sehr schön als Einzelpflanze oder zusammen mit anderen Rosen. Abgeblühtes sorgfältig entfernen.

***Rosa* 'Tour de Malakoff'**
BODEN: jeder außer Sand oder Kalk
LAGE: sonnig
BLÜTENFARBE: Große, gefüllte Blüten, magentaviolett, im Verblühen purpurgrau.
BLÜTEZEIT: Früh- und Hochsommer
DÜNGUNG: Frühling und Hochsommer
SCHNITT: Allzu lange Triebe im Herbst einkürzen und dadurch Windbruch vermeiden, schwaches Holz und unschön gewachsene Triebe im Spätwinter ausschneiden.
WEITERE HINWEISE: Dank der kräftigen Farbe und des Dufts eine Bereicherung des Blumenbeets; sollte etwas gestützt werden.

Thalictrum aquilegiifolium
Wiesenraute
BODEN: am besten nährstoffreich
LAGE: sonnig oder etwas beschattet
BLÜTENFARBE: Lilarosa
BLÜTEZEIT: Frühsommer
DÜNGUNG: Im zeitigen Frühling mit gut abgelagertem Stallmist versorgen.
SCHNITT: Spätherbst, auf 30 cm zurückschneiden.
WEITERE HINWEISE: Eine Wolke von Blüten über zierlichen, blaugrauen, farnartigen Blättern lässt diese Pflanze überall gut aussehen.

EIN SONNIGES BEET IM GARTEN: GEDECKTE FARBEN

	DIE PFLANZEN	ANZAHL
1	*Lavandula angustifolia* 'Hidcote Pink'	24
2	*Agapanthus* "Headbourne Hybrids"	12
3	*Rosa* 'Penelope'	1
4	*Philadelphus* 'Belle Etoile'	1
5	*Cytisus* x *praecox*	1
6	*Geranium pratense* 'Mrs Kendall Clarke'	10
7	*Rosa* Windrush	4

1

2

3

4

5

6

7

GRÖSSE UND PFLANZABSTAND

Agapanthus Headbourne-Hybriden: 75 cm x 45 cm, mit 30 cm Abstand setzen.

Cytisus x *praecox*: 90 cm x 150 cm

Geranium pratense 'Mrs Kendall Clarke': 60 cm x 45 cm, mit 30 cm Abstand setzen.

Lavandula angustifolia 'Hidcote Pink': 38 cm x 38 cm, mit 30 cm Abstand setzen.

Philadelphus 'Belle Etoile': 180 cm x 150 cm

Rosa 'Penelope': 150 cm x 150 cm

Rosa Windrush: 120 cm x 120 cm, mit 90 cm Abstand setzen.

ZUSATZBEPFLANZUNG

FRÜHLINGSBLÜHER

Im Herbst:
35 schwarze Tulpen 'Queen of Night' einzeln übers Beet verteilt setzen.

Je 20 weiße Tulpen 'Purissima' und 'White Triumphator' einzeln übers Beet verteilt setzen.

SOMMERBLÜHER

Im Herbst:
10 *Allium cristophii* und 20 *A. atropurpureum* vor den Rosen in der Mitte des Beets und um den *Cytisus* setzen.

Im Frühling:
Weiße Löwenmäulchen (*Antirrhinum*) und weiße Kosmeen in Lücken pflanzen, dabei beachten, dass Kosmeen recht hoch werden.

ALLGEMEINE PFLEGEHINWEISE

Das Beet im zeitigen Frühling säubern und Volldünger geben.

Den Lavendel nach der Blüte stutzen und im Frühling zurückschneiden.

Bei den Tulpen die Blätter abschneiden, wenn sie vergilben, und Volldünger geben.

Den Storchschnabel nach der Blüte zurückschneiden, damit er noch ein zweites Mal im Jahr blüht.

Verblühtes bei den Rosen fortlaufend beseitigen. Im Hochsommer Rosendünger geben. Gegen Krankheiten und Schädlinge, wenn nötig, behandeln.

Den Pfeifenstrauch nach der Blüte stutzen.

Einjährige nach dem ersten Frost kompostieren.

Rosen, Pfeifenstrauch, *Cytisus* und *Agapanthus* im Winter mit gut abgelagertem Stallmist mulchen.

DIE PFLANZEN IM EINZELNEN

***Agapanthus* „Headbourne Hybrids“**
Schmucklilie
BODEN: fruchtbar, durchlässig
LAGE: vollsonnig
BLÜTENFARBE: Blau
BLÜTEZEIT: Hochsommer bis Frühherbst
DÜNGUNG: Frühling und Hochsommer
SCHNITT: Alte Blütenstände so tief wie möglich abschneiden.
WEITERE HINWEISE: Sehr schöne Pflanze mit kugelförmigen Blütenständen auf hohen Stielen. Alle 3–4 Jahre teilen. Benötigt Winterschutz.

Cytisus* x *praecox
Elfenbeinginster
BODEN: durchlässig, eher nährstoffarm
LAGE: vollsonnig
BLÜTENFARBE: Rahmweiß
BLÜTEZEIT: Frühling bis Spätfrühling
DÜNGUNG: Frühling
SCHNITT: So viel wie nötig, nach der Blüte, um die Form der Pflanze zu erhalten.
WEITERE HINWEISE: Strauch, der zu beinahe jeder Bepflanzung passt. Sehr schön an Böschungen und dank der überhängenden Triebe zum Abdecken von Schächten.

***Geranium pratense* 'Mrs Kendall Clarke'**
Wiesenstorchschnabel
BODEN: guter Gartenboden
LAGE: sonnig bis halbschattig

BLÜTENFARBE: Hellgraublau mit Weiß
BLÜTEZEIT: Frühsommer und später nochmals
DÜNGUNG: Frühling
SCHNITT: Nach der ersten Blüte zurückschneiden, um eine zweite anzuregen.
WEITERE HINWEISE: gut als Hintergrund und Begleitbepflanzung

***Lavandula angustifolia* 'Hidcote Pink'**
BODEN: gut durchlässig
LAGE: sonnig
BLÜTENFARBE: Hellrosa
BLÜTEZEIT: Hochsommer bis Frühherbst
DÜNGUNG: Frühling
SCHNITT: Blütentriebe nach der Blüte stutzen. Unordentlich wachsende Triebe im Frühling kurz zurückschneiden.
WEITERE HINWEISE: Zum Trocknen die Blüten pflücken, wenn sie eben Farbe zeigen, dann ist das Aroma am intensivsten. Schwerem Boden vor dem Pflanzen viel Kies zumischen, da Lavendel keine Bodennässe vertragen.

***Philadelphus* 'Belle Etoile' Pfeifenstrauch**
BODEN: gut durchlässig
LAGE: sonnig bis halbschattig
BLÜTENFARBE: Weiß
BLÜTEZEIT: Früh- bis Hochsommer
DÜNGUNG: Frühling und nach der Blüte
SCHNITT: Wenn nötig, nach der Blüte auslichten, dabei altes Holz bis zum Boden zurücknehmen. Junge Triebe belassen, da sie im folgenden Jahr blühen.
WEITERE HINWEISE: Duftet sehr intensiv (nach Walderdbeeren). Hält in der Vase etwas besser, wenn die Blätter entfernt werden.

***Rosa* 'Penelope'**
BODEN: jeder außer Sand oder Kalk
LAGE: sonnig
BLÜTENFARBE: sanftes Rosa
BLÜTEZEIT: Frühsommer, remontiert
DÜNGUNG: Frühling und Hochsommer
SCHNITT: Die ganze Pflanze im Winter, wenn kein Frost herrscht, in Form bringen. Tote, kranke oder unschön gewachsene Zweige entfernen und einige alte Triebe bis zum Boden zurückschneiden.
WEITERE HINWEISE: schöne Rose mit intensivem Duft

***Rosa* Windrush**
BODEN: jeder außer Sand oder Kalk
LAGE: sonnig
BLÜTENFARBE: helles Zitronengelb
BLÜTEZEIT: Frühsommer bis Herbst, wenn Abgeblühtes laufend ausgeschnitten wird.
DÜNGUNG: Frühling und Hochsommer
SCHNITT: Im Winter tote, kranke oder unschön gewachsene Zweige entfernen.
WEITERE HINWEISE: Kann als Kletterrose gezogen werden. Frei von Krankheiten, Verblühtes muss aber laufend ausgeschnitten werden, wenn die Blüte andauern soll. Duftet sehr gut.

1

2

3

4

5

6

7

8

9

10

11

12

EIN SCHATTIGES BEET IM GARTEN: FEUCHTER SCHATTEN

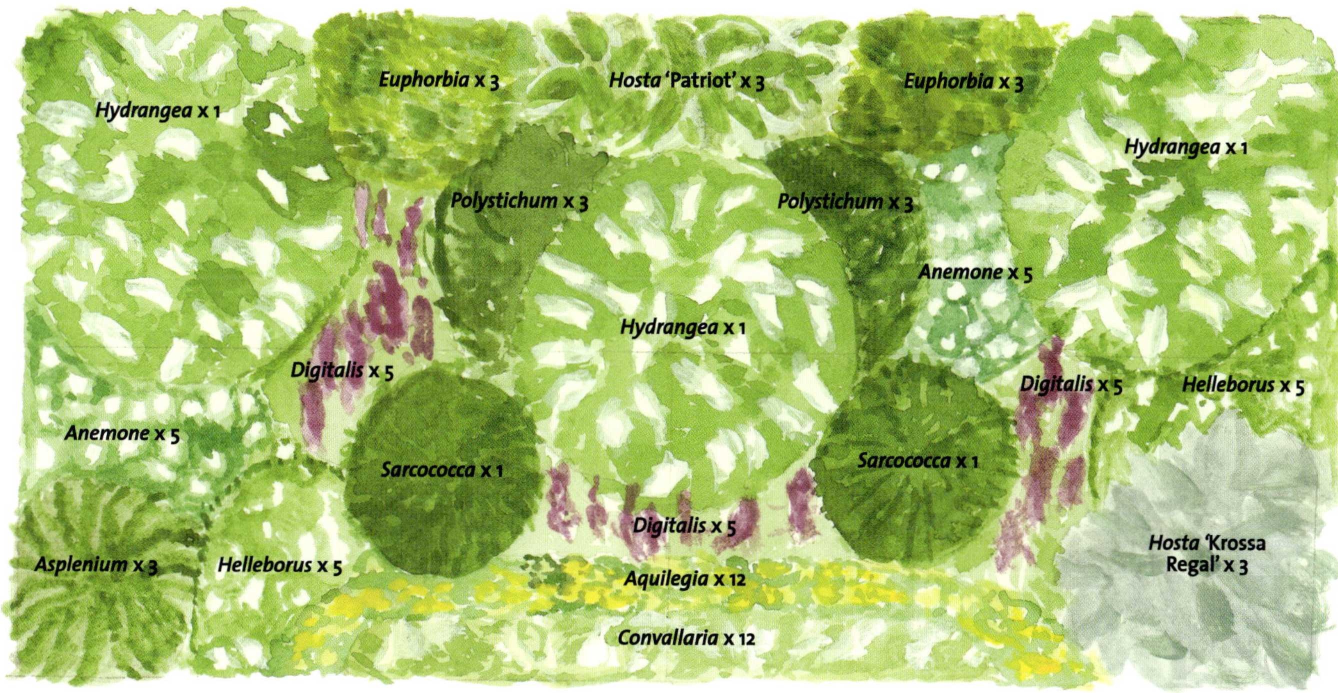

	DIE PFLANZEN	ANZAHL
1	*Aquilegia*, hellgelb blühende Sorte (z. B. *A. longissima* oder *A.* 'Origami Yellow')	12
2	*Euphorbia amygdaloides* var. *robbiae*	6
3	*Hosta* 'Patriot'	3
4	*Polystichum setiferum* Divisilobum-Gruppe	6
5	*Digitalis purpurea*	15
6	*Hydrangea arborescens* 'Annabelle'	3
7	*Convallaria majalis*	12
8	*Hosta* 'Krossa Regal'	3
9	*Sarcococca confusa*	2
10	*Helleborus niger*	10
11	*Asplenium scolopendrium* (syn. *Phyllitis scolopendrium*)	3
12	*Anemone* x *hybrida* 'Honorine Jobert'	10

GRÖSSE UND PFLANZABSTAND

Anemone x *hybrida* 'Honorine Jobert': 90 cm x 60 cm, mit 30 cm Abstand setzen.

Aquilegia: 90 cm x 30 cm, mit 20 cm Abstand setzen.

Asplenium scolopendrium: 45 cm x 40 cm, mit 30 cm Abstand setzen.

Convallaria majalis: 20 cm x 30 cm, mit 15 cm Abstand setzen.

Digitalis purpurea: 150 cm x 20 cm, mit 20 cm Abstand setzen.

Euphorbia amygdaloides var. *robbiae*: 30 cm x 30 cm, mit 30 cm Abstand setzen.

Helleborus niger: 20 cm x 20 cm, mit 20 cm Abstand setzen.

Hosta 'Krossa Regal': 90 cm x 45 cm, mit 30 cm Abstand setzen.

Hosta 'Patriot': 75 cm x 35 cm, mit 45 cm Abstand setzen.

Hydrangea arborescens 'Annabelle': 90 cm x 90 cm

Polystichum setiferum, Divisilobum-Gruppe: 60 cm x 45 cm, mit 38 cm Abstand setzen.

Sarcococca confusa: 90 cm x 60 cm

ZUSATZBEPFLANZUNG

FRÜHLINGSBLÜHER

Im Herbst:
10 *Trillium cuneatum* (Wachslilie) übers Beet verteilt pflanzen.

10 *Fritillaria meleagris* (Schachbrettblume) und 25 *F. meleagris* 'Alba' übers Beet verteilt setzen.

30 *Tulipa* 'West Point' in Gruppen zu je 10 Stück setzen.

SOMMERBLÜHER

Im Frühling:
Weiße Fleißige Lieschen (*Impatiens*) an freie Stellen pflanzen.

Weiße Stiefmütterchen (*Viola* x *wittrockiana*) an der Vorderseite des Beets platzieren.

ALLGEMEINE PFLEGEHINWEISE

Auf Nacktschnecken achten, vor allem an warmen Tagen im Spätwinter und im zeitigen Frühjahr. Besonders bei den Funkien Acht geben: Schneckenkorn ausbringen, sobald die Pflanzen austreiben und Schnecken fortlaufend bekämpfen.

Braunes oder abgestorbenes Laub im zeitigen Frühling entfernen.

Im Frühling Volldünger geben.

DIE PFLANZEN IM EINZELNEN

***Anemone* x *hybrida* 'Honorine Jobert'**
Gartenanemone
BODEN: fruchtbar, nicht austrocknend
LAGE: halbschattig
BLÜTENFARBE: Weiß mit gelbem Auge
BLÜTEZEIT: Spätsommer bis Herbst
DÜNGUNG: Frühling
SCHNITT: Blütentriebe nach Blüte abschneiden.
WEITERE HINWEISE: Mag nach dem Pflanzen nicht mehr gestört werden, breitet sich an zusagenden Plätzen aus. Schöner Spätsommerblüher, besonders vor schon abgeblühten Sträuchern.

***Aquilegia*, gelb blühende Sorte**
Akelei
BODEN: jeder Gartenboden
LAGE: sonnig bis schattig
BLÜTENFARBE: Gelb
BLÜTEZEIT: Frühling bis Frühsommer
DÜNGUNG: Frühling
SCHNITT: Alte, unansehnliche Blütenstände zurückschneiden.
WEITERE HINWEISE: Wundervolle, nickende Blüten über farnartigem Laub. Hart, vielseitig verwendbar, am besten gruppenweise, sät sich üppig selbst aus.

Asplenium scolopendrium
Hirschzunge
BODEN: feucht, nährstoffreich, gut durchlässig
LAGE: halbschattig
FARBE: grünes Laub
BLÜTEZEIT: keine Blüten
DÜNGUNG: Frühling
SCHNITT: Wenn nötig, totes Laub entfernen.
WEITERE HINWEISE: immergrüner Farn mit langen, leuchtend grünen, riemenartigen Wedeln

Convallaria majalis
Maiglöckchen
BODEN: jeder humushaltige, durchlässige Gartenboden
LAGE: offen, halbschattig
BLÜTENFARBE: Weiß
BLÜTEZEIT: Frühling bis Spätfrühling
DÜNGUNG: Frühling
SCHNITT: Nicht schneiden
WEITERE HINWEISE: Duftet fantastisch. Wächst manchmal anfangs zögerlich, legt später aber auch an schwierigen Stellen los und siedelt sich an zusagenden Stellen an.

Digitalis purpurea
Roter Fingerhut
BODEN: jeder normale Gartenboden, der nicht austrocknet
LAGE: halbschattig
BLÜTENFARBE: Rosa, Rot, Purpur
BLÜTEZEIT: Früh- bis Spätsommer
DÜNGUNG: Frühling
SCHNITT: Abgeblühte Blütenstände bodennah abschneiden (es sei denn, Selbstaussaat ist erwünscht), blühen dann ein zweites Mal und werden im Herbst nochmals zurückgeschnitten.
WEITERE HINWEISE: Meist zweijährig, sehr leicht aus Saat heranzuziehen. Selbst gewonnenes Saatgut kann im Frühling an gewünschter Stelle ausgesät werden, die Pflanzen blühen dann im darauf folgenden Jahr.

Euphorbia amygdaloides* var. *robbiae
Mandelblättrige Wolfsmilch
BODEN: jeder Gartenboden
LAGE: halbschattig bis schattig
BLÜTENFARBE: Gelb und Grün
BLÜTEZEIT: Frühling
DÜNGUNG: Frühling
SCHNITT: Alte, unansehnliche Blütenstände abschneiden.
WEITERE HINWEISE: Ansehnlicher immergrüner Bodendecker, der sich ausbreitet, sehr gut für schattige Lagen, benötigt Winterschutz durch eine Zweigdecke. Nur mit Handschuhen anfassen, da der Milchsaft stark reizt.

Helleborus niger
Christrose
BODEN: nicht austrocknend, aber durchlässig und fruchtbar
LAGE: schattig
BLÜTENFARBE: Weiß
BLÜTEZEIT: Winter bis Frühling
SCHNITT: Totes Laub und alte Blüten entfernen.
DÜNGUNG: im November mit Knochenmehl und mit Volldünger nach der Blüte
SCHNITT: Alte Blätter und altes Laub entfernen.
WEITERE HINWEISE: Wegen der ungewöhnlichen Blütezeit sehr geschätzt. Zieht im Herbst meist ein, etwa mit der Blüte erscheinen aber schöne neue, dunkelgrüne Blätter.

***Hosta* 'Krossa Regal'**
Funkie
BODEN: Durchlässig, aber niemals trocken, mit Lauberde oder Stallmist versehen.
LAGE: sonnig bis halbschattig
FARBE: blaugrüne Blätter, lila Blüten
BLÜTEZEIT: Hoch- bis Spätsommer
DÜNGUNG: Frühling und bei Bedarf nochmals Blattdüngung im Frühsommer.
SCHNITT: Nur die abgeblühten Blütenstände ausschneiden.
WEITERE HINWEISE: Eine sehr ansprechende Funkie, sehr guter Bodendecker, der über Jahre ungestört wachsen kann. Wie alle Funkien Lieblingsspeise von Schnecken.

***Hosta* 'Patriot'**
Funkie
BODEN: durchlässig, nicht austrocknend
LAGE: wie alle panaschierten Sorten am besten schattig bis halbschattig
FARBE: Blätter kräftig grün mit weißem Rand. Recht große, lavendelblaue Trompetenblüte.
BLÜTEZEIT: Frühling
DÜNGUNG: Frühling
SCHNITT: Verblühtes entfernen.
WEITERE HINWEISE: Ein besonderer Blickfang, leidet wie alle Funkien unter Schneckenfraß, daher Schnecken schon vor dem Laubaustrieb bekämpfen.

***Hydrangea arborescens* 'Annabelle'**
Waldhortensie
BODEN: feucht, fruchtbar, gut durchlässig
LAGE: halbschattig
BLÜTENFARBE: Knospe grünlich weiß, aufgeblüht rahmweiß
BLÜTEZEIT: Hochsommer bis Frühherbst
DÜNGUNG: Frühling
SCHNITT: Schwaches und totes Holz entfernen, sonst aber möglichst wenig schneiden. Blütenstände bis in den Winter stehen lassen und erst im zeitigen Frühling bis zu einem Paar kräftiger Augen zurückschneiden.
WEITERE HINWEISE: eine Bereicherung für das Blumenbeet

***Polystichum setiferum*, Divisilobum-Gruppe**
Schildfarn
BODEN: feucht, durchlässig, fruchtbar
LAGE: halbschattig
FARBE: grünes Laub
BLÜTEZEIT: Blüht nicht.
DÜNGUNG: Frühling
SCHNITT: Im Frühling alte, vergilbende Blätter entfernen.
WEITERE HINWEISE: ein stattlicher immer- oder wintergrüner Farn

Sarcococca confusa
Fleischbeere
BODEN: feucht, fruchtbar
LAGE: sonnig bis schattig
FARBE: Laub glänzend grün, Blüten klein, weiß
BLÜTEZEIT: Winter
DÜNGUNG: Frühling
SCHNITT: Wenn nötig, im Sommer stutzen.
WEITERE HINWEISE: Wird wegen des schönen grünen Laubs und als Winterblüher mit intensiv duftenden Blüten geschätzt. In rauen Lagen Winterschutz erforderlich.

EIN SCHATTIGES BEET IM GARTEN: FEUCHTER SCHATTEN

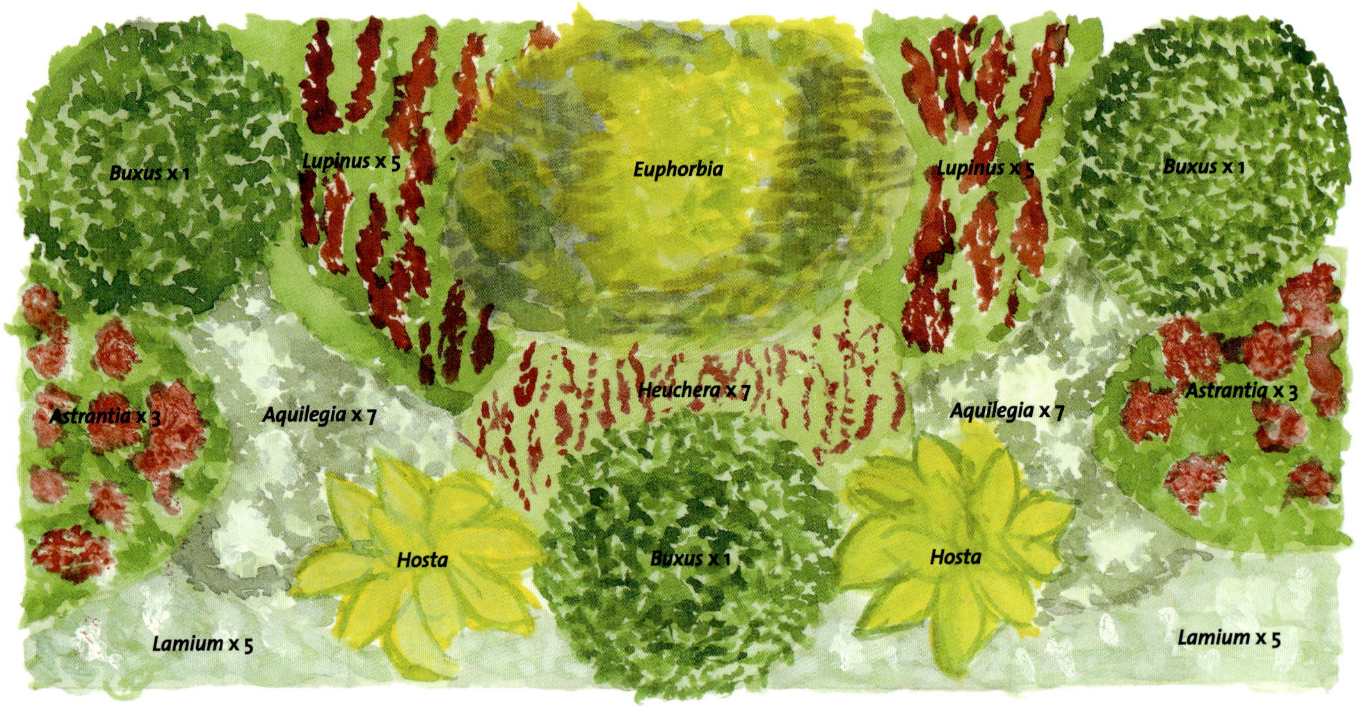

	DIE PFLANZEN	ANZAHL
1	*Euphorbia characias* subsp. *wulfenii*	1
2	*Astrantia major* 'Ruby Wedding'	6
3	*Lupinus*, rot blühende Sorte (z. B. 'My Castle' oder 'Judith Chalmers')	10
4	*Heuchera* 'Strawberry Swirl'	7
5	*Aquilegia*, weiß blühende Sorte (z. B. *A. vulgaris* 'Nivea')	14
6	*Buxus sempervirens*	3 Kugeln
7	*Hosta fortunei* var. *albopicta*	2
8	*Lamium maculatum* 'White Nancy'	10

1

2

3

4

5

6

7

8

GRÖSSE UND PFLANZABSTAND

Aquilegia: 90 cm x 30 cm, mit 20 cm Abstand setzen.

Astrantia major 'Ruby Wedding': 60 cm x 38 cm, mit 30 cm Abstand setzen.

Buchskugeln: Die Größe richtet sich nach dem Schnitt, sie sollte bei einer Endgröße von 75 cm x 75 cm liegen.

Euphorbia characias subsp. *wulfenii*: 120 cm x 120 cm

Heuchera 'Strawberry Swirl': 45 cm x 30 cm, mit 20 cm Abstand setzen.

Hosta fortunei var. *albopicta*: 60 cm x 60 cm

Lamium maculatum 'White Nancy': 15 cm hoch, treibt Ausläufer, mit 45 cm Abstand setzen.

Lupinus: 90 cm x 45 cm, mit 30 cm Abstand setzen.

ZUSATZBEPFLANZUNG

FRÜHLINGSBLÜHER

Im Herbst:
100 gefüllte Narzissen, z. B. 'Yellow Cheerfulness', übers Beet verteilt setzen.

50 Zwergnarzissen wie etwa 'Hawera' in Gruppen zu je 10 setzen.

SOMMERBLÜHER

Im Frühling:
Dunkelroten Ziertabak an freie Stellen vorne im Beet setzen.

Weiße Fleißige Lieschen (*Impatiens*) überall in freie Stellen setzen, aber beachten, dass sie recht groß werden.

ALLGEMEINE PFLEGEHINWEISE

Auf Nacktschnecken achten, sobald die ersten Funkientriebe erscheinen. Funkien und Lupinen müssen vor Fraß geschützt werden.

Den Stauden im Frühling Volldünger geben.

Die Blütenstände der Euphorbien nach der Blüte abschneiden, dabei Handschuhe tragen.

Den Buchs im Frühsommer schneiden.

Im Herbst mit Knochenmehl düngen.

DIE PFLANZEN IM EINZELNEN

***Aquilegia*, weiß blühende Sorten**
Akelei
BODEN: jeder Gartenboden
LAGE: sonnig bis halbschattig
BLÜTENFARBE: Weiß
BLÜTEZEIT: Spätfrühling bis Hochsommer
DÜNGUNG: Frühling
SCHNITT: Abgeblühtes abschneiden.
WEITERE HINWEISE: Nickende, einzeln stehende Blüten über farnartigem, graugrünem Laub. Hart, anspruchslos, sät sich selbst aus.

***Astrantia major* 'Ruby Wedding'**
Große Sterndolde
BODEN: jeder durchlässige Gartenboden
LAGE: etwas schattig
BLÜTENFARBE: Dunkelrot mit dunkelroten Stängeln
BLÜTEZEIT: Früh- bis Spätsommer
DÜNGUNG: Frühling
SCHNITT: Blütenstände im Spätsommer abschneiden.
WEITERE HINWEISE: Aus dichtem Blattwerk erheben sich die Blüten auf dünnen, aber kräftigen Stängeln. Auch als Schnittblume geeignet. In windigen Lagen durch Zweigwerk stützen, sonst aber hart und pflegeleicht.

Buxus sempervirens
Buchsbaum
BODEN: jeder nicht vernässte Gartenboden
LAGE: sonnig bis halbschattig
FARBE: Laub immergrün, Blüten unscheinbar, gelblich
BLÜTEZEIT: Frühling, Blüte aber unbedeutend
DÜNGUNG: im Herbst mit Knochenmehl
SCHNITT: Frühsommer, treibt nach Rückschnitt kräftig neu aus.
WEITERE HINWEISE: Wird wegen des dunklen immergrünen Laubs und der Schnittverträglichkeit gepflanzt. Gibt dem Beet Struktur. Wächst langsam, daher am besten vorgeformte Pflanzen entsprechender Größe pflanzen.

Euphorbia characias* subsp. *wulfenii
Mittelmeer-Wolfsmilch
BODEN: jeder gut durchlässige Gartenboden
LAGE: sonnig bis halbschattig
BLÜTENFARBE: gelblich grüne Hochblätter
BLÜTEZEIT: Frühling bis Hochsommer
DÜNGUNG: Frühling
SCHNITT: Abgeblühte Triebe bodennah zurückschneiden.
WEITERE HINWEISE: Sehr imposante Art, im ersten Jahr mit charakteristisch grau-grün beblätterten Trieben, an denen im zweiten Jahr grünlich gelbe Blütenstände erscheinen. Kontakt mit dem hautreizenden Milchsaft vermeiden, beim Rückschnitt Handschuhe tragen. Nur in milden Lagen ausreichend winterhart.

***Heuchera* 'Strawberry Swirl'**
Purpurglöckchen
BODEN: trocken bis feucht, aber nicht staunass
LAGE: sonnig bis halbschattig
FARBE: Blüten rot, Laub hellgrün mit weißen Flecken
BLÜTEZEIT: Spätfrühling bis Hochsommer
DÜNGUNG: Frühling
SCHNITT: Abgestorbene Blütentriebe entfernen.
WEITERE HINWEISE: Pflegeleicht, vielseitig verwendbar, mit glöckchenähnlichen Blüten in lockeren Ständen über dem wintergrünen Laub. Kann im Herbst oder Frühling mit dem Spaten geteilt werden.

Hosta fortunei* var. *albopicta
Funkie
BODEN: Durchlässig, aber niemals trocken, mit Lauberde oder Stallmist versehen.
LAGE: schattig bis halbschattig
FARBE: hellgrüne Blätter mit dunklerem Saum, Blüten lila
BLÜTEZEIT: Hochsommer
DÜNGUNG: Frühling
SCHNITT: Alte Blütenstände entfernen.
WEITERE HINWEISE: Der Reiz liegt im Austrieb im Frühling, im Laufe des Sommers werden die Blätter einheitlich grün. Wie bei allen Funkien auf Schneckenfraß achten und Nacktschnecken zeitig bekämpfen.

***Lamium maculatum* 'White Nancy'**
Gefleckte Taubnessel
BODEN: Liebt Feuchtigkeit.
LAGE: schattig bis halbschattig
FARBE: Blätter silbrig, Blüten weiß
BLÜTEZEIT: Spätfrühling bis Hochsommer
DÜNGUNG: Frühling
SCHNITT: Ausläufer im Hochsommer zurückschneiden, damit die Pflanze kompakt bleibt.
WEITERE HINWEISE: Wintergrüner Bodendecker, der auch in feuchtem Schatten unter größeren Pflanzen gedeiht. Kann bei zusagenden Bedingungen zum Wuchern neigen.

***Lupinus*, rot blühende Sorte**
Lupine
BODEN: Jeder durchlässige Gartenboden, verträgt keinen Dung.
LAGE: sonnig bis halbschattig
BLÜTENFARBE: Rot
BLÜTEZEIT: Früh- und nochmals im Spätsommer
DÜNGUNG: Frühling und nach der ersten Blüte
SCHNITT: Nach der Blüte zurückschneiden, blüht dann ein zweites Mal im Jahr.
WEITERE HINWEISE: Säen sich selbst aus, fallen aber aus Saat nicht echt. Bei Bedarf die Früchte an einem warmen Ort nachreifen lassen, die Saat in einem beschrifteten Umschlag trocken aufbewahren und im Frühling aussäen.

EIN SCHATTIGES BEET IM GARTEN: LICHTER SCHATTEN

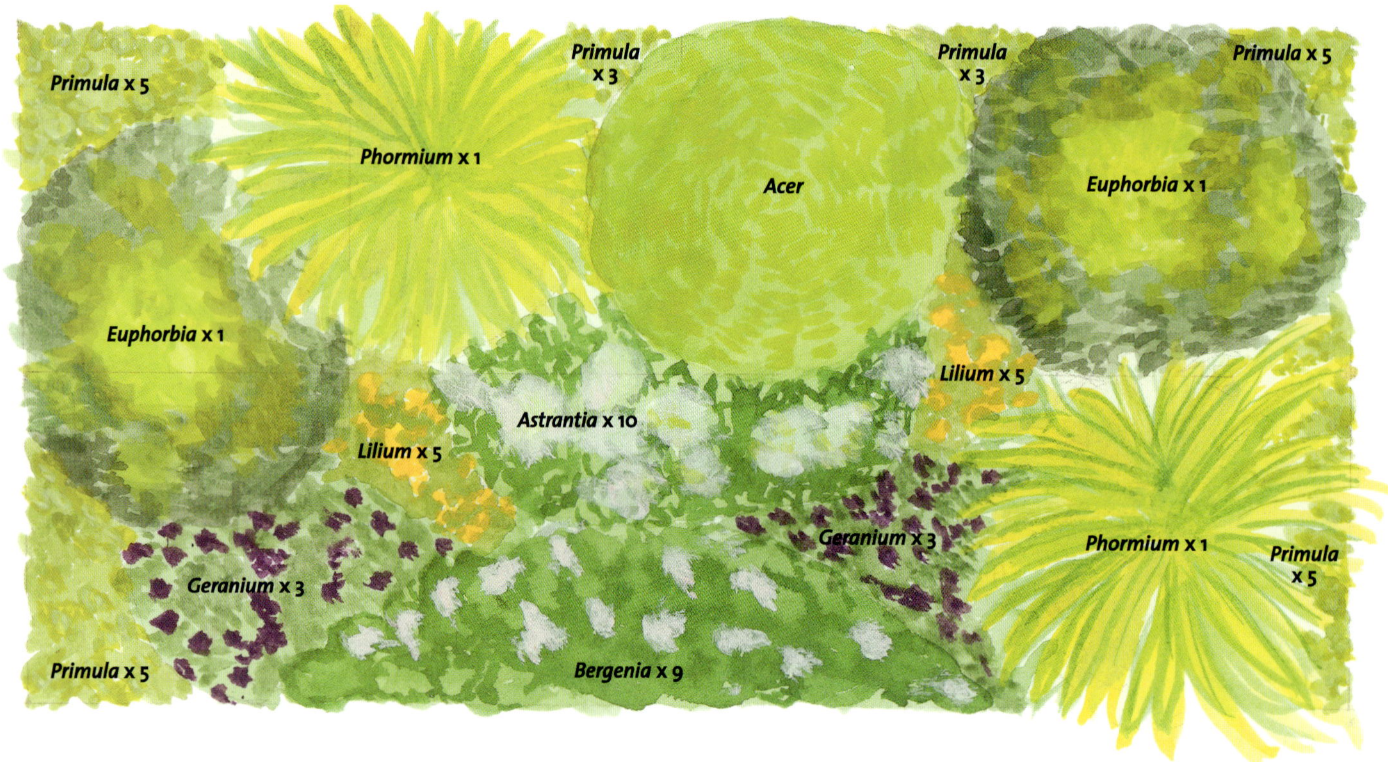

	DIE PFLANZEN	ANZAHL
1	*Acer palmatum* var. *dissectum* Dissectum-Viride-Gruppe	1
2	*Euphorbia characias* subsp. *wulfenii*	2
3	*Geranium phaeum*	6
4	*Lilium* aus der African-Queen-Gruppe	10
5	*Bergenia* 'Silberlicht'	9
6	*Primula auricula* 'Greenpeace' (oder andere gelbe)	26
7	*Phormium* 'Yellow Wave'	2
8	*Astrantia major* subsp. *involucrata* 'Shaggy'	10

1

2

3

4

5

6

7

8

GRÖSSE UND PFLANZABSTAND

Der Zierahorn (*Acer*) steht im Hintergrund. Er wächst langsam, erreicht schließlich aber doch etwa 120 cm x 120 cm.

Astrantia major subsp. *involucrata* 'Shaggy': 60 cm x 30 cm, kreisförmig mit 15 cm Abstand setzen.

Bergenia 'Silberlicht': 30 cm x 30 cm, mit 30 cm Abstand setzen.

Euphorbia characias subsp. *wulfenii*: 120 cm x 120 cm

Geranium phaeum: 60 cm x 60 cm, mit 30 cm Abstand im Dreieck setzen.

Lilium African-Queen-Gruppe: 90 cm x 15 cm, mit 15 cm Abstand setzen.

Phormium 'Yellow Wave': 90 cm x 60 cm

Primula auricula 'Greenpeace': 15 cm x 15 cm, mit 20 cm Abstand setzen.

ZUSATZBEPFLANZUNG

FRÜHLINGSBLÜHER

Im Herbst:
50 *Narcissus* 'Thalia' in Gruppen zu je 5 übers Beet verteilt setzen.

25 *Erythronium dens-canis* (Hundszahnlilien) in Gruppen zu je 5 an der Vorderseite des Beets setzen.

25 Alpenveilchen (*Cyclamen coum*) übers Beet verteilt setzen.

50 Puschkinien (*Puschkinia scilloides* var. *libanotica*) an freien Stellen übers Beet verteilt setzen.

SOMMERBLÜHER

Im Frühling:
25 niedrige, weiß blühende Ziertabakpflanzen (F1-Hybriden) an freien Stellen im ganzen Beet pflanzen.

30 weiße Fingerhüte (*Digitalis purpurea* f. *albiflora*) an freien Stellen im ganzen Beet pflanzen.

12 weiße Silberlinge (*Lunaria annua*) in Dreiergruppen in freie Lücken setzen.

ALLGEMEINE PFLEGEHINWEISE

Im Frühling Schnecken bekämpfen, besonders im Umkreis der Bergenien und Primeln.

Das gesamte Beet im Frühling mit Volldünger düngen.

Die Lilien rechtzeitig anbinden.

Die Pflanzen dürfen nicht trocken stehen, beizeiten wässern.

Abgestorbenes Laub entfernen und im Herbst absammeln.

Von den Silberlingen nach der Blüte nur 2 oder 3 stehen und versamen lassen, sonst breiten sie sich zu sehr aus.

DIE PFLANZEN IM EINZELNEN

***Acer palmatum* var. *dissectum*,**
Dissectum-Viride-Gruppe
Fächerahorn
BODEN: feucht
LAGE: halbschattig mit Schutz vor direkter Sonne und Wind
FARBE: Laub gelblich grün
BLÜTE: unbedeutend
DÜNGUNG: Frühling
SCHNITT: Nicht schneiden.
WEITERE HINWEISE: Bildet mit der Zeit einen grazilen, überhängenden Strauch, Blätter fein geschnitten.

***Astrantia major* subsp.**
***involucrata* 'Shaggy'**
Große Sterndolde
BODEN: jeder durchlässige Gartenboden
LAGE: Lichter Schatten, verträgt keine Trockenheit.
BLÜTENFARBE: Weiß mit grünem Hauch
BLÜTEZEIT: Früh- bis Spätsommer
DÜNGUNG: zeitiger Frühling
SCHNITT: Im Herbst herunterschneiden.
WEITERE HINWEISE: Eine duldsame und dankbare Pflanze, die immer frisch aussieht.

***Bergenia* 'Silberlicht'**
Bergenie
BODEN: jeder durchlässige Gartenboden
LAGE: sonnig bis lichtschattig
BLÜTENFARBE: Weiß mit Rosa
BLÜTEZEIT: Spätwinter bis Spätfrühling
DÜNGUNG: Frühling

SCHNITT: Braun werdendes Laub und Blüten abschneiden.
WEITERE HINWEISE: Schöner Bodendecker mit robusten, wintergrünen Blättern. Die Blüten stehen auf dicken, geraden Stängeln und halten wochenlang. Bildet Ableger, die abgetrennt und woanders gepflanzt werden können. Auf Schneckenfraß achten.

Euphorbia characias* subsp. *wulfenii
BODEN: jeder gut durchlässige Gartenboden
LAGE: sonnig bis halbschattig
BLÜTENFARBE: gelblich grüne Hochblätter
BLÜTEZEIT: Frühling bis Hochsommer
DÜNGUNG: Frühling
SCHNITT: Abgeblühte Triebe bodennah zurückschneiden.
WEITERE HINWEISE: Sehr imposante Art, im ersten Jahr mit charakteristisch grau-grün beblätterten Trieben, an denen im zweiten Jahr grünlich gelbe Blütenstände erscheinen. Kontakt mit dem hautreizenden Milchsaft vermeiden, beim Rückschnitt Handschuhe tragen. Nur in milden Lagen ausreichend winterhart.

Geranium phaeum
Brauner Storchschnabel
BODEN: jeder Gartenboden
LAGE: Schattig, gedeiht aber auch in sonniger Lage.
BLÜTENFARBE: Purpurschwarz
BLÜTEZEIT: Frühling bis Hochsommer
DÜNGUNG: Frühling und Hochsommer
SCHNITT: Alte Blütenstände bis zum Boden zurückschneiden, blüht dann im selben Jahr nochmals.
WEITERE HINWEISE: Guter Bodendecker für schattige Lagen, gedeiht noch in tiefem Schatten, anspruchslos. Neigt dazu, sich auszubreiten, kann zwischen Frühherbst und Vorfrühling geteilt werden.

***Lilium* African-Queen-Gruppe**
Lilie
BODEN: sehr durchlässig, mit Knochenmehl und Kies
LAGE: sonnig bis halbschattig
BLÜTENFARBE: leuchtendes Gelb
BLÜTEZEIT: Früh- bis Hochsommer
DÜNGUNG: Beim Pflanzen Knochenmehl und im Spätfrühling Volldünger geben.
SCHNITT: Blüte vor der Samenreife abschneiden, gesamten Blütenstand im Herbst bis auf 10 cm abschneiden.
WEITERE HINWEISE: Pflanzloch mit Kies versetzen.

***Phormium* 'Yellow Wave'**
Neuseeländer Flachs
BODEN: jeder durchlässige Gartenboden
LAGE: Gilt als Sonne liebend, gedeiht aber auch in lichtem Schatten gut.
FARBE: Blätter gelb mit grünem Rand
BLÜTE: Im Sommer gelbliche Blüten, aber nicht wegen der Blüte gepflanzt.
DÜNGUNG: Frühling
SCHNITT: Nicht schneiden.
WEITERE HINWEISE: Architektonische Pflanze mit leuchtend gelb-grünen, schwertförmigen Blättern, in Mitteleuropa frostfrei zu überwinternde Kübelpflanze.

***Primula auricula* 'Greenpeace'**
Gartenaurikel
BODEN: kiesig, sehr durchlässig
LAGE: Verträgt Sonne, liebt aber Halbschatten.
BLÜTEN: gelblich grün bis hellgelb, oft mit weißem Zentrum, duftend
BLÜTEZEIT: Frühling
DÜNGUNG: Vorfrühling
SCHNITT: Nicht schneiden.
WEITERE HINWEISE: Hellgraue bis hellgrüne Blattrosetten und ungewöhnliche grünliche Blüten machen den Reiz dieser Primeln aus, die besonders in Viktorianischer Zeit sehr beliebt waren.

1

2

3

4

5

6

7

8

EIN SCHATTIGES BEET IM GARTEN: LICHTER SCHATTEN

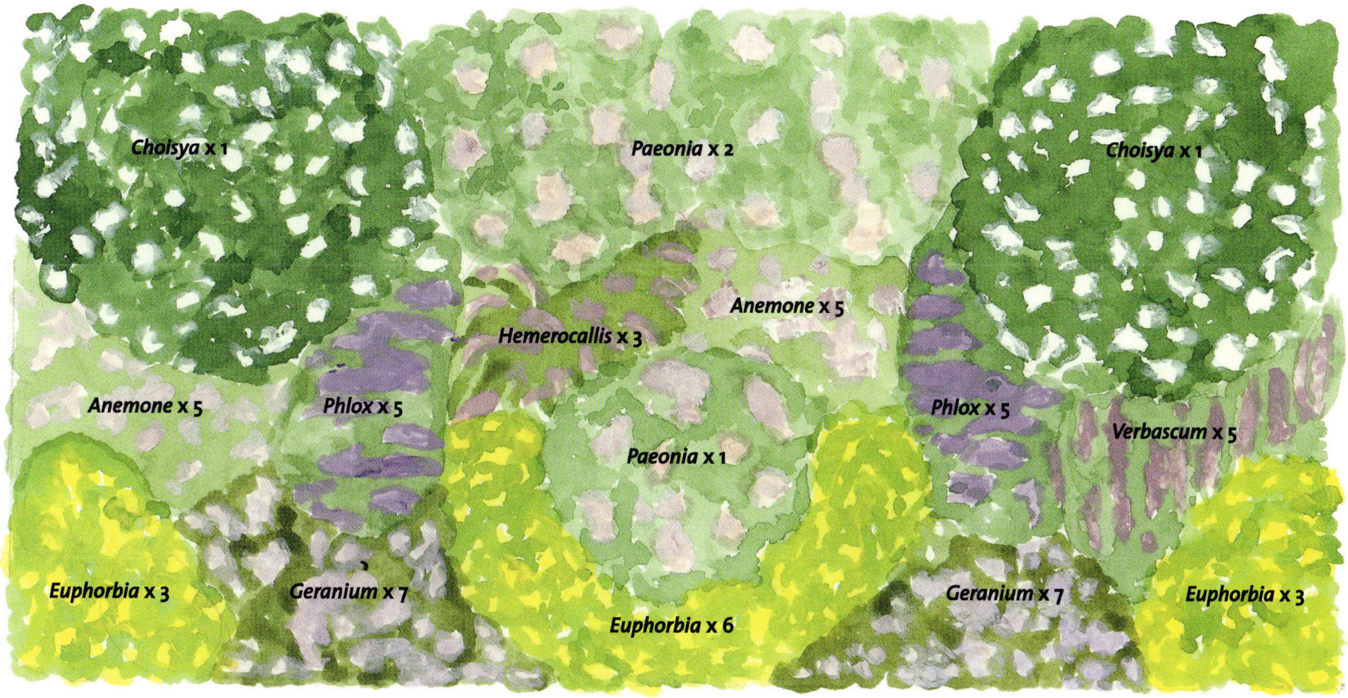

	DIE PFLANZEN	ANZAHL
1	*Phlox paniculata*, lavendelblaue Sorte (z. B. 'Franz Schubert')	10
2	*Geranium maculatum*	14
3	*Paeonia lactiflora* 'Sarah Bernhardt'	3
4	*Euphorbia polychroma* (syn. *E. epithymoides*)	12
5	*Choisya ternata*	2
6	*Anemone hupehensis* 'Hadspen Abundance'	10
7	*Verbascum* 'Pink Domino'	5
8	*Hemerocallis*, rosa, aber nicht lachsrosa (z. B. 'Catherine Woodbery')	3

GRÖSSE UND PFLANZABSTAND

Anemone hupehensis 'Hadspen Abundance': 75 cm x 45 cm, mit 38 cm Abstand setzen.

Choisya ternata: 150 cm x 150 cm

Euphorbia polychroma: 45 cm x 20 cm, mit 20 cm Abstand setzen.

Geranium maculatum: 30 cm x 30 cm, mit 30 cm Abstand setzen.

Hemerocallis: 75 cm x 60 cm, mit 45 cm Abstand setzen.

Paeonia lactiflora 'Sarah Bernhardt': 75 cm x 60 cm, mit 45 cm Abstand setzen.

Phlox paniculata: 110 cm x 60 cm, mit 45 cm Abstand setzen.

Verbascum 'Pink Domino': 110 cm x 30 cm, mit 45 cm Abstand setzen.

ZUSATZBEPFLANZUNG

FRÜHLINGSBLÜHER

Im Herbst:
30 *Anemone coronaria* punktweise übers Beet verteilt setzen.

25 Schachbrettblumen (*Fritillaria meleagris*) in Fünfergruppen in Lücken vorne im Beet setzen.

50 Traubenhyazinthen (*Muscari armeniacum* 'Blue Spike') in Gruppen zu 10 setzen.

20 Papageitulpen 'Estella Rijnveld' in Fünfergruppen dort setzen, wo Platz ist.

30 Tulpen 'Maiwunder' in Gruppen zu je 10 an freie Stellen setzen.

SOMMERBLÜHER

Im Spätfrühling:
10 purpurne Heliotrope (duftend) zwischen die Euphorbien pflanzen.

Im Frühling:
20 rosa oder weiße Ziertabak pflanzen, wo Platz ist.

Duftpelargonien in Lücken zwischen den Pfingstrosen setzen.

Im Herbst:
20 im Frühsommer blühende blaue Präriekerzen (*Camassia*) an freie Stellen im Hintergrund des Beets setzen.

ALLGEMEINE PFLEGEHINWEISE

Das Beet im Frühwinter oder Frühling mit Lauberde oder Stallmist mulchen.

Im Frühling Volldünger geben.

Tulpenblätter abschneiden, wenn sie vergilben, und Dünger auf die Erde streuen.

Die Pfingstrosen anbinden, sobald sie treiben (bei etwa 15 cm Höhe).

Das Beet im Herbst säubern und dabei die Sommerblumen herausnehmen.

DIE PFLANZEN IM EINZELNEN

Anemone hupehensis
'Hadspen Abundance'
Herbstanemone
BODEN: guter Gartenboden
LAGE: sonnig bis schattig
BLÜTENFARBE: Dunkelpurpurrosa
BLÜTEZEIT: Spätsommer bis Herbst
DÜNGUNG: Frühling
SCHNITT: Nur überschüssige Triebe von Zeit zu Zeit beseitigen.
WEITERE HINWEISE: Neigt dazu, sich auszubreiten, wenn nötig, teilen und verkleinern.

Choisya ternata
Orangenblume
BODEN: jeder Gartenboden
LAGE: sonnig bis schattig
BLÜTENFARBE: Weiß
BLÜTEZEIT: Frühling bis Frühsommer, geringe Nachblüte im Herbst
DÜNGUNG: Frühling
SCHNITT: Kann nach der Blüte, wenn nötig, sehr kräftig zurückgeschnitten werden.
WEITERE HINWEISE: Ein sehr schöner Strauch mit glänzend grünen, beim Zerreiben aromatisch duftenden Blättern. Nur in sehr milden Gegenden ausreichend hart, sollte dort aber häufiger gepflanzt werden.

Euphorbia polychroma
Goldwolfsmilch
BODEN: jeder Gartenboden
LAGE: sonnig bis schattig
BLÜTENFARBE: intensives Grüngelb

BLÜTEZEIT: Frühling bis Frühsommer
DÜNGUNG: Frühling
SCHNITT: Wenn nötig, zurückschneiden.
WEITERE HINWEISE: Setzt kräftige Farbakzente, die gerade im zeitigen Frühling sehr wirkungsvoll sind. Wegen des reizenden und giftigen Milchsafts nur mit Handschuhen anfassen.

Geranium maculatum
Gefleckter Storchschnabel
BODEN: nährstoffreich
LAGE: sonnig bis halbschattig
BLÜTENFARBE: Rosa
BLÜTEZEIT: Früh- bis Hochsommer
DÜNGUNG: Frühling
SCHNITT: Totes und verblassende Blüten abschneiden.
WEITERE HINWEISE: Schöne Blüte und Blätter, breitet sich nur wenig aus.

***Hemerocallis*, rosa, aber nicht lachsrosa**
Taglilie
BODEN: nährstoffreich, feucht
LAGE: sonnig bis halbschattig
BLÜTENFARBE: Hellrosa
BLÜTEZEIT: Hoch- bis Spätsommer
DÜNGUNG: Frühling
SCHNITT: Nicht schneiden.
WEITERE HINWEISE: Grasartige Blätter, die stets frisch aussehen. Jede einzelne Blüte kurzlebig, es erscheinen aber über lange Zeit immer neue, schwach duftend, anspruchslos.

Paeonia lactiflora
'Sarah Bernhardt'
Pfingstrose
BODEN: tiefgründig, nährstoffreich
LAGE: sonnig bis halbschattig
BLÜTENFARBE: Hellrosa
BLÜTEZEIT: Spätfrühling bis Frühsommer
DÜNGUNG: Frühling
SCHNITT: Laub im Herbst abschneiden.
WEITERE HINWEISE: Da die Blüten sehr schwer sind, sollten die Blütentriebe angebunden werden.

***Phlox paniculata*,**
lavendelblau blühend
BODEN: durchlässig, nährstoffreich, nicht austrocknend
LAGE: sonnig bis halbschattig
BLÜTENFARBE: Blau mit dunklerem Auge
BLÜTEZEIT: Hochsommer bis Frühherbst
DÜNGUNG: Frühling
SCHNITT: Blütenstände im Herbst abschneiden.
WEITERE HINWEISE: Duftet sehr gut, kann im Spätherbst oder Frühjahr geteilt werden, wenn sie zu groß geworden ist.

***Verbascum* 'Pink Domino'**
Königskerze
BODEN: guter Gartenboden
LAGE: sonnig bis halbschattig
BLÜTENFARBE: Fliederfarben
BLÜTEZEIT: Früh- bis Hochsommer
DÜNGUNG: Frühling
WEITERE HINWEISE: Setzt im Blumenbeet markante Akzente.

EIN SCHATTIGES BEET IM GARTEN: TIEFER SCHATTEN

	DIE PFLANZEN	ANZAHL
1	*Ilex aquifolium* 'Bacciflava'	1
2	*Galium odoratum*	9
3	*Prunus laurocerasus* 'Otto Luyken' (oder 'Zabeliana')	2
4	*Ilex aquifolium* 'Madame Briot'	1
5	*Viburnum davidii*	3
6	*Pachysandra terminalis*	5
7	*Euphorbia amygdaloides* var. *robbiae*	9
8	*Aucuba japonica* 'Crotonifolia'	1
9	*Geranium phaeum* 'Lily Lovell'	12
10	*Daphne pontica*	4

1

2

3

4

5

6

7

8

9

10

GRÖSSE UND PFLANZABSTAND

Aucuba japonica 'Crotonifolia': 180 cm x 150 cm, verträgt Rückschnitt sehr gut.

Daphne pontica: 90 cm x 45 cm

Euphorbia amygdaloides var. *robbiae*: 30 cm x 30 cm, breitet sich aus.

Galium odoratum: 15 cm x 30 cm, breitet sich rasch aus, mit 30 cm Abstand setzen.

Geranium phaeum 'Lily Lovell': 45 cm x 45 cm, mit 30 cm Abstand setzen.

Ilex aquifolium 'Bacciflava': wird recht groß, kann aber geschnitten werden.

Ilex aquifolium 'Madame Briot': wird recht groß, kann aber geschnitten werden.

Pachysandra terminalis: Bodendecker von 15 cm Höhe, treibt Ausläufer, mit 30 cm Abstand setzen.

Prunus laurocerasus 'Otto Luyken': 90 cm x 140 cm

Viburnum davidii: 90 cm x 90 cm, mit 60 cm Abstand setzen.

ZUSATZBEPFLANZUNG

FRÜHLINGSBLÜHER

Im Herbst:
10 gelb blühende *Erythronium* 'Pagoda' und kleinere, weiß blühende *E. revolutum* 'White Beauty' in Fünfergruppen vorne im Beet setzen.

Im Frühling:
20 gefüllte Schneeglöckchen (*Galanthus nivalis* 'Flore Pleno') nach der Blüte in Fünfergruppen an freie Stellen setzen.

30 Winterlinge (*Eranthis hyemalis*) im Beet verteilen.

SOMMERBLÜHER

Im Frühling oder Herbst:
Weißen Fingerhut (*Digitalis purpurea* f. *albiflora*) in Lücken setzen.

Im Spätfrühling:
An den hellsten Stellen weiße Fleißige Lieschen (*Impatiens*) in Lücken setzen.

ALLGEMEINE PFLEGEHINWEISE

Im Frühling mit gut abgelagertem Stallmist mulchen.

Das Beet nicht trocken werden lassen.

Die *Ilex* im Hochsommer kräftig beschneiden.

Darauf achten, dass sich die Bodendecker nicht gegenseitig verdrängen, wenn nötig, ausdünnen.

Im Herbst mit Knochenmehl düngen.

DIE PFLANZEN IM EINZELNEN

***Aucuba japonica* 'Crotonifolia'**
Aukube
BODEN: jeder Gartenboden
LAGE: Verträgt Schatten und Sonne.
FARBE: immergrüne Blätter mit goldgelben Flecken
BLÜTE: Frühling, unauffällig
DÜNGUNG: Frühling
SCHNITT: Durch Rückschnitt in der gewünschten Größe halten.
WEITERE HINWEISE: Sehr anspruchslose Pflanze, die auch tiefsten Schatten und Luftverschmutzung erträgt. Für Fruchtansatz beide Geschlechter pflanzen, 'Crotonifolia' ist männlich, eine gute weibliche Sorte ist 'Gold Dust'.

Daphne pontica
Pontischer Seidelbast
BODEN: gut, lehmig
LAGE: schattig
BLÜTENFARBE: grünliches Gelb
BLÜTEZEIT: Frühling
DÜNGUNG: Frühling
SCHNITT: Nicht schneiden.
WEITERE HINWEISE: ausdauernde Pflanze mit glänzend grünen Blättern für tiefen Schatten

Euphorbia amygdaloides* var. *robbiae
Mandelblättrige Wolfsmilch
BODEN: jeder Gartenboden
LAGE: halbschattig bis schattig
BLÜTENFARBE: Gelb und Grün
BLÜTEZEIT: Frühling
DÜNGUNG: Frühling

SCHNITT: Alte, unansehnlich gewordene Blütenstände abschneiden.
WEITERE HINWEISE: Schattenverträglich, benötigt aber Winterschutz durch eine Zweigdecke. Nur mit Handschuhen anfassen, da der Milchsaft Haut (und Augen) stark reizt.

Galium odoratum
Waldmeister
BODEN: jeder nicht austrocknende Gartenboden
LAGE: schattig bis halbschattig
BLÜTENFARBE: Weiß
BLÜTEZEIT: Spätfrühling bis Hochsommer
DÜNGUNG: Frühling
SCHNITT: Nicht erforderlich, aber Wuchs eventuell mit dem Spaten eindämmen.
WEITERE HINWEISE: Duftet sehr gut, auch für Bowle geeignet. Treibt nach der Blüte neu grün aus. Neigt dazu, sich auszubreiten.

***Geranium phaeum* 'Lily Lovell'**
BODEN: jeder Gartenboden
LAGE: schattig
BLÜTENFARBE: Dunkelpurpur
BLÜTEZEIT: Spätfrühling bis Hochsommer
DÜNGUNG: Frühling
SCHNITT: Nach dem Verblühen Blütentriebe abschneiden.
WEITERE HINWEISE: Gedeiht und blüht auch noch an sehr schattigen, schwierigen Plätzen.

***Ilex aquifolium* 'Bacciflava'**
Gelbfrüchtige Stechpalme
BODEN: jeder, auch trocken und durchwurzelt
LAGE: Wächst auch in schwierigen Lagen, ganz gleich, ob sonnig, windig oder schattig.
FARBE: Wegen des immergrünen Laubs und der gelben Früchte gepflanzt.
BLÜTEZEIT: Frühling, Blüte aber unauffällig
DÜNGUNG: Frühling
SCHNITT: Verträgt starken Rückschnitt im Hoch- bis Spätsommer.
WEITERE HINWEISE: Beeren halten lange am Strauch, werden erst spät von Vögeln genommen.

Ilex aquifolium
'Madame Briot'
Buntblättrige Stechpalme
BODEN: jeder, auch trocken und durchwurzelt
LAGE: Verträgt auch tiefen Schatten.
FARBE: Wegen des grüngelben Laubs gepflanzt.
BLÜTEZEIT: Spätfrühling bis Frühsommer
DÜNGUNG: Frühling
SCHNITT: Verträgt starken Rückschnitt im Hoch- bis Spätsommer.
WEITERE HINWEISE: Im Frühling auffallend purpurfarbene Zweige, schöne grüne Blätter mit auffallend gelbem Rand.

Pachysandra terminalis
Japanischer Ysander
BODEN: nährstoffreich
LAGE: schattig bis halbschattig
BLÜTENFARBE: Weiß, aber Blüten unauffällig
BLÜTEZEIT: Frühling
DÜNGUNG: Frühling
SCHNITT: Nicht schneiden.
WEITERE HINWEISE: Unverwüstlicher Bodendecker, der auch an schwierigsten Plätzen noch gedeiht und sich ausbreitet. Kann im zeitigen Frühling geteilt werden.

***Prunus laurocerasus* 'Otto Luyken'**
Lorbeerkirsche
BODEN: jeder Gartenboden
LAGE: anspruchslos
BLÜTEN UND FRÜCHTE: weiße Blüten, Früchte erst rot, reif schwarz
BLÜTEZEIT: Frühling bis Spätfrühling
DÜNGUNG: Frühling
SCHNITT: Kann im Frühling kräftig zurückgeschnitten werden.
WEITERE HINWEISE: Pflegeleichte Immergrüne mit glänzend grünen Blättern, Wuchs in die Breite gehend.

Viburnum davidii
Davids Schneeball
BODEN: gut, feucht
LAGE: sonnig bis schattig, windgeschützt
FARBE: Blüte weiß, gelegentlich später mit blauschwarzen Früchten
BLÜTEZEIT: Spätfrühling bis Frühsommer
DÜNGUNG: Frühling
SCHNITT: Totes Holz im Frühling herausnehmen.
WEITERE HINWEISE: Immergrüne Blätter lederartig mit starker Aderzeichnung; für tiefen Schatten, in rauen Lagen Winterschutz empfehlenswert.

1

2

3

4

5

6

7

EIN SCHATTIGES BEET IM GARTEN: TROCKENER SCHATTEN UNTER BÄUMEN

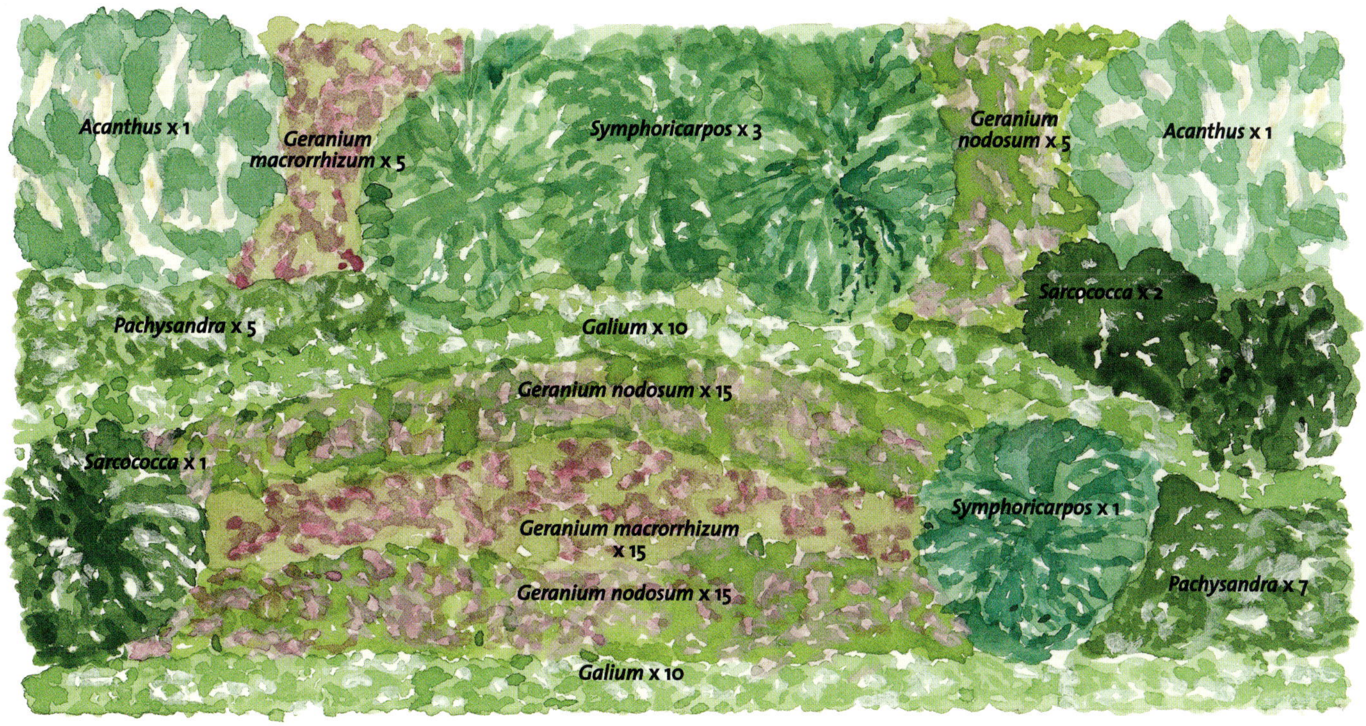

	DIE PFLANZEN	ANZAHL
1	*Geranium macrorrhizum*	20
2	*Geranium nodosum*	35
3	*Acanthus mollis*	2
4	*Pachysandra terminalis*	12
5	*Symphoricarpos* x *doorenbosii* 'Mother of Pearl'	4
6	*Galium odoratum* (syn. *Asperula odorata*)	20
7	*Sarcococca confusa*	3

GRÖSSE UND PFLANZABSTAND

Acanthus mollis: 110 cm x 90 cm

Galium odoratum: 15 cm x 30 cm, breitet sich rasch aus, mit 30 cm Abstand setzen.

Geranium macrorrhizum: 20 cm x 20 cm, mit 20 cm Abstand setzen.

Geranium nodosum: 20 cm x 20 cm, mit 20 cm Abstand setzen.

Pachysandra terminalis: Bodendecker von 15 cm Höhe, treibt Ausläufer, mit 30 cm Abstand setzen.

Sarcococca confusa: 60 cm, mit 45 cm Abstand setzen.

Symphoricarpos x *doorenbosii* 'Mother of Pearl': 60 cm x 45 cm, mit 45 cm Abstand setzen.

ZUSATZBEPFLANZUNG

FRÜHLINGSBLÜHER

Im Herbst:
150 *Anemone blanda* im Beet verteilt setzen.

25 Alpenveilchen (*Cyclamen coum*) übers Beet verteilt setzen.

20 *Erythronium* 'Citronella' in Fünfergruppen setzen.

Im Frühling:
50 Hasenglöckchen (*Hyacinthoides non-scripta*) und 50 gefüllte Schneeglöckchen (*Galanthus nivalis* 'Flore Pleno') nach der Blüte gruppenweise übers Beet verteilt setzen.

SOMMERBLÜHER

Auf Sommerblumen sollte man verzichten, da der Boden im Sommer zu rasch austrocknet.

Im Frühling:
50 Alpenveilchen (*Cyclamen cilicium*) – je 25 Stück am Stammfuß von Bäumen – pflanzen, die dann im Herbst blühen.

ALLGEMEINE PFLEGEHINWEISE

Im Frühling Volldünger geben und auf eine gute Mulchdecke achten.

Abgeblühte Blütenstände der Stauden abschneiden, damit eine zweite Blüte einsetzt.

Waldmeister verliert im Spätsommer das Laub, treibt nach einem Rückschnitt aber neu aus.

Das Beet im Winter säubern, dabei totes Laub abschneiden, Pflanzen mit Lauberde oder abgelagertem Stallmist mulchen, damit der Boden möglichst wenig austrocknet.

Auch wenn die Pflanzen recht zäh sind, auf ausreichende Bewässerung achten, besonders bei dem *Acanthus*.

DIE PFLANZEN IM EINZELNEN

Acanthus mollis

BODEN: gut durchlässig
LAGE: sonnig bis schattig
BLÜTENFARBE: Purpur und Weiß
BLÜTEZEIT: Hoch- bis Spätsommer
DÜNGUNG: Frühling
SCHNITT: Blütentriebe nach der Blüte bis auf Bodenhöhe zurückschneiden.
WEITERE HINWEISE: Ausdrucksvolle Blattpflanze mit imposanten Blütenständen, in strengen Wintern schutzbedürftig.

Galium odoratum
Waldmeister

BODEN: gut durchlässig
LAGE: sonnig bis schattig
BLÜTENFARBE: Weiß
BLÜTEZEIT: Spätfrühling bis Hochsommer
DÜNGUNG: Frühling
SCHNITT: möglich, wenn nötig
WEITERE HINWEISE: Kriechender Bodendecker mit kleinen, sternförmigen Blüten, Blätter mit typischem Duft. Einmal angewachsen, äußerst robust, neigt dazu, sich weithin auszubreiten.

Geranium macrorrhizum
Felsenstorchschnabel

BODEN: guter Gartenboden
LAGE: sonnig bis halbschattig
BLÜTENFARBE: Rosa
BLÜTEZEIT: Frühling bis Frühsommer
DÜNGUNG: Frühling
SCHNITT: Unansehnliche Blätter beseitigen, kann bei Bedarf geteilt werden.

WEITERE HINWEISE: Früh blühender Storchschnabel mit ansehnlichem, aromatischem Laub, das sich im Herbst oft rot färbt.

Geranium nodosum
Knotiger Bergwald-Storchschnabel
BODEN: jeder gute Gartenboden
LAGE: sonnig bis schattig
BLÜTENFARBE: Rosa
BLÜTEZEIT: Frühling bis Sommer
DÜNGUNG: Frühling
SCHNITT: Nicht schneiden.
WEITERE HINWEISE: Gedeiht auch in schwierigen Lagen, Blätter intensiv grün.

Pachysandra terminalis
Japanischer Ysander
BODEN: nährstoffreich
LAGE: schattig bis halbschattig
BLÜTENFARBE: Weiß, aber Blüten unauffällig
BLÜTEZEIT: Frühling
DÜNGUNG: Frühling
SCHNITT: Nicht schneiden, bei zu starker Ausbreitung reduzieren.
WEITERE HINWEISE: Unverwüstlicher Bodendecker, der auch an schwierigsten Plätzen noch gedeiht und sich ausbreitet. Kann im zeitigen Frühling geteilt werden.

Sarcococca confusa
Fleischbeere
BODEN: feucht, fruchtbar
LAGE: sonnig bis schattig
FARBE: Laub glänzend grün, Blüten klein, weiß
BLÜTEZEIT: Winter
DÜNGUNG: Frühling
SCHNITT: Wenn nötig, im Sommer stutzen.
WEITERE HINWEISE: Wird wegen des schönen grünen Laubs und als Winterblüher mit intensiv duftenden Blüten geschätzt. In rauen Lagen Winterschutz erforderlich.

Symphoricarpos* x *doorenbosii
'Mother of Pearl'
BODEN: jeder Gartenboden
LAGE: schattig, auch unter Baumkronen und zwischen Baumwurzeln
FARBE: Blüte grünweiß, unscheinbar, Beeren weiß, rötlich angehaucht
BLÜTEZEIT: Hoch- bis Spätsommer
DÜNGUNG: Frühling
SCHNITT: Verträgt bei Bedarf im Frühling kräftigen Rückschnitt.
WEITERE HINWEISE: Eine der wenigen Pflanzen, die auch in tiefem Schatten und tristen Stellen noch gedeihen.

1

2

5

3

4

6

7

8

9

EIN SONNIGES BEET VOR EINER MAUER: WEISS

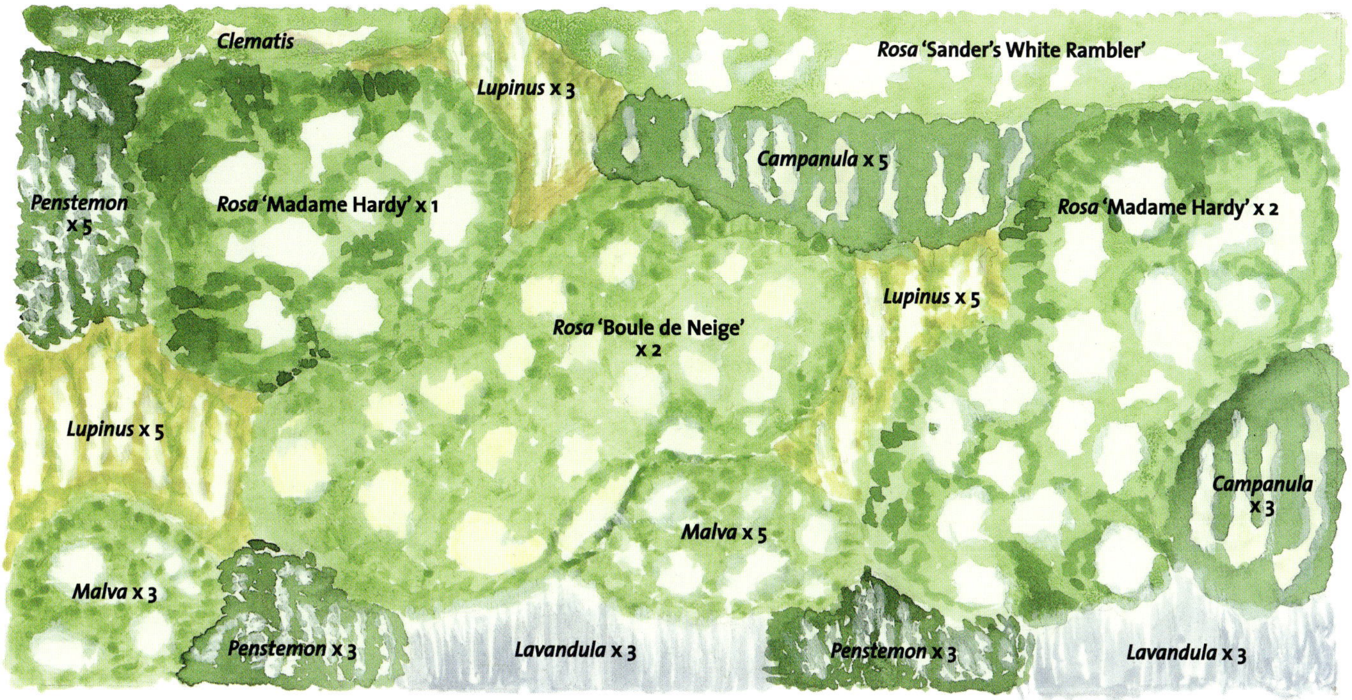

	DIE PFLANZEN	ANZAHL
1	*Malva moschata* f. *alba*	8
2	*Campanula pyramidalis* 'Alba'	8
3	*Clematis* 'Huldine'	1
4	*Rosa* 'Sander's White Rambler'	1
5	*Lupinus* 'Noble Maiden'	13
6	*Lavandula angustifolia* 'Alba'	6
7	*Penstemon* 'White Bedder'	11
8	*Rosa* 'Madame Hardy'	3
9	*Rosa* 'Boule de Neige'	2

GRÖSSE UND PFLANZABSTAND

Campanula pyramidalis 'Alba': 180 cm x 60 cm, mit 30 cm Abstand setzen.

Clematis 'Huldine': 370 cm x 150 cm

Lavandula angustifolia 'Alba': 45 cm x 40 cm, mit 30 cm Abstand setzen.

Lupinus 'Noble Maiden': 90 cm x 35 cm, mit 30 cm Abstand setzen.

Malva moschata f. *alba*: 75 cm x 45 cm, mit 25 cm Abstand setzen.

Penstemon 'White Bedder': 45 cm x 30 cm, mit 30 cm Abstand setzen.

Rosa 'Boule de Neige': 120 cm x 120 cm

Rosa 'Madame Hardy': 120 cm x 90 cm

Rosa 'Sander's White Rambler': 550 cm x 250 cm

ZUSATZBEPFLANZUNG

FRÜHLINGSBLÜHER

Im Herbst:
25 Milchsterne (*Ornithogalum balansae*) und 30 *Anemone blanda* 'White Splendour' zur Vorderseite des Beets hin setzen.

So viele Tulpen setzen wie nötig, um freie Flächen zu füllen: weiße Tulpen, etwa 'White Triumphator' oder 'Maureen', in Zehnergruppen an der Rückseite des Beets, die kleinere weiße 'Diana' in Fünfergruppen zur Mitte hin.

SOMMERBLÜHER

Im Spätfrühling:
Duftenden Ziertabak (*Nicotiana affinis*) einzeln am Rand der Rosen setzen.

ALLGEMEINE PFLEGEHINWEISE

Auf Nacktschnecken an den Lupinen achten und, wenn nötig, bekämpfen.

Das Beet im Frühling mit Volldünger düngen.

Die Rosen im Frühling mit Stallmist oder Kompost mulchen.

Wenn die Tulpenblätter vergilben, abschneiden und Tulpen düngen.

An den Rosen, wenn nötig, Schädlinge und Krankheiten bekämpfen.

Die Lupinen anbinden.

Verblühte Rosenblüten abschneiden.

Den Rosen im Hochsommer ein zweites Mal Rosendünger geben.

Im Herbst mit Knochenmehl düngen.

Sommerblumen im Herbst abräumen.

DIE PFLANZEN IM EINZELNEN

***Campanula pyramidalis* 'Alba'**
Pyramidenglockenblume
BODEN: durchlässig, aber feucht
LAGE: sonnig bis halbschattig
BLÜTENFARBE: Weiß
BLÜTEZEIT: Früh- bis Spätsommer
DÜNGUNG: Frühling
SCHNITT: Verblühte Blütenstände abschneiden.
WEITERE HINWEISE: Sternförmige Blüten stehen in großen Trauben auf hohen Stängeln über den herzförmigen Blättern. Zweijährig, ist aber die Mühe des alljährlichen Nachpflanzens wert. Vor Schnecken schützen.

***Clematis* 'Huldine'**
BODEN: nährstoffreich
LAGE: sonnig
BLÜTENFARBE: Weiß
BLÜTEZEIT: Hochsommer bis Frühherbst
DÜNGUNG: Knochenmehl im Herbst, Volldünger im Frühling und vom Spätfrühling bis zur Blüte alle zwei Wochen Tomatendünger geben.
SCHNITT: Im Spätwinter, knapp über einem Blattpaar auf 30 cm über dem Boden zurückschneiden.
WEITERE HINWEISE: Beim Pflanzen zumindest 30 cm von der Mauer entfernt in ein tiefes Loch setzen und etwas Knochenmehl einstreuen. Tief pflanzen, die Triebe sollen etwa 5 cm tief in den Boden kommen. Stammfuß mit Steinen schattieren, gut wässern.

***Lavandula angustifolia* 'Alba'**
BODEN: normal, sehr durchlässig
LAGE: vollsonnig
BLÜTENFARBE: Weiß
BLÜTEZEIT: Hoch- bis Spätsommer
DÜNGUNG: Frühling
SCHNITT: Alte Blütenstände zum Ende des Sommers abschneiden und schlecht wachsende Triebe einkürzen. Im Frühling die ganze Pflanze stutzen, aber nicht bis ins alte Holz zurückschneiden.
WEITERE HINWEISE: Lavendel vertragen keine Nässe, deshalb den Boden beim Pflanzen im Zweifelsfall mit Kies versehen. Blüten, wenn sie getrocknet werden sollen, kurz vorm Aufblühen schneiden, dann ist der Duft am stärksten.

***Lupinus* 'Noble Maiden'**
BODEN: jeder, am besten sehr durchlässig
LAGE: sonnig bis halbschattig
BLÜTENFARBE: Weiß
BLÜTEZEIT: Früh- bis Spätsommer
DÜNGUNG: Frühling
SCHNITT: Nach der Blüte zurückschneiden, um eine zweite Blüte im selben Jahr anzuregen.
WEITERE HINWEISE: Recht kurzlebig, durch neue Pflanzen derselben Sorte ersetzen, da Saat nicht echt fällt. Sämlinge bei Bedarf im Frühling in einer anderen Ecke des Gartens und abwarten, welche Farbe die Blüten zeigen.

Malva moschata* f. *alba
Moschusmalve
BODEN: nährstoffreich, durchlässig
LAGE: sonnig
BLÜTENFARBE: Weiß
BLÜTEZEIT: Spätfrühling bis Spätsommer
DÜNGUNG: Frühling, im Sommer nochmals mit Tomatenflüssigdünger
SCHNITT: Alte Triebe im Frühling abschneiden.
WEITERE HINWEISE: Buschiger Wuchs, Mengen weißer, schüsselförmiger Blüten an langen Trieben. Manchmal kurzlebig, aber leicht heranzuziehen und zuverlässig blühend.

***Penstemon* 'White Bedder'**
Bartfaden
BODEN: nährstoffreich, durchlässig
LAGE: sonnig bis halbschattig
BLÜTENFARBE: Weiß
BLÜTEZEIT: Hochsommer bis Herbst
DÜNGUNG: Frühling
SCHNITT: Alte Blütenstände als Frostschutz stehen lassen und erst im Frühjahr um mindestens die Hälfte einkürzen, um den Neutrieb anzuregen.
WEITERE HINWEISE: Zahlreiche glockenförmige Blüten, die über einen langen Zeitraum erscheinen.

***Rosa* 'Boule de Neige'**
BODEN: jeder außer Sand oder Kalk
LAGE: sonnig
BLÜTENFARBE: Rahmweiß
BLÜTEZEIT: Früh- bis Hochsommer und später nochmals
DÜNGUNG: Frühling und nochmals im Hochsommer
SCHNITT: Bei frostfreiem Wetter im Winter schwaches und krankes Holz ausschneiden und die Pflanze insgesamt etwas beschneiden.
WEITERE HINWEISE: schönes glänzendes Laub und wohlgeformte, kleine Blütenstände mit gefüllten, duftenden Blüten

***Rosa* 'Madame Hardy'**
BODEN: jeder außer Sand oder Kalk
LAGE: sonnig
BLÜTENFARBE: Weiß
BLÜTEZEIT: Hoch- bis Spätsommer
DÜNGUNG: Frühling und nochmals mit Rosendünger im Hochsommer
SCHNITT: Bei frostfreiem Wetter im Winter schwache, kranke und unschön gewachsene Triebe ausschneiden und die Pflanze insgesamt etwas stutzen.
WEITERE HINWEISE: eine Alte Rose mit sehr schön duftenden, gefüllten Blüten und gesundem, hellgrünem Laub

***Rosa* 'Sander's White Rambler'**
BODEN: jeder außer Sand oder Kalk
LAGE: sonnig
BLÜTENFARBE: Weiß
BLÜTEZEIT: Hochsommer und Spätsommer
DÜNGUNG: Frühling und nochmals mit Rosendünger im Hochsommer
SCHNITT: Nach der Blüte im Frühherbst auf die gewünschte Größe zurückschneiden. Einige Triebe durch Anbinden an Draht waagerecht leiten, damit sich die Pflanze an der Mauer gut aufbaut.
WEITERE HINWEISE: Lange, elegante Triebe mit einer Vielzahl zierlicher Blüten und ein angenehmer Duft machen den Reiz dieser Ramblerrose aus.

EIN SONNIGES BEET VOR EINER MAUER: ROSEN MIT BEGLEITUNG

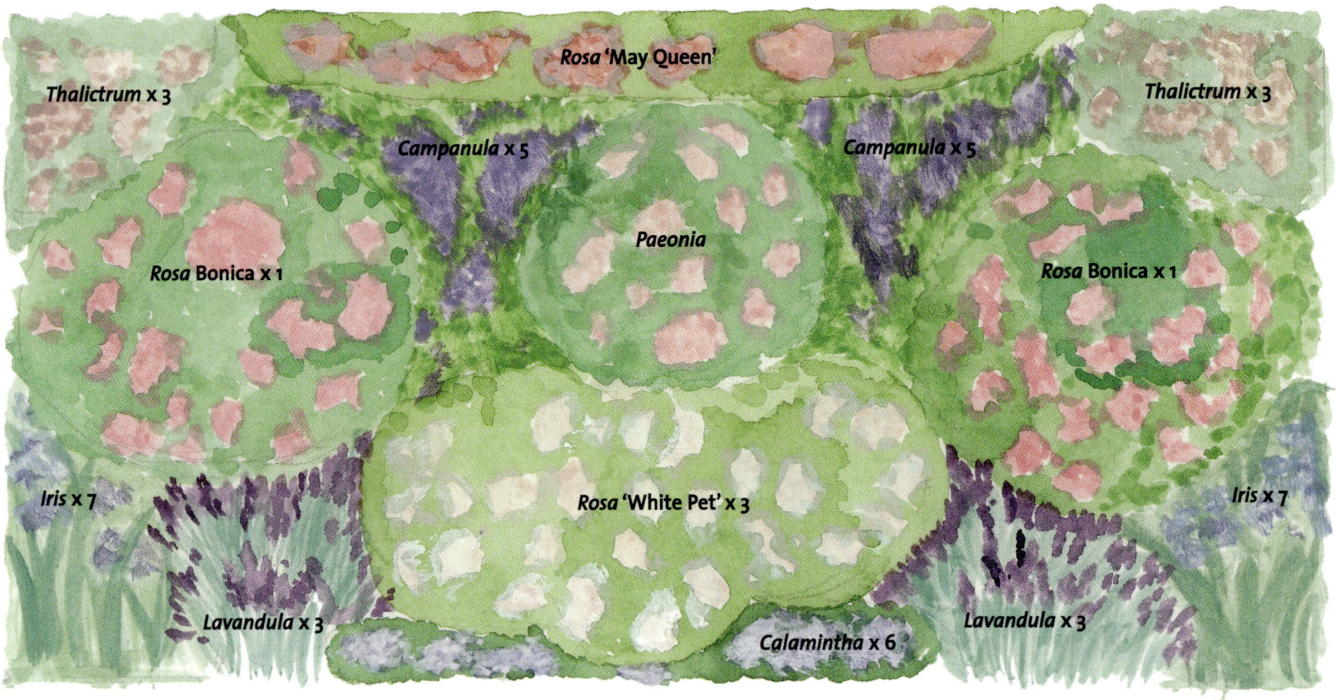

	DIE PFLANZEN	ANZAHL
1	*Thalictrum aquilegiifolium*	6
2	*Iris* 'Jane Phillips'	14
3	*Lavandula angustifolia* 'Twickel Purple'	6
4	*Calamintha nepeta* subsp. *nepeta*	6
5	*Campanula lactiflora* 'Prichard's Variety'	10
6	*Rosa* Bonica	2
7	*Paeonia suffruticosa* 'Yoshinogawa' (oder eine andere hellsilberrosa Sorte, etwa *P. lactiflora* 'Clare Dubois')	1
8	*Rosa* 'May Queen'	1
9	*Rosa* 'White Pet'	3

1

2

3

4

5

6

7

8

9

GRÖSSE UND PFLANZABSTAND

Calamintha nepeta subsp. *nepeta*: 20 cm x 20 cm, mit 20 cm Abstand setzen.

Campanula lactiflora 'Prichard's Variety': 120 cm x 30 cm, mit 30 cm Abstand setzen.

Iris 'Jane Phillips': 120 cm x 30 cm, versetzt mit 30 cm Abstand setzen.

Lavandula angustifolia 'Twickel Purple': 60 cm x 75 cm, mit 45 cm Abstand setzen.

Paeonia suffruticosa 'Yoshinogawa': 90 cm x 90 cm

Rosa Bonica: 90 cm x 120 cm

Rosa 'White Pet': 60 cm x 75 cm, mit 45 cm Abstand setzen.

Rosa 'May Queen': 750 cm x 250 cm

Thalictrum aquilegiifolium: 120 cm x 60 cm, mit 30 cm Abstand setzen.

ZUSATZBEPFLANZUNG

FRÜHLINGSBLÜHER

Im Herbst:
60 Tulpenzwiebeln, 15 von jeder Sorte, zur Rückseite des Beets hin pflanzen, etwa 'White Triumphator', 'Maureen', 'Bellflower', 'Picture' und 'China Pink'.

50 *Anemone blanda* in unterschiedlichen Farben übers Beet verteilt setzen.

Im Frühling:
15 rosa Primeln in Fünfergruppen vorne im Beet setzen.

SOMMERBLÜHER

Im Frühling:
Saat von weißen, rosa und blauen *Nigella damascena* (Jungfer im Grünen) im Beet verteilt aussäen.

ALLGEMEINE PFLEGEHINWEISE

Im Frühling Volldünger geben.

Die Wiesenraute, wenn nötig, anbinden.

Wenn die Tulpenblätter vergilben, abschneiden und Tulpen düngen.

An den Rosen, wenn nötig, Schädlinge und Krankheiten bekämpfen.

Verblühte Rosenblüten abschneiden.

Den Rosen im Hochsommer ein zweites Mal Rosendünger geben.

Lavendelblüten nach der Blüte abschneiden.

Nigella nach der Blüte auf den Kompost geben.

DIE PFLANZEN IM EINZELNEN

Calamintha nepeta* subsp. *nepeta
Bergminze
BODEN: jeder Gartenboden
LAGE: sonnig bis halbschattig
BLÜTENFARBE: Hellblau
BLÜTEZEIT: Frühsommer bis Frühherbst
DÜNGUNG: Frühling
SCHNITT: Abgeblühte Blütentriebe im Herbst bis zum Boden zurückschneiden.
WEITERE HINWEISE: Die Blätter riechen sehr aromatisch, Blüten blau, minzeähnlich, erscheinen über einen sehr langen Zeitraum, Bienen- und Schwebfliegenmagnet. Zwar keine Staude allerersten Rangs, aber zuverlässig und den ganzen Sommer über präsent.

Campanula lactiflora
'Prichard's Variety'
Riesenglockenblume
BODEN: feucht, nährstoffreich
LAGE: sonnig bis halbschattig
BLÜTENFARBE: Amethystviolett
BLÜTEZEIT: Hochsommer bis Herbst
DÜNGUNG: Frühling
SCHNITT: Verblühte Blütenstängel abschneiden.
WEITERE HINWEISE: Passt sehr gut zu Rosen.

***Iris* 'Jane Phillips'**
BODEN: sehr durchlässig
LAGE: vollsonnig
BLÜTENFARBE: Hellblau
BLÜTEZEIT: Spätfrühling bis Hochsommer

DÜNGUNG: Knochenmehl im Winter, Volldünger im Frühling
SCHNITT: Blätter im Spätsommer etwa 20 cm über dem Boden fächerförmig stutzen.
WEITERE HINWEISE: Ist wegen des schönen Blaus und der kräftigen Blätter unentbehrlich.

***Lavandula angustifolia* 'Twickel Purple'**
BODEN: jeder sehr durchlässige Gartenboden
LAGE: vollsonnig
BLÜTENFARBE: Dunkelviolett
BLÜTEZEIT: Früh- bis Spätsommer
DÜNGUNG: Frühling
SCHNITT: Alte Blütenstände zum Ende des Sommers abschneiden und schlecht wachsende Triebe einkürzen. Im Frühling die ganze Pflanze stutzen, aber nicht bis ins alte Holz zurückschneiden.
WEITERE HINWEISE: sehr intensive Blütenfarbe

***Paeonia*, hellsilberrosa Sorte**
BODEN: tiefgründig, mit Stallmist oder Lauberde
LAGE: sonnig
BLÜTENFARBE: Hellsilberrosa
BLÜTEZEIT: Spätfrühling bis Hochsommer
DÜNGUNG: Frühling
SCHNITT: Altes Laub im Herbst abschneiden.
WEITERE HINWEISE: Vertragen umpflanzen schlecht. Blütenstände anbinden.

***Rosa* Bonica**
BODEN: jeder außer Sand oder Kalk
LAGE: sonnig
BLÜTENFARBE: Rosa
BLÜTEZEIT: Frühsommer bis Herbst
DÜNGUNG: Volldünger im Frühling, Rosendünger im Hochsommer
SCHNITT: Im Winter so weit zurückschneiden wie für ein schönes Aussehen und einen gesunden Wuchs nötig.
WEITERE HINWEISE: Nichts Spektakuläres, aber robust, frei von Krankheiten und mit vielen kleinen rosa Blüten, lange Blütezeit.

***Rosa* 'May Queen'**
BODEN: jeder außer Sand oder Kalk
LAGE: sonnig
BLÜTENFARBE: Rosarot
BLÜTEZEIT: Spätfrühling bis Frühsommer
DÜNGUNG: Volldünger im Frühling, Rosendünger im Hochsommer
SCHNITT: Im Frühherbst tote und zu dicht wachsende Triebe entfernen.
WEITERE HINWEISE: Schöne Ramblerrose mit großen rosaroten Blüten an kräftigen Trieben. Blüht zeitig, duftet. Beim Pflanzen mindestens 30 cm Abstand von der Mauer halten.

***Rosa* 'White Pet'**
BODEN: jeder außer Sand oder Kalk
LAGE: sonnig
BLÜTENFARBE: Weiß, rosa Knospen
BLÜTEZEIT: Sommer und später nochmals
DÜNGUNG: Volldünger im Frühling, Rosendünger im Hochsommer
SCHNITT: Bei frostfreiem Wetter im Winter leicht zurückschneiden.
WEITERE HINWEISE: Sehr schöne, reichblütige Rose, bei der die alten Blüten aber unbedingt abgeschnitten werden müssen, am besten, wenn sie ganz verblüht ist, da dann bald eine zweite Blüte erscheint.

***Thalictrum aquilegiifolium* Wiesenraute**
BODEN: am besten nährstoffreich
LAGE: sonnig bis lichter Schatten
BLÜTENFARBE: Lilarosa
BLÜTEZEIT: Spätfrühling bis Frühsommer
DÜNGUNG: Im zeitigen Frühling mit gut abgelagertem Stallmist versorgen.
SCHNITT: Spätherbst, auf 30 cm zurückschneiden.
WEITERE HINWEISE: Eine Wolke von Blüten über zierlichen, graugrünen, farnartigen Blättern lässt diese Pflanze überall gut aussehen.

1

2

3

4

5

6

7

8

9

10

EIN SONNIGES BEET VOR EINER MAUER: ROSEN MIT BEGLEITUNG

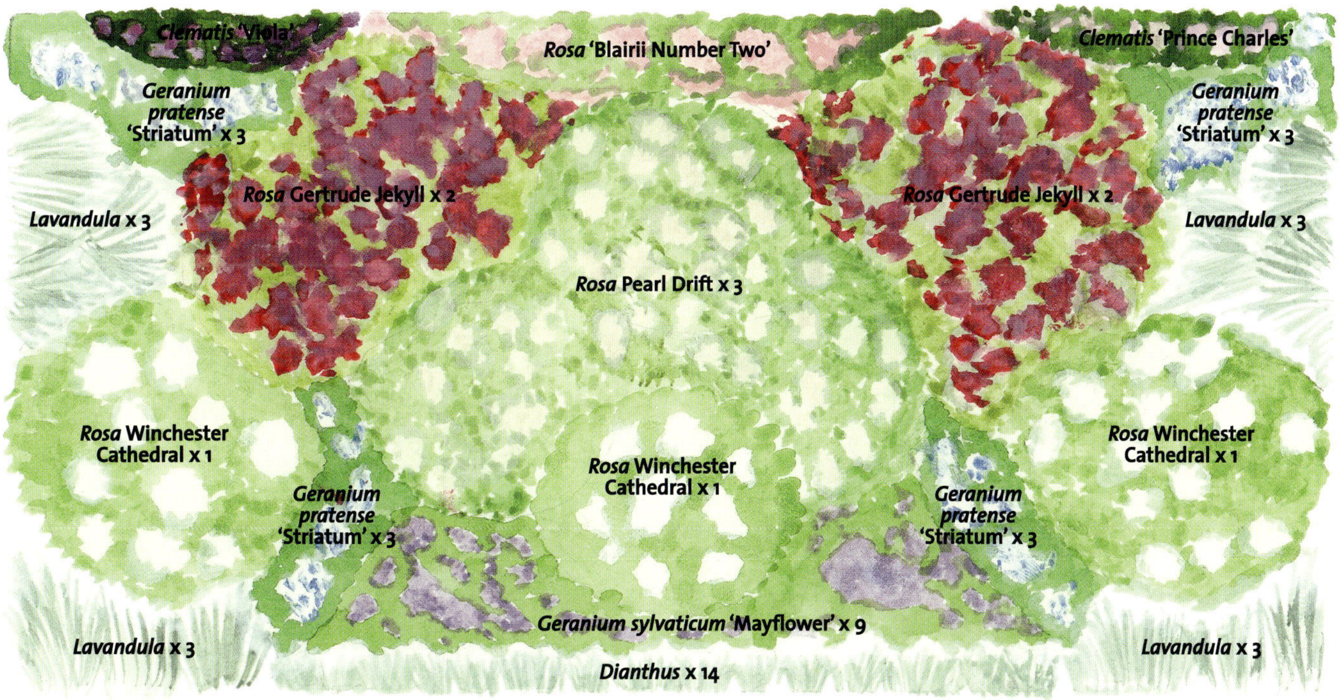

	DIE PFLANZEN	ANZAHL
1	*Clematis* 'Prince Charles'	1
2	*Clematis* 'Viola'	1
3	*Geranium sylvaticum* 'Mayflower'	9
4	*Rosa* 'Blairii Number Two'	1
5	*Geranium pratense* 'Striatum'	12
6	*Rosa* Winchester Cathedral	3
7	*Rosa* Gertrude Jekyll	4
8	*Dianthus* 'Mrs Sinkins'	14
9	*Rosa* Pearl Drift	3
10	*Lavandula angustifolia* 'Alba'	12

GRÖSSE UND PFLANZABSTAND

Clematis 'Viola': 250 cm x 120 cm

Clematis 'Prince Charles': 370 cm x 90 cm

Dianthus 'Mrs Sinkins': 20 cm x 20 cm, mit 15 cm Abstand setzen.

Geranium pratense 'Striatum': 90 cm x 30 cm, mit 30 cm Abstand setzen.

Geranium sylvaticum 'Mayflower': 60 cm x 45 cm, mit 30 cm Abstand setzen.

Lavandula angustifolia 'Alba': 45 cm x 40 cm, mit 30 cm Abstand setzen.

Rosa 'Blairii Number Two': 370 cm x 250 cm

Rosa Gertrude Jekyll: 120 cm x 110 cm, mit 60 cm Abstand setzen.

Rosa Pearl Drift: 110 cm x 110 cm, mit 75 cm Abstand setzen.

Rosa Winchester Cathedral: 120 cm x 120 cm

ZUSATZBEPFLANZUNG

FRÜHLINGSBLÜHER

Im Herbst:
100 Blausterne (*Scilla*) überall im Beet setzen.

Farbmischung von 50 Schachbrettblumen (*Fritillaria meleagris*) in Fünfergruppen in Lücken setzen.

Die folgenden Tulpen in Gruppen von jeweils 5 pro Sorte setzen: 10 *T. bakeri* 'Lilac Wonder' vorne im Beet und je 10 'Lilac Time', 10 'Swan Wings', 10 'Burgundy Lace', 10 'Eros' und 10 'Angélique' überall im Beet setzen.

SOMMERBLÜHER

Im Frühling:
20 weiße Bartnelken (*Dianthus barbatus*) in Fünfergruppen pflanzen.

Je 15 hellblaue und -rosa Stiefmütterchen (*Viola* x *wittrockiana*) und Veilchen in Lücken vorne im Beet pflanzen.

Saat von weißen, rosa und blauen *Nigella damascena* (Jungfer im Grünen) im Beet verteilt aussäen.

Im Spätfrühling:
5 Silberblatt (*Senecio cineraria*) an freie Stellen setzen.

ALLGEMEINE PFLEGEHINWEISE

Die Mauer mit Kletterhilfen versehen (s. Seite 9).

Das gesamte Beet im Frühling mit Volldünger düngen.

Den Fuß der *Clematis* durch Steine beschatten.

Rosen und *Clematis* aufeinander abstimmen.

Den Lavendel nach der Blüte und im Frühling schneiden, damit er eine ansprechende Form behält.

Bei Rosen und Nelken Verblühtes laufend entfernen, damit neue Blüten erscheinen.

Den Rosen im Hochsommer Rosendünger geben.

Die *Clematis* während der Blütezeit alle 3 Wochen mit Tomatendünger versorgen.

Storchschnabel nach der Blüte zurückschneiden.

Das Beet zum Winter säubern, Rosen und *Clematis* mit Stallmist oder Lauberde mulchen.

DIE PFLANZEN IM EINZELNEN

***Clematis* 'Prince Charles'**
BODEN: tiefgründig, mit Stallmist oder Lauberde
LAGE: sonnig bis halbschattig
BLÜTENFARBE: Hellblau
BLÜTEZEIT: Frühsommer bis -herbst
DÜNGUNG: im Frühling Volldünger, später mit Flüssigdünger
SCHNITT: Im Spätwinter alle Triebe auf 30 cm zurücknehmen, dabei knapp über einem Augenpaar abschneiden.
WEITERE HINWEISE: Blüten in der Knospe glockig, später ausgebreitet. Passt sehr gut zu Rosen.

***Clematis* 'Viola'**
BODEN: nährstoffreich
LAGE: sonnig bis halbschattig
BLÜTENFARBE: Dunkelviolett, goldgelbe Staubblätter
BLÜTEZEIT: Hochsommer bis Frühherbst
DÜNGUNG: im Frühling Volldünger, später mit Flüssigdünger
SCHNITT: Im Spätwinter alle Triebe auf 30 cm zurücknehmen, dabei knapp über einem Augenpaar abschneiden.
WEITERE HINWEISE: Blütenfarbe passt fast überall, sehr reich blühend.

***Dianthus* 'Mrs Sinkins'**
Nelke
BODEN: jeder durchlässige Gartenboden
LAGE: vollsonnig
BLÜTENFARBE: Weiß

BLÜTEZEIT: Früh- bis Hochsommer
DÜNGUNG: Knochenmehl im Spätherbst, im Frühling kaliumreichen Dünger geben und im Früh- bis Hochsommer nochmals düngen.
SCHNITT: Blütentriebe anbinden, wenn sie überhängen, verblühte Triebe abschneiden, im Frühling zurechtstutzen.
WEITERE HINWEISE: Blüten duften. Im Winter von Laub und Pflanzenresten freihalten, beim Pflanzen nicht zu tief setzen. Treibt anfangs zögerlich, dann aber im April sehr kräftig. Kurzlebig, deshalb von Zeit zu Zeit neu pflanzen.

***Geranium pratense* 'Striatum' Wiesenstorchschnabel**
BODEN: jeder durchlässige Gartenboden
LAGE: sonnig bis halbschattig
BLÜTENFARBE: Weiß mit blauen Streifen und Flecken
BLÜTEZEIT: Spätfrühling bis Hochsommer
DÜNGUNG: Frühling
SCHNITT: nach der Blüte
WEITERE HINWEISE: Passt sehr gut zu Rosen.

***Geranium sylvaticum* 'Mayflower' Bergwiesen-Storchschnabel**
BODEN: jeder durchlässige Gartenboden
LAGE: vollsonnig bis halbschattig
BLÜTENFARBE: Blau mit weißer Mitte
BLÜTEZEIT: Spätfrühling bis Frühsommer
DÜNGUNG: Frühling
SCHNITT: Nach der ersten Blüte zurückschneiden, um eine zweite anzuregen.
WEITERE HINWEISE: Blüht früh, schöne Blattform.

***Lavandula angustifolia* 'Alba'**
BODEN: normal, gut durchlässig
LAGE: vollsonnig
BLÜTENFARBE: Weiß
BLÜTEZEIT: Hochsommer bis Frühherbst
DÜNGUNG: Frühling
SCHNITT: Alte Blütenstände nach der Blüte abschneiden und schlecht wachsende Triebe einkürzen. Im Frühling die ganze Pflanze stutzen, aber nicht bis ins alte Holz zurückschneiden.
WEITERE HINWEISE: Lavendel vertragen keine Nässe, deshalb den Boden beim Pflanzen im Zweifelsfall mit Kies versehen. Blüten, wenn sie getrocknet werden sollen, kurz vorm Aufblühen schneiden, dann ist der Duft am stärksten.

***Rosa* 'Blairii Number Two'**
BODEN: nährstoffreich
LAGE: sonnig
BLÜTENFARBE: Hellrosa
BLÜTEZEIT: Spätfrühling bis Frühsommer
DÜNGUNG: Volldünger im Frühling, Rosendünger im Hochsommer
SCHNITT: Im Herbst kranke, tote oder unschön gewachsene Triebe ausschneiden. Nicht zu viel schneiden, aber alte, zu lang gewordene Blütentriebe nach der Blüte zurückschneiden.
WEITERE HINWEISE: Blütezeit recht kurz, aber dennoch eine schöne Rose, die wundervoll duftet.

***Rosa* Gertrude Jekyll**
BODEN: nährstoffreich
LAGE: vollsonnig
BLÜTENFARBE: Dunkelrosa
BLÜTEZEIT: Frühsommer und später nochmals
DÜNGUNG: Frühling, im Hochsommer nochmals mit Rosendünger
SCHNITT: An frostfreien Wintertagen auf 60 cm zurückschneiden, schwache und kranke Triebe ganz entfernen.
WEITERE HINWEISE: Wegen des ganz ausgezeichneten Dufts angepflanzt, auch wenn die Form zuweilen etwas zu wünschen übrig lässt.

***Rosa* Pearl Drift**
BODEN: nährstoffreich
LAGE: vollsonnig
BLÜTENFARBE: Weißrosa
BLÜTEZEIT: Frühsommer bis Herbst
DÜNGUNG: Frühling, im Hochsommer nochmals mit Rosendünger
SCHNITT: An frostfreien Wintertagen Form zurechtschneiden, dabei alle schwachen, kranken, toten und unschön gewachsenen Triebe entfernen. Verträgt starken Rückschnitt.
WEITERE HINWEISE: Zuverlässig, wenig anfällig, Blüten halb gefüllt, blüht monatelang.

***Rosa* Winchester Cathedral**
BODEN: nährstoffreich
LAGE: vollsonnig
BLÜTENFARBE: Weiß
BLÜTEZEIT: ab Frühsommer, dann mehrfach den ganzen Sommer hindurch
DÜNGUNG: Volldünger im Frühling, im Hochsommer nochmals mit Rosendünger
SCHNITT: An frostfreien Wintertagen Form zurechtschneiden, dabei alle schwachen, kranken, toten und unschön gewachsenen Triebe entfernen. Verträgt starken Rückschnitt.
WEITERE HINWEISE: weiße Sorte mit kräftigem Duft, für Einzel- und Gruppenstellung

1

2

3

4

5

6

7

8

9

10

EIN SONNIGES BEET VOR EINER MAUER: ROSEN MIT BEGLEITUNG

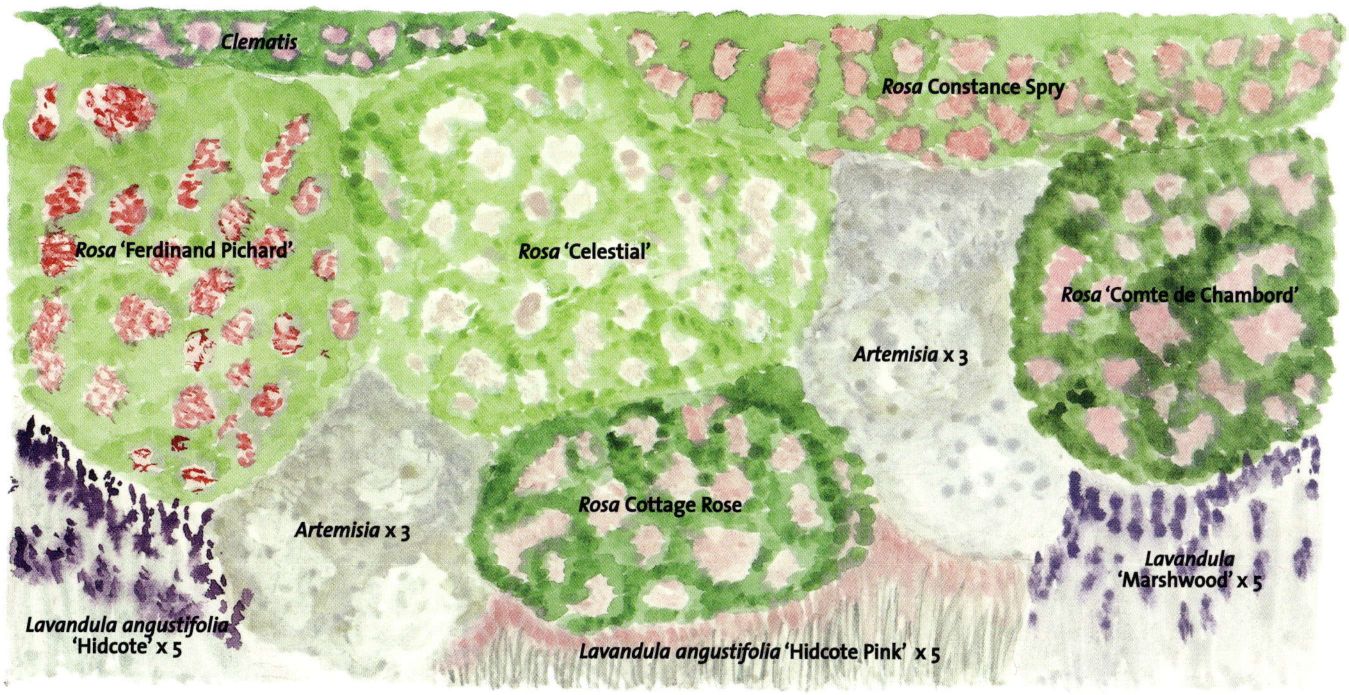

	DIE PFLANZEN	ANZAHL
1	*Lavandula* 'Marshwood'	5
2	*Rosa* Constance Spry	1
3	*Rosa* 'Celestial' (auch 'Céleste' genannt)	1
4	*Rosa* 'Comte de Chambord' (syn. *Rosa* 'Madame Knorr')	1
5	*Artemisia ludoviciana* 'Silver Queen'	6
6	*Lavandula angustifolia* 'Hidcote'	5
7	*Rosa* Cottage Rose	1
8	*Rosa* 'Ferdinand Pichard'	1
9	*Lavandula angustifolia* 'Hidcote Pink'	5
10	*Clematis* 'Margot Koster'	1

GRÖSSE UND PFLANZABSTAND

Artemisia ludoviciana 'Silver Queen': 90 cm x 60 cm, mit 40 cm Abstand setzen.

Clematis 'Margot Koster': 300 cm x 150 cm

Lavandula angustifolia 'Hidcote' und 'Hidcote Pink': 40 cm x 40 cm, mit 30 cm Abstand setzen.

Lavandula 'Marshwood': 40 cm x 40 cm, mit 30 cm Abstand setzen.

Rosa 'Celestial': 150 cm x 90 cm

Rosa 'Comte de Chambord': 120 cm x 90 cm

Rosa Constance Spry: 370 cm x 250 cm

Rosa Cottage Rose: 110 cm x 75 cm

Rosa 'Ferdinand Pichard': 120 cm x 120 cm

ZUSATZBEPFLANZUNG

FRÜHLINGSBLÜHER

Im Herbst:
Tulpen folgender Sorten in Zehnergruppen im Beet verteilt setzen: 20 'Ballade', 20 'Fancy Frills', 20 'Blue Parrot' und 20 'Purissima'.

100 Schneeglanz (*Chionodoxa luciliae* 'Alba') übers Beet verteilt setzen.

SOMMERBLÜHER

Im Herbst:
10 Präriekerzen (*Camassia leichtlinii* 'Alba') in 2 Fünfergruppen pflanzen.

Im Herbst oder Frühling:
15 Lilien (*Lilium speciosum* var. *rubrum*) in Fünfergruppen zwischen die *Artemisia* und vor die 'Cottage Rose' setzen.

Im Frühling:
Blaue, weiße und rosa Veilchen in freie Stellen im Beet setzen.

Saat von *Nigella damascena* (Jungfer im Grünen) 'Persischer Juwel' um die Rosen herum aussäen.

Im Spätfrühling:
20 weiße Spinnenblumen (*Cleome*) in freie Stellen übers Beet verteilt setzen.

ALLGEMEINE PFLEGEHINWEISE

Die Mauer mit Kletterhilfen versehen (s. Seite 9).

Rosen und *Clematis* zwischen Frühwinter und zeitigem Frühling mulchen und im Frühling düngen.

Die *Rosa* Constance Spry und die *Clematis* sorgfältig anbinden.

Die *Artemisia* auf etwa 30 cm zurückschneiden, wenn sie zur Blüte ansetzt, damit das Laub silbrig bleibt.

Wenn die Tulpenblätter vergilben, abschneiden und Tulpen düngen.

Im Spätherbst abgestorbenes Laub entfernen.

Verblühte Rosenblüten abschneiden und die Rosen im Hochsommer ein zweites Mal düngen.

Die Lavendelblüten gleich nach der Blüte abschneiden.

DIE PFLANZEN IM EINZELNEN

Artemisia ludoviciana
'Silver Queen'
Hohe Silberraute
BODEN: gut durchlässig
LAGE: sonnig
FARBE: Wegen des silbrigen Laubs gepflanzt.
BLÜTEZEIT: Nicht zur Blüte kommen lassen.
DÜNGUNG: Frühling
SCHNITT: Im Frühling auf kräftige Knospen zurückschneiden. Wann immer Blütenansätze erscheinen, Triebe um 30 cm zurückschneiden, da dann immer neue, silbrig belaubte Triebe erscheinen.
WEITERE HINWEISE: Das auffällig silberweiße Laub gibt einen schönen Hintergrund für viele Pflanzen, vor allem für Rosen.

***Clematis* 'Margot Koster'**
BODEN: nährstoffreich
LAGE: sonnig bis halbschattig
BLÜTENFARBE: kräftiges Rosarot
BLÜTEZEIT: Hochsommer bis Frühherbst
DÜNGUNG: Volldünger im Frühling, im Sommer alle 2–3 Wochen mit Flüssigdünger
SCHNITT: Im Spätwinter alle Triebe auf 30 cm zurücknehmen, dabei knapp über einem kräftigen Augenpaar abschneiden.
WEITERE HINWEISE: Blüht sehr reich und über lange Zeit.

***Lavandula angustifolia* 'Hidcote' und *L. a.* 'Hidcote Pink'**
BODEN: leicht, durchlässig
LAGE: sonnig
BLÜTENFARBE: Dunkelblau bzw. Hellrosa
BLÜTEZEIT: Frühsommer bis Frühherbst
DÜNGUNG: Frühling
SCHNITT: Blütenstängel nach der Blüte abschneiden. Die ganze Pflanze im Frühling zurückschneiden, aber nicht ins alte Holz.
WEITERE HINWEISE: Kompakt wachsende, den ganzen Sommer über schöne Lavendel, die wie alle Lavendel keine Nässe vertragen, deshalb den Boden beim Pflanzen gegebenenfalls mit Kies versetzen.

***Lavandula* 'Marshwood'**
BODEN: jeder durchlässige Gartenboden
LAGE: sonnig
BLÜTENFARBE: Dunkelviolett mit hellerer Lippe
BLÜTEZEIT: Hoch- bis Spätsommer
DÜNGUNG: Volldünger im Frühling
SCHNITT: Blütenstängel nach der Blüte abschneiden. Die ganze Pflanze im Frühling vorsichtig stutzen.
WEITERE HINWEISE: Wirkt in Gruppen am schönsten.

***Rosa* Constance Spry**
BODEN: nährstoffreich, nicht auf Sand oder Kalk
LAGE: sonnig
BLÜTENFARBE: schönes, warmes Rot
BLÜTEZEIT: vor allem Frühsommer
DÜNGUNG: Volldünger im Frühling, Rosendünger im Hochsommer
SCHNITT: Eine Strauchrose, die oft als Kletterrose gezogen wird. Wuchs eher locker und etwas unordentlich, bedarf daher von Anfang an eines Erziehungsschnitts. Kann im Herbst kräftig zurückgeschnitten werden.
WEITERE HINWEISE: Wartet außer mit beinahe schon leuchtenden rosa Blüten noch mit einem sehr schönen Duft auf.

***Rosa* Cottage Rose**
BODEN: jeder außer Kalk
LAGE: sonnig
BLÜTENFARBE: warmes Rosa
BLÜTEZEIT: Frühsommer bis Frühherbst
DÜNGUNG: Volldünger im Frühling, Rosendünger im Hochsommer
SCHNITT: Im Winter alle toten, unschön gewachsenen, schadhaften oder kranken Triebe ausschneiden und ein Gerüst aus kräftigen Trieben heranziehen. Verträgt, wenn nötig, auch einen recht starken Rückschnitt.
WEITERE HINWEISE: Eine Rose mit vielen Vorzügen wie einer langen Blütezeit und ansprechendem Duft.

***Rosa* 'Comte de Chambord'**
BODEN: jeder gute Boden, außer Kalk
LAGE: sonnig
BLÜTENFARBE: warmes Rosa
BLÜTEZEIT: Früh- bis Hochsommer und nochmals im Herbst
DÜNGUNG: Volldünger im Frühling, Rosendünger im Hochsommer
SCHNITT: Im Winter schwache, kranke oder unschön gewachsene Triebe abschneiden und etwas zurückschneiden, damit die Form erhalten bleibt.
WEITERE HINWEISE: Eine unserer Lieblingsrosen, eine öfter blühende Alte Rose mit wundervollem Duft und einer schönen Farbe, dabei pflegeleicht und zuverlässig.

***Rosa* 'Celestial'**
BODEN: jeder gute Boden, außer Kalk
LAGE: sonnig
BLÜTENFARBE: Hellrosa
BLÜTEZEIT: Früh- und Hochsommer
DÜNGUNG: Volldünger im Frühling, Rosendünger im Hochsommer
SCHNITT: An frostfreien Tagen im Spätwinter tote, kranke oder unschön gewachsene Triebe entfernen und etwas zurückschneiden.
WEITERE HINWEISE: Bildet einen schönen Busch mit gesunden Blüten, aus denen sich zahlreiche Hagebutten entwickeln.

***Rosa* 'Ferdinand Pichard'**
BODEN: jeder außer Sand oder Kalk
LAGE: sonnig bis halbschattig
BLÜTENFARBE: Rosa mit Karmesinrot und Purpur
BLÜTEZEIT: Früh- bis Hochsommer und nochmals im Herbst
DÜNGUNG: Volldünger im Frühling, Rosendünger im Hochsommer
SCHNITT: Im Winter etwas zurückschneiden, verträgt keinen starken Rückschnitt.
WEITERE HINWEISE: Schöner Wuchs, intensiver Duft, eine der besten Sorten mit gefleckten Blüten.

EIN SONNIGES BEET VOR EINER MAUER: BLAU, WEISS UND HELLROSA

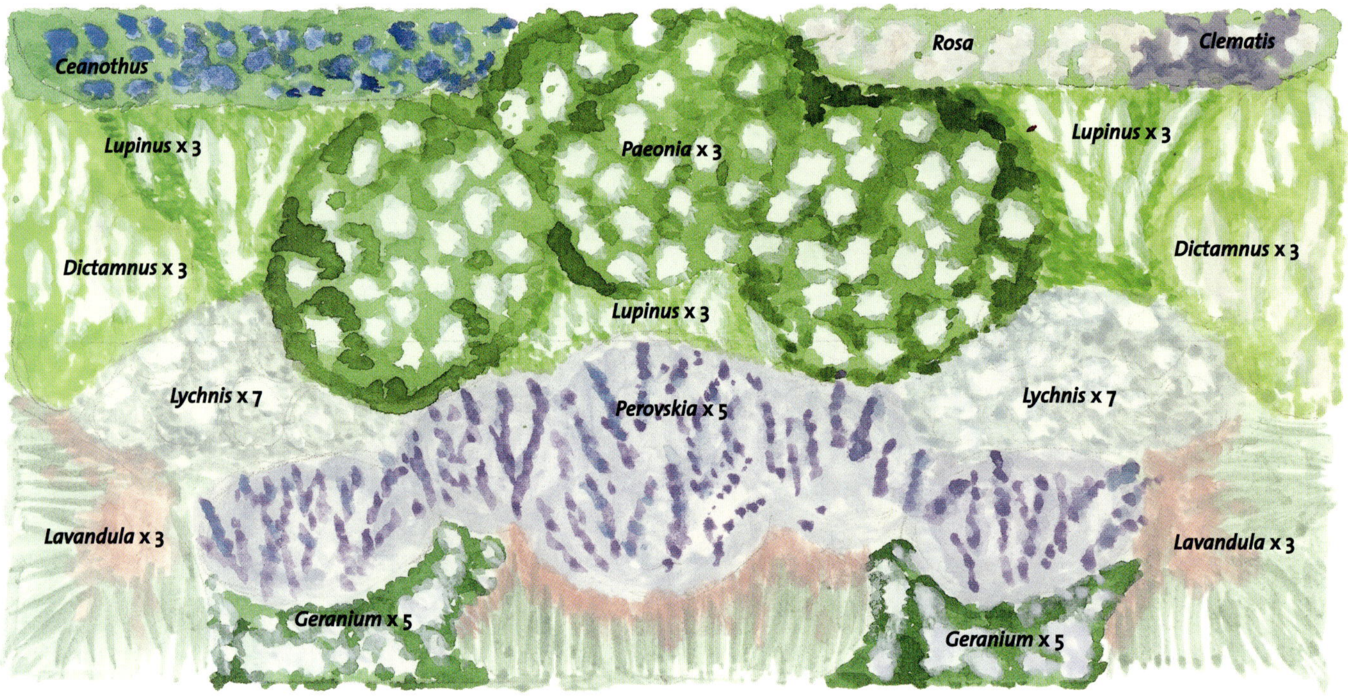

	DIE PFLANZEN	ANZAHL
1	*Clematis* 'Betty Corning'	1
2	*Perovskia* 'Blue Spire'	5
3	*Ceanothus* 'Puget Blue'	1
4	*Geranium renardii*	10
5	*Paeonia lactiflora* 'Duchesse de Nemours' (oder eine andere gefüllte weiße Sorte)	3
6	*Lavandula angustifolia* 'Hidcote Pink'	9
7	*Rosa* 'Blush Noisette' (auch 'Noisette Carnée' genannt)	1
8	*Lychnis coronaria* 'Alba'	14
9	*Lupinus* 'Noble Maiden'	9
10	*Dictamnus albus*	6

1

2

3

4

5

6

7

8

9

10

GRÖSSE UND PFLANZABSTAND

Ceanothus 'Puget Blue': 150 cm x 120 cm

Clematis 'Betty Corning': 300 cm x 90 cm

Dictamnus albus: 40 cm x 40 cm, mit 30 cm Abstand setzen.

Geranium renardii: 25 cm x 30 cm, mit 15 cm Abstand setzen.

Lavandula angustifolia 'Hidcote Pink': 40 cm x 40 cm, mit 30 cm Abstand setzen.

Lupinus 'Noble Maiden': 90 cm x 60 cm, mit 30 cm Abstand setzen.

Lychnis coronaria 'Alba': 60 cm x 30 cm, mit 15 cm Abstand setzen.

Paeonia lactiflora 'Duchesse de Nemours': 90 cm x 90 cm, mit 60 cm Abstand setzen.

Perovskia 'Blue Spire': 90 cm x 45 cm, mit 45 cm Abstand setzen.

Rosa 'Blush Noisette': 250 cm x 150 cm

ZUSATZBEPFLANZUNG

FRÜHLINGSBLÜHER

Im Herbst oder Frühling:
10 Vergissmeinnicht übers Beet verteilt setzen.

Im Herbst:
Tulpen wie etwa 'Shirley', 'China Pink' und 'Queen of Night' in Fünfergruppen in freie Stellen setzen.

50 Schneeglanz (*Chionodoxa gigantean*) übers Beet verteilt setzen.

50 *Narcissus* 'Hawera' übers Beet verteilt setzen.

SOMMERBLÜHER

Im Herbst:
10 Zierlauch (*Allium hollandicum* 'Purple Sensation') um die *Perovskia* herum setzen.

Im Frühling:
Saat von blauen *Nigella damascena* (Jungfer im Grünen) 'Miss Jekyll' um die Rosen herum aussäen.

Hellrosa Sorten *Verbena*, zum Beispiel 'Silver Anne', in Fünfergruppen hinter *Geranium renardii* setzen.

ALLGEMEINE PFLEGEHINWEISE

Die Mauer mit Kletterhilfen versehen (s. Seite 9).

Das Beet im Frühling säubern und um Rosen, *Ceanothus* und Pfingstrosen herum mulchen.

Rosen und *Clematis* sorgfältig mit Schnur anbinden, für *Ceanothus* alte Strumpfhosen verwenden, da die Äste für Schnur zu schwer werden können.

Im Frühling Volldünger geben und den Rosen im Hochsommer nochmals Rosendünger.

Die Pfingstrosen anbinden.

DIE PFLANZEN IM EINZELNEN

***Ceanothus* 'Puget Blue'**
Säckelblume
BODEN: jeder Gartenboden
LAGE: sonnig
BLÜTENFARBE: Blau
BLÜTEZEIT: Frühling, leichte Nachblüte im Herbst
DÜNGUNG: Frühling und nochmals nach der Blüte
SCHNITT: Im Frühling nach der Blüte Triebe an der Mauer ziehen und ins Beet wachsende Triebe abschneiden, in Höhe und Breite stutzen.
WEITERE HINWEISE: Reichblütig, kompakt wachsend, bei uns nicht ausreichend winterhart, daher als Kübelpflanze ziehen und frostfrei überwintern.

***Clematis* 'Betty Corning'**
BODEN: guter, mit Stallmist oder Lauberde versetzter Gartenboden
LAGE: Sonnig bis halbschattig, Fuß mit Steinen beschatten.
BLÜTENFARBE: Hellviolett, im Verblühen weiß
BLÜTEZEIT: Frühsommer bis Herbst
DÜNGUNG: Frühling
SCHNITT: Im Spätwinter alle Triebe auf 30 cm zurücknehmen, dabei knapp über einem Augenpaar abschneiden.
WEITERE HINWEISE: Duftende, nickende, glockenförmige Blüten zeichnen diese Clematis aus.

Dictamnus albus
Diptam
BODEN: durchlässig, nicht sauer
LAGE: sonnig

BLÜTENFARBE: Weiß
BLÜTEZEIT: Früh- und Hochsommer
DÜNGUNG: Volldünger im Frühling, im Frühling und Herbst mit Lauberde mulchen.
SCHNITT: Im Herbst bis auf Bodenhöhe zurückschneiden.
WEITERE HINWEISE: Wächst nicht immer leicht an, sollte nach dem Pflanzen nicht mehr gestört werden, langlebig, aber auf Schneckenfraß achten.

Geranium renardii
Kaukasusstorchschnabel
BODEN: nährstoffreich, durchlässig
LAGE: sonnig bis schattig
BLÜTENFARBE: Weiß mit purpurfarbenen Adern
BLÜTEZEIT: Spätfrühling bis Frühsommer
DÜNGUNG: Frühling
SCHNITT: Nach der Blüte stutzen, totes Laub entfernen.
WEITERE HINWEISE: kompakter Wuchs mit dunkelgrünen, gelappten Blättern

***Lavandula angustifolia* 'Hidcote Pink'**
BODEN: leicht, durchlässig
LAGE: sonnig
BLÜTENFARBE: Hellrosa
BLÜTEZEIT: Frühsommer bis Frühherbst
DÜNGUNG: Frühling
SCHNITT: Blütenstängel nach der Blüte abschneiden. Die ganze Pflanze im Frühling zurückschneiden, aber nicht ins alte Holz.
WEITERE HINWEISE: schöne rosa blühende Sorte

***Lupinus* 'Noble Maiden'**
Lupine
BODEN: durchlässig
LAGE: sonnig bis halbschattig
BLÜTENFARBE: Weiß
BLÜTEZEIT: Früh- bis Spätsommer
DÜNGUNG: Frühling
SCHNITT: Rückschnitt nach der Blüte begünstigt eine zweite Blüte im Jahr.
WEITERE HINWEISE: Man kann die Samen an anderen Stellen im Garten aussäen. Da Lupinensorten aus Saat nicht echt fallen, erhält man so eine Mischung von Farben.

***Lychnis coronaria* 'Alba'**
Vexiernelke
BODEN: durchlässig
LAGE: sonnig bis lichter Schatten
BLÜTENFARBE: Weiß
BLÜTEZEIT: Hochsommer bis Frühherbst
DÜNGUNG: Frühling
SCHNITT: Verblühtes abschneiden, unansehnlich gewordene Pflanzen im Herbst beseitigen.
WEITERE HINWEISE: Ziemlich kurzlebig, sät sich aber an zusagenden Stellen selbst aus und kann von dort verpflanzt werden.

***Paeonia lactiflora* 'Duchesse de Nemours'**
Pfingstrose
BODEN: tiefgründig, nährstoffreich
LAGE: sonnig
BLÜTENFARBE: Weiß
BLÜTEZEIT: Spätfrühling bis Frühsommer
DÜNGUNG: Im Herbst mit Knochenmehl, im zeitigen Frühling mit gut abgelagertem Stallmist mulchen.
SCHNITT: Verblühtes abschneiden, im Herbst bis zum Boden zurückschneiden.
WEITERE HINWEISE: langlebige, zuverlässige Pfingstrose mit duftenden, gefüllten Blüten

***Perovskia* 'Blue Spire'**
BODEN: leicht durchlässig, auch auf Kalk
LAGE: sonnig
BLÜTENFARBE: Blauviolett
BLÜTEZEIT: Spätsommer bis Frühherbst
DÜNGUNG: Frühling
SCHNITT: Alte Blütentriebe erst im Frühling 30 cm über dem Boden abschneiden.
WEITERE HINWEISE: Schönes, grauweißes, fein geschnittenes Laub, das gut zu Rosen passt. Ist zwar ein Strauch, wirkt aber dennoch zart.

***Rosa* 'Blush Noisette'**
BODEN: jeder außer Sand oder Kalk
LAGE: sonnig
BLÜTENFARBE: im Aufblühen errötend oder ein helles Fliederrosa
BLÜTEZEIT: ab dem Frühling beinahe ununterbrochen
DÜNGUNG: Frühling, im Hochsommer nochmals mit Rosendünger
SCHNITT: Abgestorbene Triebe entfernen, aber sonst so wenig wie möglich schneiden.
WEITERE HINWEISE: Halb gefüllte Blüten, Blütenreichtum, lange Blütezeit, ein schöner Duft und Widerstandsfähigkeit sind die Kennzeichen dieser Rose.

EIN SONNIGES BEET VOR EINER MAUER: GEMISCHTE FARBEN

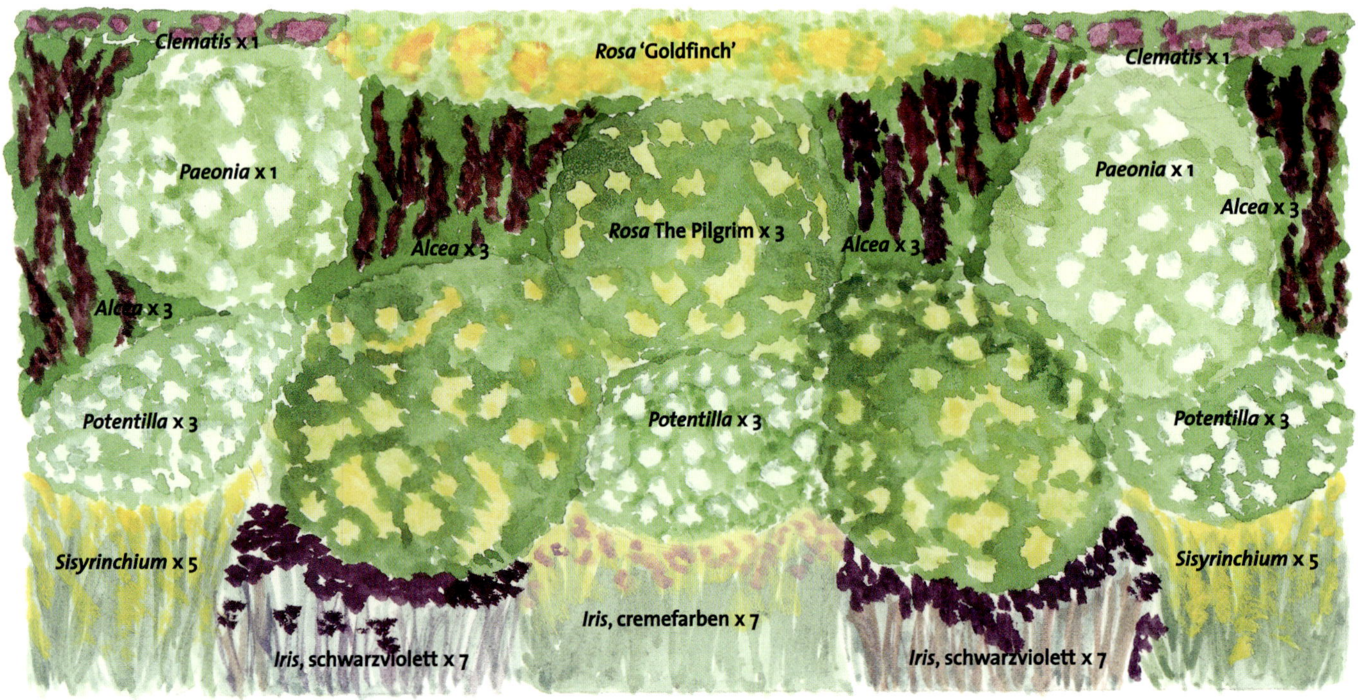

	DIE PFLANZEN	ANZAHL
1	*Rosa* The Pilgrim	3
2	*Clematis* 'Carmencita'	2
3	*Paeonia*, weiß blühende (etwa *P. lactiflora* 'White Wings' oder *P. suffruticosa* 'Joseph Rock', auch *P. rockii* genannt)	2
4	*Rosa* 'Goldfinch'	1
5	*Potentilla rupestris*	9
6	*Sisyrinchium striatum*	10
7	*Alcea rosea* 'Nigra'	12
8	*Iris*, cremefarbene Sorte mit leichtem Spiel ins blasse Violett (etwa 'Sally Jane' oder 'Pale Shades')	7
9	*Iris*, schwarzviolett blühend (etwa 'Superstition' oder 'Deep Black')	14

1

2

3

4

5

6

7

8

9

GRÖSSE UND PFLANZABSTAND

Alcea rosea 'Nigra': 180 cm x 45 cm, mit 45 cm Abstand setzen.

Clematis 'Carmencita': 370 cm x 90 cm, etwa 30 cm vor der Mauer setzen.

Cremefarben blühende *Iris*: 90 cm x 20 cm, mit 15 cm Abstand setzen.

Schwarzviolett blühende *Iris*: 120 cm x 20 cm, mit 15 cm Abstand setzen.

Paeonia: 75 cm x 60 cm, mit 60 cm Abstand setzen.

Potentilla rupestris: 60 cm x 45 cm, mit 30 cm Abstand setzen.

Rosa 'Goldfinch': 450 cm x 250 cm, etwa 30 cm vor der Mauer setzen.

Rosa The Pilgrim: 90 cm x 90 cm, mit 60 cm Abstand setzen.

Sisyrinchium striatum: 45 cm x 30 cm, mit 30 cm Abstand setzen.

ZUSATZBEPFLANZUNG

FRÜHLINGSBLÜHER

Im Herbst:
50 *Tulipa bakeri* 'Lilac Wonder' vorne im Beet setzen, außerdem 50 *T.* 'Maja' und 50 'Queen of Night' in Zehnergruppen übers Beet verteilt setzen.

Im Frühling:
20 Stiefmütterchen im Beet verteilt pflanzen, am besten eine zitronengelb blühende Sorte oder die schwarze 'Molly Sanderson'.

SOMMERBLÜHER

Im Frühling:
Samen der Gefleckten Hainblume (*Nemophila menziesii* 'Penny Black') und der Sumpfblume (*Limnanthes douglasii*) im Beet verstreut aussäen.

Im Spätfrühling:
Weiße Spinnenblumen (*Cleome*) punktweise in Lücken setzen; sie werden etwa 120 cm hoch.

ALLGEMEINE PFLEGEHINWEISE

Die Mauer mit Kletterhilfen versehen (s. Seite 9).
Das ganze Beet im Frühling düngen.
Die Kletterpflanzen sorgfältig anbinden.
Bei den Rosen auf Schädlinge wie Blattläuse und Krankheiten wie Mehltau und Sternrußtau achten und, wenn nötig, bekämpfen.
Alte Beetpflanzen im Herbst abräumen und kompostieren.

DIE PFLANZEN IM EINZELNEN

***Alcea rosea* 'Nigra'**
Stockrose
BODEN: jeder Gartenboden
LAGE: sonnig
BLÜTENFARBE: Schwarzviolett
BLÜTEZEIT: Früh- und Hochsommer
DÜNGUNG: Frühling
SCHNITT: Alte Blütenstände im Herbst über dem Boden abschneiden.
WEITERE HINWEISE: Sät sich gern selbst aus, Sämlinge können an anderer Stelle im Garten verwendet werden. Wird leicht vom Malvenrost befallen, zur Vorbeugung im Frühling mit unpasteurisierter Milch spritzen.

***Clematis* 'Carmencita'**
BODEN: nährstoffreich, mit zugesetztem Stallmist oder Lauberde
LAGE: sonnig bis halbschattig
BLÜTENFARBE: Karminrot
BLÜTEZEIT: Frühsommer bis Herbst
DÜNGUNG: Frühling
SCHNITT: Im Spätwinter alle Triebe bis auf 30 cm Höhe abschneiden.
WEITERE HINWEISE: Den Fuß der Pflanze mit Steinen beschatten, damit die Wurzeln kühl bleiben und nicht austrocknen. Clematis wie diese kann man im Garten kaum genug haben.

***Iris*, hellcremegelb, ins Violette spielend Schwertlilie**
BODEN: leicht, durchlässig
LAGE: sonnig
BLÜTENFARBE: Strohgelb, Cremefarben oder Hellviolett
BLÜTEZEIT: Spätfrühling bis Frühsommer
DÜNGUNG: Frühling
SCHNITT: Blätter im Spätsommer fächerförmig auf etwa 25 cm Höhe zurückschneiden.
WEITERE HINWEISE: Schwertlilien verleihen einem Beet Struktur, und die Blüten von Sorten wie 'Sally Jane' oder 'Pale Shades' zeigen eine sehr schöne Farbkombination. Schwertlilien können im Hochsommer geteilt und neu gepflanzt werden. Beim Pflanzen die Rhizome etwas erhöht setzen und nur die Wurzeln, nicht aber das Rhizom mit Erde bedecken.

***Iris*, schwarzviolett Schwertlilie**
BODEN: leicht, sehr durchlässig
LAGE: sonnig
BLÜTENFARBE: glänzendes Schwarzviolett
BLÜTEZEIT: Spätfrühling bis Frühsommer
DÜNGUNG: Frühling
SCHNITT: Blätter im Spätsommer fächerförmig auf etwa 25 cm Höhe zurückschneiden.
WEITERE HINWEISE: 'Deep Black' ist eine recht stattliche Schwertlilie mit einer bemerkenswerten Blütenfarbe. Beim Pflanzen die Rhizome etwas erhöht setzen und nur die Wurzeln, nicht aber das Rhizom mit Erde bedecken. Schwertlilien können im Hochsommer geteilt und neu gepflanzt werden.

***Paeonia*, weiß blühend Pfingstrose**
BODEN: nährstoffreich, mit Stallmist oder Lauberde versehen
LAGE: sonnig
BLÜTENFARBE: Weiß
BLÜTEZEIT: Spätfrühling bis Frühsommer
DÜNGUNG: Frühling
SCHNITT: Laub im Herbst abschneiden.
WEITERE HINWEISE: Die schweren Blütenstände müssen angebunden werden.

***Potentilla rupestris* Steinfingerkraut**
BODEN: jeder durchlässige Gartenboden
LAGE: sonnig
BLÜTENFARBE: Weiß
BLÜTEZEIT: Frühsommer bis Frühherbst
DÜNGUNG: Volldünger im zeitigen Frühling und im Frühling gut abgelagerter Stallmist
SCHNITT: Im Herbst bis auf 30 cm zurückschneiden.
WEITERE HINWEISE: Bei Trockenheit wässern, da Austrocknen schlecht vertragen wird. Blüten an aufrechten Stängeln, die graugrünen Blätter erinnern an Erdbeeren. Wächst gern zwischen andere Pflanzen und sollte häufiger verwendet werden.

***Rosa* 'Goldfinch'**
BODEN: jeder außer Sand oder Kalk, am besten mit zugesetztem Stallmist
LAGE: sonnig
BLÜTENFARBE: Chamois, Knospen mit dunklerem Gelb
BLÜTEZEIT: Früh- und Hochsommer
DÜNGUNG: Volldünger im Frühling und Rosendünger im Hochsommer
SCHNITT: Nach der Blüte zurückschneiden, dabei aber nur dünne, tote oder kranke Triebe herausnehmen.
WEITERE HINWEISE: Eine gesunde Rose mit einer bemerkenswerten Blütenfarbe, die gut zu vielen anderen Pflanzen passt.

***Rosa* The Pilgrim**
BODEN: jeder außer Sand oder Kalk
LAGE: vollsonnig
BLÜTENFARBE: Gelb
BLÜTEZEIT: Hochsommer und weiter bis in den Herbst
DÜNGUNG: Volldünger im Frühling und Rosendünger im Hochsommer
SCHNITT: Bei nicht zu strengem Winterwetter, verträgt kräftigen Rückschnitt, dabei auf eine ansprechende Form achten. Verblühte Blüten laufend entfernen, damit sie bis in den Herbst hinein immer weiter blüht.
WEITERE HINWEISE: eine schöne gelbe Rose mit gefüllten, duftenden Blüten im alten Stil

***Sisyrinchium striatum* Binsenlilie**
BODEN: durchlässig
LAGE: sonnig
BLÜTENFARBE: Cremegelb, Blätter blaugrün
BLÜTEZEIT: Frühsommer bis Frühherbst
DÜNGUNG: Volldünger im Frühling
SCHNITT: Alte Blütenstände abschneiden, ebenso das Laub, wenn es schwarz wird.
WEITERE HINWEISE: Blätter am Grund der Pflanze beseitigen. Sät sich an zusagenden Stellen zuweilen selbst aus, Sämlinge können im Frühling verpflanzt werden. Auch als Einzelpflanze in einem Kiesbeet sehr schön. In geschützten Lagen ausreichend winterhart.

1

2

3

6

4

5

7

8

9

10

11

12

EIN SONNIGES BEET VOR EINER MAUER: STAUDEN UND STRÄUCHER

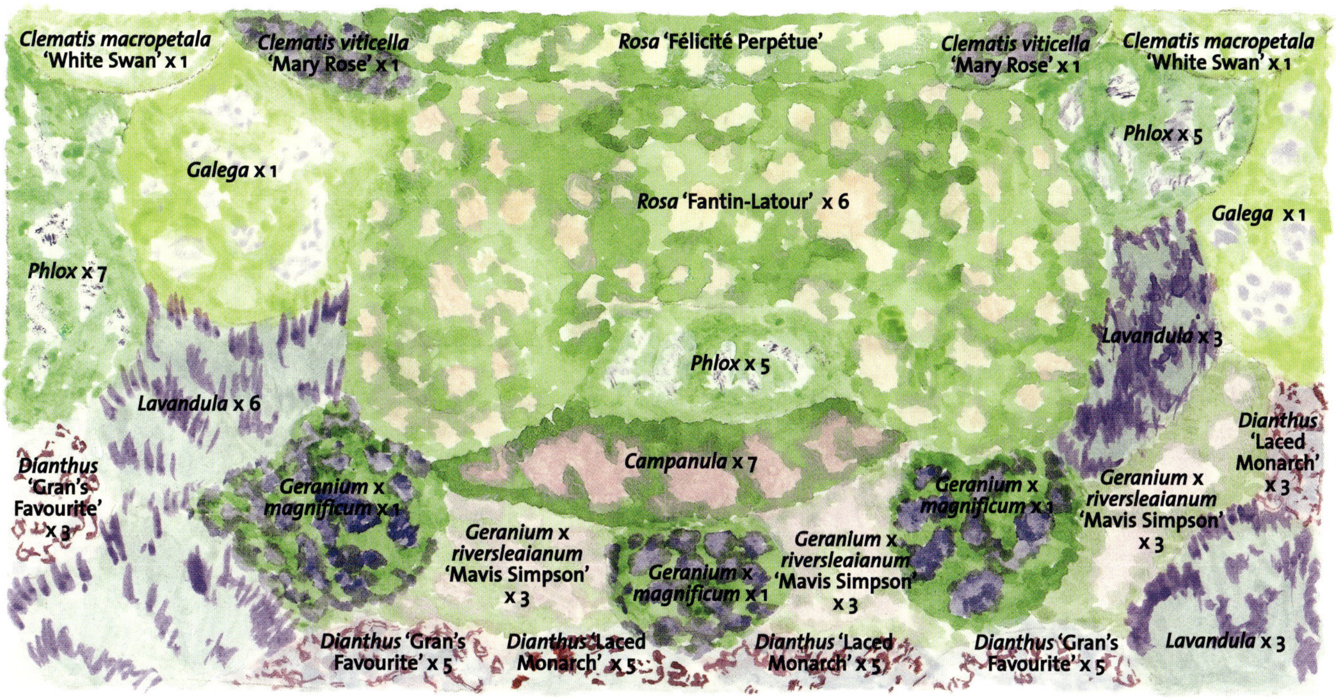

	DIE PFLANZEN	ANZAHL
1	*Dianthus* 'Laced Monarch'	13
2	*Galega officinalis*	2
3	*Phlox maculata* 'Omega'	17
4	*Clematis macropetala* 'White Swan' (oder eine andere weiße Sorte wie etwa 'Snowbird')	2
5	*Dianthus* 'Gran's Favourite'	13
6	*Geranium* x *magnificum*	3
7	*Rosa* 'Fantin-Latour'	6
8	*Rosa* 'Félicité Perpétue'	1
9	*Clematis viticella* 'Mary Rose' (syn. *C. v.* 'Flore Pleno')	2
10	*Campanula lactiflora* 'Loddon Anna'	7
11	*Lavandula angustifolia* 'Hidcote'	12
12	*Geranium* x *riversleaianum* 'Mavis Simpson'	9

GRÖSSE UND PFLANZABSTAND

Campanula lactiflora 'Loddon Anna': 120 cm x 60 cm, mit 45 cm Abstand setzen.

Clematis macropetala 'White Swan': 180 cm x 90 cm, etwa 30 cm vor der Mauer setzen.

Clematis viticella 'Mary Rose': 250 cm x 90 cm, etwa 30 cm vor der Mauer setzen.

Dianthus 'Gran's Favourite': 25 cm x 15 cm, mit 15 cm Abstand setzen.

Dianthus 'Laced Monarch': 20 cm x 20 cm, mit 20 cm Abstand setzen.

Galega officinalis: 150 cm x 90 cm, mit 90 cm Abstand setzen.

Geranium x *magnificum*: 60 cm x 45 cm, mit 30 cm Abstand setzen.

Geranium x *riversleaianum* 'Mavis Simpson': 25 cm x 30 cm, mit 20 cm Abstand setzen.

Lavandula angustifolia 'Hidcote': 40 cm x 40 cm, mit 30 cm Abstand setzen.

Phlox maculata 'Omega': 90 cm x 45 cm, mit 45 cm Abstand setzen.

Rosa 'Fantin-Latour': 150 cm x 180 cm, mit 75 cm Abstand setzen.

Rosa 'Félicité Perpétue': 550 cm x 180 cm, etwa 30 cm vor der Mauer setzen.

ZUSATZBEPFLANZUNG

FRÜHLINGSBLÜHER

Im Herbst:
Je 15 Zwiebeln der Tulpensorten 'Peach Blossom', 'Dreaming Maid' und 'White Triumphator' jeweils für sich in Gruppen an freie Stellen setzen.

25 Präriekerzen (*Camassia leichtlinii* 'Alba') zu beiden Seiten des Beets setzen.

50 *Anemone blanda* 'Pink Star' vorn und 50 *Narcissus* 'Thalia' übers Beet verteilt setzen.

SOMMERBLÜHER

Im Herbst:
50 Zierlauch (25 *Allium caeruleum* und 25 *A. unifolium*) um die Strauchrosen herum setzen.

Im Frühling:
Rosa, malvenfarben, und dunkelviolett blühenden Schlafmohn (*Papaver somniferum*) im Hintergrund setzen.

Im Spätfrühling:
Rittersporn (*Consolida*) aussäen und 20 rosa Kosmeen in Lücken im Hintergrund setzen.

ALLGEMEINE PFLEGEHINWEISE

Die Mauer mit Kletterhilfen versehen (s. Seite 9).

Rosen und Clematis im Frühling mit gut abgelagertem Stallmist oder Lauberde mulchen.

Das Beet im Winter säubern und abgestorbene Pflanzenreste entfernen.

Die Kletterpflanzen sorgfältig anbinden.

Die Geißraute (*Galega*), wenn nötig, anbinden.

Abgeblühtes bei den Rosen und Nelken laufend entfernen.

Im Frühling Volldünger geben, um die Pflanzen herum das Beet säubern und abgestorbenes Laub beseitigen.

Phlox und Glockenblumen (*Campanula*) im Herbst bodennah abschneiden.

Sommerflor im Spätherbst auf den Kompost geben.

DIE PFLANZEN IM EINZELNEN

***Campanula lactiflora* 'Loddon Anna' Riesenglockenblume**
BODEN: jeder Gartenboden
LAGE: sonnig bis halbschattig
BLÜTENFARBE: Fliederrosa
BLÜTEZEIT: Sommer
DÜNGUNG: Frühling
SCHNITT: Nach der Blüte auf 30 cm zurückschneiden.
WEITERE HINWEISE: schöne, wenig anspruchsvolle Beetstaude mit aufrechtem Wuchs

***Clematis macropetala* 'White Swan'**
BODEN: nährstoffreich
LAGE: sonnig bis halbschattig
BLÜTENFARBE: Weiß
BLÜTEZEIT: Spätfrühling bis Frühsommer
DÜNGUNG: Frühling
SCHNITT: Wenn nötig, Formschnitt nach der Blüte vornehmen.
WEITERE HINWEISE: Eine Clematis, die schon früh im Jahr blüht.

***Clematis viticella* 'Mary Rose'**
BODEN: durchlässig, nährstoffreich
LAGE: sonnig, Wurzelbereich geschützt und mit Steinen beschattet
BLÜTENFARBE: Dunkelviolett, im Verblühen ins Graue verblassend, Blüten klein
BLÜTEZEIT: Hochsommer bis Frühherbst
DÜNGUNG: Frühling, den Sommer über alle 2 Wochen Flüssigdünger geben.
SCHNITT: Im Spätwinter über einem Augenpaar auf 30 cm über dem Boden zurückschneiden.

WEITERE HINWEISE: Eine zierliche kleine Clematis mit kleinen gefüllten und ungefüllten Blüten an ein und derselben Pflanze.

***Dianthus* 'Gran's Favourite' und *Dianthus* 'Laced Monarch'**
Nelke
BODEN: leicht, durchlässig
LAGE: sonnig
BLÜTENFARBE: bei 'Gran's Favourite' Weiß mit braunrotem Saum, bei 'Laced Monarch' ein Kastanienbraun mit cremeweißer Zeichnung, gefüllt
BLÜTEZEIT: Frühsommer
DÜNGUNG: Knochenmehl im Spätherbst und im Frühling und Sommer mit einem kaliumreichen Dünger
SCHNITT: Alte Blüten entfernen, Pflanzen durch Schnitt so kompakt wie möglich halten.
WEITERE HINWEISE: Sehr schöne alte Nelkensorten mit gesäumten Blüten, duftend, am besten in Gruppen pflanzen, wo sie jedem Beet eine romantische Note verleihen.

Galega officinalis
Geißraute
BODEN: trocken, arm
LAGE: sonnig bis halbschattig
BLÜTENFARBE: Fliederfarben und Weiß
BLÜTEZEIT: Hochsommer bis Frühherbst
DÜNGUNG: wenig Volldünger im Frühling
SCHNITT: Im Herbst bodennah zurückschneiden.
WEITERE HINWEISE: eine zuverlässige Pflanze mit schönem, fein geschnittenem Laub

Geranium x magnificum
Prachtstorchschnabel
BODEN: nährstoffreich, durchlässig
LAGE: vollsonnig
BLÜTENFARBE: purpurnes Blau
BLÜTEZEIT: Spätfrühling bis Frühsommer
DÜNGUNG: Frühling
SCHNITT: Abgeblühte Stängel bis zu den Blättern abschneiden.
WEITERE HINWEISE: Der einzige Nachteil dieser Staude ist ihre recht kurze Blütezeit.

***Geranium x riversleaianum* 'Mavis Simpson'**
BODEN: durchlässig
LAGE: sonnig bis halbschattig
BLÜTENFARBE: Silberrosa
BLÜTEZEIT: Hoch- bis Spätsommer
DÜNGUNG: Frühling
SCHNITT: Nach der Blüte zurückschneiden, damit sie weiter blüht.
WEITERE HINWEISE: Schönes graugrünes Laub, in rauen Lagen Winterschutz zu empfehlen.

***Lavandula angustifolia* 'Hidcote'**
BODEN: durchlässig
LAGE: vollsonnig
BLÜTENFARBE: Dunkelblauviolett
BLÜTEZEIT: Hochsommer bis Frühherbst
DÜNGUNG: Frühling
SCHNITT: Blütenstängel nach der Blüte abschneiden. Die ganze Pflanze im Frühling zurückschneiden, aber nicht ins alte Holz.
WEITERE HINWEISE: Zum Trocknen die Blüten pflücken, wenn sie eben Farbe zeigen, dann ist das Aroma am intensivsten.

***Phlox maculata* 'Omega'**
Flammenblume, Phlox
BODEN: Nährstoffreich, soll nicht austrocknen.
LAGE: sonnig bis halbschattig
BLÜTENFARBE: Weiß mit rosa Mitte
BLÜTEZEIT: Hochsommer bis Frühherbst
DÜNGUNG: Frühling und nach der ersten Blüte
SCHNITT: Abgeblühte Stängel abschneiden, damit eine zweite Blüte angeregt wird.
WEITERE HINWEISE: Eine Staude mit sehr gutem Duft, auf die man in keinem Beet verzichten sollte, auch sehr gut zwischen Sträuchern. Profitiert vom Mulchen mit Stallmist im Frühling, der aber nicht an die Pflanze selbst kommen soll.

***Rosa* 'Fantin-Latour'**
BODEN: jeder Gartenboden
LAGE: sonnig
BLÜTENFARBE: Hellrosa
BLÜTEZEIT: Früh- und Hochsommer
DÜNGUNG: Volldünger im Frühling, Rosendünger im Hochsommer
SCHNITT: Nach der Blüte etwas zurückschneiden, dabei auf eine ansprechende Form achten.
WEITERE HINWEISE: eine der besten Rosen im alten Stil

***Rosa* 'Félicité Perpétue'**
BODEN: jeder durchlässige Gartenboden
LAGE: sonnig
BLÜTENFARBE: Rahmweiß
BLÜTEZEIT: Hochsommer
DÜNGUNG: Volldünger im Frühling, Rosendünger im Hochsommer
SCHNITT: Schwache Triebe nach der Blüte bis zum Boden zurücknehmen, ansonsten nur auf die Form achten.
WEITERE HINWEISE: eine robuste und reich blühende Alte Rose

EIN SCHATTIGES BEET VOR EINER MAUER: BLATTFORMEN

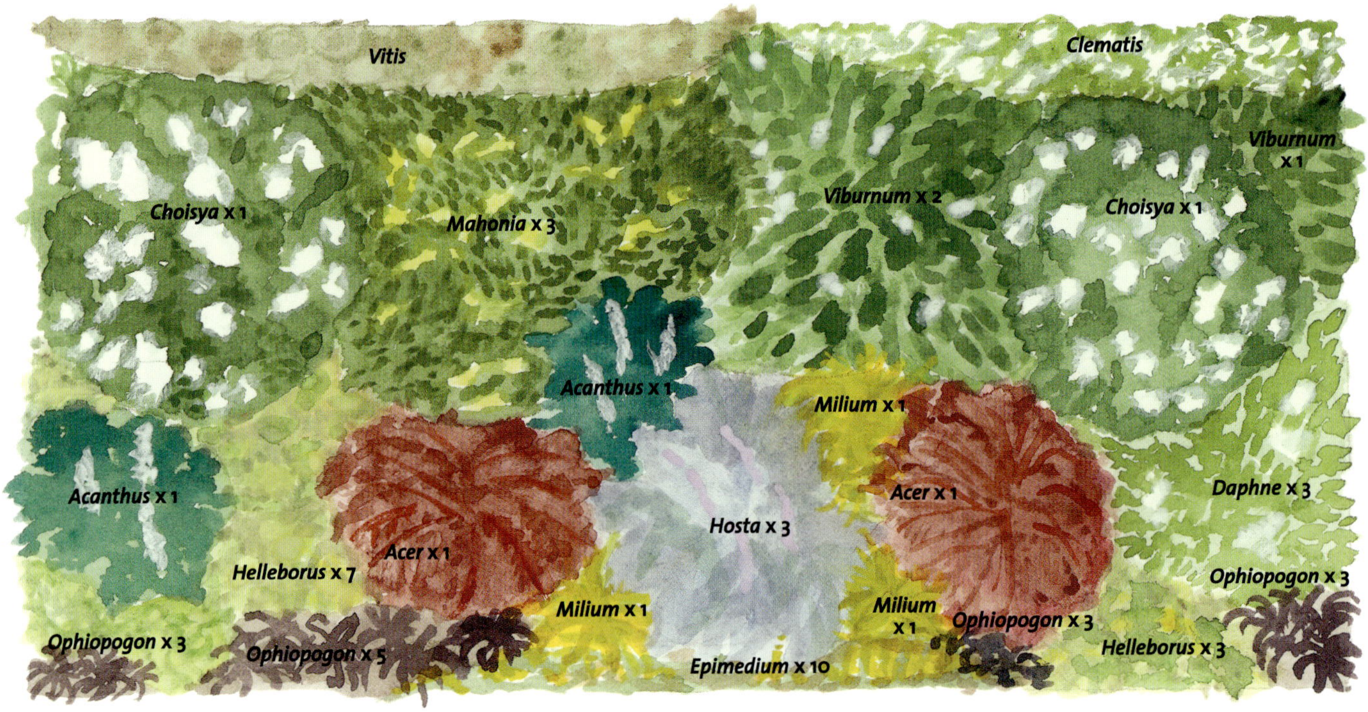

	DIE PFLANZEN	ANZAHL
1	*Choisya ternata*	2
2	*Clematis montana* 'Alba'	1
3	*Daphne odora*	3
4	*Epimedium perralderianum*	10
5	*Acanthus spinosus*	2
6	*Hosta* 'Krossa Regal'	3
7	*Milium effusum* 'Aureum'	3
8	*Ophiopogon planiscapus* 'Nigrescens'	14
9	*Vitis coignetiae*	1
10	*Helleborus argutifolius*	10
11	*Acer palmatum* var. *dissectum* 'Garnet'	2
12	*Mahonia* x *media* 'Charity'	3
13	*Viburnum davidii*	3

1

2

3

4

5

6

7

8

9

10

11

12

13

GRÖSSE UND PFLANZABSTAND

Acanthus spinosus: 90 cm x 90 cm, mit 60 cm Abstand setzen.

Acer palmatum var. *dissectum* 'Garnet': 90 cm x 90 cm, in etwa 150 cm Abstand voneinander setzen.

Choisya ternata: 150 cm x 150 cm, mit 90 cm Abstand setzen.

Clematis montana 'Alba': 600 cm x 300 cm, etwa 30 cm vor der Mauer setzen.

Daphne odora: 110 cm x 90 cm, mit 45 cm Abstand setzen.

Epimedium perralderianum: 30 cm x 20 cm, mit 15 cm Abstand setzen.

Helleborus argutifolius: 75 cm x 60 cm, mit 40 cm Abstand setzen.

Hosta 'Krossa Regal': 90 cm x 45 cm, mit 30 cm Abstand setzen.

Mahonia x *media* 'Charity': 250 cm x 120 cm, mit 75 cm Abstand setzen.

Milium effusum 'Aureum': 90 cm x 60 cm, mit 45 cm Abstand setzen.

Ophiopogon planiscapus 'Nigrescens': 20 cm x 20 cm, mit 20 cm Abstand setzen.

Viburnum davidii: 90 cm x 90 cm oder mehr, mit 60 cm Abstand setzen.

Vitis coignetiae: mindestens 600 cm hoch, breitet sich so weit aus, wie man sie lässt.

ZUSATZBEPFLANZUNG

FRÜHLINGSBLÜHER

Im Herbst:
20 Kissenprimeln (*Primula vulgaris*) um den Schlangenbart (*Ophiopogon*) setzen.

40 Traubenhyazinthen (*Muscari azureum* 'Album') an der vorderen Beetseite setzen.

Je 5 Hundszahnlilien (*Erythronium* 'Citronella') unter jeden Ahorn (*Acer*) setzen.

SOMMERBLÜHER

Im Frühling:
40 Stiefmütterchen (Farbmischung) im Beet verteilt setzen.

Im Spätfrühling:
20 hellrosa Fleißige Lieschen (*Impatiens*) in freie Stellen setzen.

12 Ziertabak (*Nicotiana sylvestris*) im Beet verteilt setzen (entweder vorgezogen aus der Gärtnerei oder selbst aus Saat anziehen).

ALLGEMEINE PFLEGEHINWEISE

Die Mauer mit Kletterhilfen versehen (s. Seite 9).

Auf Nacktschnecken achten, sie lieben Funkien und Ziertabak, deshalb ab dem Zeitpunkt bekämpfen, an dem die Funkien Blütentriebe entwickeln.

Im Frühling Volldünger geben.

Die Kletterpflanzen im ersten Jahr anbinden. Später finden sie selbst Halt und können je nach gewünschter Größe beschnitten werden.

Acanthus sät sich üppig selbst aus, überzählige Sämlinge beizeiten beseitigen.

Das Beet im Herbst säubern und mulchen, alte Blätter von Funkie und *Acanthus* beseitigen.

DIE PFLANZEN IM EINZELNEN

Acanthus spinosus

BODEN: sehr durchlässig
LAGE: schattig bis halbschattig
BLÜTENFARBE: Weiß und Purpur
BLÜTEZEIT: Hoch- bis Spätsommer
DÜNGUNG: Frühling
SCHNITT: Blütenstände gleich nach der Blüte abschneiden.
WEITERE HINWEISE: Sehr schönes, glänzendes Laub; breitet sich stark aus und hat tief reichende, schwer zu beseitigende Wurzeln.

***Acer palmatum* var. *dissectum* 'Garnet'**
Fächerahorn

BODEN: jeder durchlässige Gartenboden
LAGE: halbschattig bis schattig
FARBE: dunkelrotes Laub
BLÜTEZEIT: Nicht schneiden.
DÜNGUNG: Frühling
SCHNITT: Lediglich tote oder abgebrochene Zweige abschneiden.
WEITERE HINWEISE: Benötigt Schutz vor kaltem, austrocknendem Wind und direkter Sonne, schöne Herbstfärbung.

Choisya ternata
Orangenblume

BODEN: jeder Gartenboden
LAGE: sonnig bis schattig
BLÜTENFARBE: Weiß
BLÜTEZEIT: Frühling bis Frühsommer, geringe Nachblüte im Herbst
DÜNGUNG: Frühling
SCHNITT: Kann nach der Blüte, wenn nötig, sehr kräftig zurückgeschnitten werden.
WEITERE HINWEISE: Ein sehr schöner Strauch mit glänzend grünen, beim

Zerreiben aromatisch duftenden Blättern. Nur in sehr milden Gegenden ausreichend hart, sollte dort aber häufiger gepflanzt werden.

***Clematis montana* 'Alba'**
BODEN: nährstoffreich, durchlässig
LAGE: sonnig bis halbschattig, am Fuß beschattet
BLÜTENFARBE: Weiß
BLÜTEZEIT: Frühling bis Frühsommer
DÜNGUNG: Frühling
SCHNITT: nach der Blüte
WEITERE HINWEISE: Bedeckt schnell größere Flächen, sollte für einen schönen Wuchs entsprechend aufgebunden und durch Rückschnitt im Zaum gehalten werden. Es gibt auch rosa blühende Sorten.

Daphne odora
Winterseidelbast
BODEN: gut, feucht, aber durchlässig
LAGE: sonnig bis schattig
BLÜTENFARBE: Rosaweiß
BLÜTEZEIT: Spätwinter bis Frühling
DÜNGUNG: Frühling
SCHNITT: Nicht schneiden.
WEITERE HINWEISE: Duftet äußerst stark, Blüten halten sich in der Vase sehr lange.

Epimedium perralderianum
Elfenblume
BODEN: gut, feucht
LAGE: schattig bis halbschattig
BLÜTENFARBE: kräftiges Gelb
BLÜTEZEIT: Frühling bis Spätfrühling
DÜNGUNG: Frühling
SCHNITT: Pflanzen, wenn nötig, säubern, unansehnliches oder braunes Laub beseitigen.
WEITERE HINWEISE: zierlicher Bodendecker

Helleborus argutifolius
Korsische Nieswurz
BODEN: stets feucht, aber nicht sumpfig
LAGE: halbschattig
BLÜTENFARBE: Blassgrün
BLÜTEZEIT: Winter bis Frühsommer
DÜNGUNG: Knochenmehl im Spätherbst, Volldünger im Frühling
SCHNITT: Unansehnlich gewordene Blüten und Blätter entfernen.
WEITERE HINWEISE: eine skulpturale, ansehnliche Staude im Beet mit auffällig grünen Blüten und grob gezähnten Blättern

***Hosta* 'Krossa Regal'**
Funkie
BODEN: durchlässig, Feuchtigkeit speichernd, mit Lauberde oder Stallmist angereichert
LAGE: halbschattig bis schattig
BLÜTENFARBE: Fliederfarben, blaugrüne Blätter
BLÜTEZEIT: Hoch- bis Spätsommer
DÜNGUNG: Frühling
SCHNITT: Abgeblühte Blütenstände abschneiden.
WEITERE HINWEISE: Eine recht hohe Funkie, die wie alle Funkien vor Schnecken geschützt werden muss, sobald sich die ersten Triebe zeigen.

***Mahonia x media* 'Charity'**
BODEN: jeder Gartenboden
LAGE: schattig bis halbschattig
BLÜTENFARBE: Gelb
BLÜTEZEIT: Winter
DÜNGUNG: Frühling
SCHNITT: Nach der Blüte zu lang gewachsene Triebe kürzen.
WEITERE HINWEISE: Die Blüten duften nach Maiglöckchen. In rauen Lagen leichter Winterschutz erforderlich.

***Milium effusum* 'Aureum'**
Gelbe Flatterhirse
BODEN: jeder Gartenboden
LAGE: schattig
FARBE: leuchtendes Gelb
BLÜTEZEIT: im Sommer grünlich gelbe, hängende Ähren
DÜNGUNG: Frühling
SCHNITT: Unansehnliche und alte Blätter entfernen.
WEITERE HINWEISE: Setzt durch die Färbung Akzente.

***Ophiopogon planiscapus* 'Nigrescens'**
Schwarzer Schlangenbart
BODEN: nährstoffreich, durchlässig
LAGE: halbschattig
BLÜTENFARBE: Wird wegen der Blätter gepflanzt, Blüten klein, schön bronzefarben.
BLÜTEZEIT: Hoch- bis Spätsommer
DÜNGUNG: Frühling
SCHNITT: Nicht schneiden.
WEITERE HINWEISE: Wegen des schwarzen, grasähnlichen Laubs eine sehr auffällige Pflanze, die sich gut als Hintergrund für andere Pflanzen eignet, sehr schön in Verbindung mit Primeln.

Viburnum davidii
Davids Schneeball
BODEN: gut, feucht
LAGE: sonnig bis schattig, windgeschützt
FARBE: Blüte weiß, gelegentlich später mit blauschwarzen Früchten
BLÜTEZEIT: Spätfrühling bis Frühsommer
DÜNGUNG: Frühling
SCHNITT: Totes Holz im Frühling herausnehmen.
WEITERE HINWEISE: Ein dicht wachsender Strauch mit immergrünen, lederartigen Blättern mit starker Aderzeichnung, in rauen Lagen Winterschutz empfehlenswert.

Vitis coignetiae
Rostrote Rebe
BODEN: feucht, lehmig
LAGE: sonnig bis schattig
FARBE: fantastische Herbstfärbung mit Orange-, Rot-, Kupfer- und Purpurtönen
DÜNGUNG: Frühling
SCHNITT: Jederzeit, um Form und Größe zu wahren.
WEITERE HINWEISE: Sehr große Blätter, daher oft verwendet, um unschöne Gebäude zu verdecken, braucht Platz.

1

2

3

4

5

6

7

8

9

EIN SCHATTIGES BEET VOR EINER MAUER: STAUDEN UND STRÄUCHER

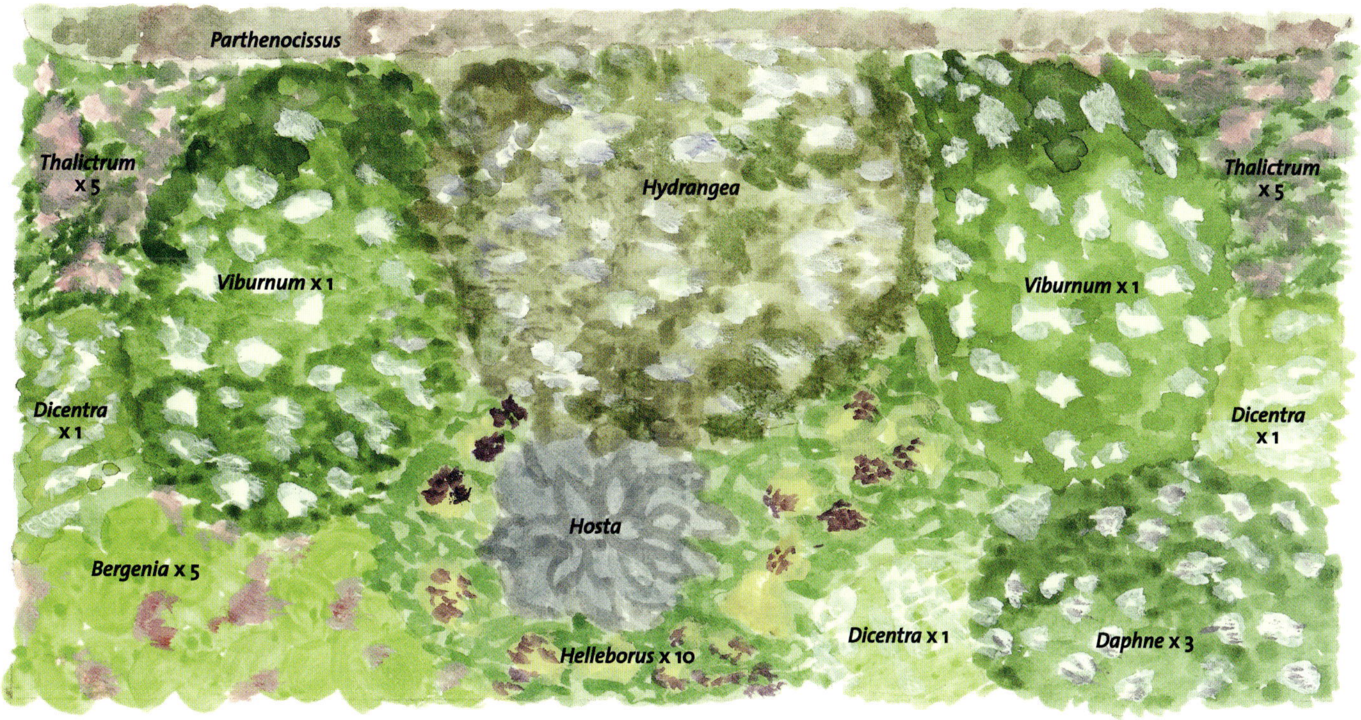

	DIE PFLANZEN	ANZAHL
1	*Dicentra spectabilis* 'Alba'	3
2	*Bergenia*, rosa blühende Sorte (etwa *B.* 'Sunningdale' oder *B. cordifolia*)	5
3	*Thalictrum delavayi*	10
4	*Helleborus orientalis* (oder deren Kreuzungen)	10
5	*Viburnum* x *burkwoodii*	2
6	*Daphne tangutica*	3
7	*Parthenocissus henryana*	1
8	*Hydrangea villosa* (auch als Villosa-Gruppe bekannt)	1
9	*Hosta* 'Hadspen Blue'	1

GRÖSSE UND PFLANZABSTAND

Bergenia: 45 cm x 30 cm, mit 30 cm Abstand setzen.

Daphne tangutica: 90 cm x 60 cm, mit 30 cm Abstand setzen.

Dicentra spectabilis 'Alba': 90 cm x 60 cm, mit etwa 60 cm Abstand setzen.

Helleborus orientalis: 60 cm x 45 cm, mit 30 cm Abstand setzen.

Hosta 'Hadspen Blue': 30 cm x 30 cm, mit etwa 30 cm Abstand setzen.

Hydrangea villosa: 150 cm x 150 cm, mit etwa 75 cm Abstand von der Mauer setzen.

Parthenocissus henryana: wächst sehr stark, etwa 30 cm vor der Mauer setzen.

Thalictrum delavayi: 120 cm x 45 cm, mit 30 cm Abstand setzen.

Viburnum x *burkwoodii*: 150 cm x 140 cm, etwa 100 cm von der *Hydrangea* entfernt setzen.

ZUSATZBEPFLANZUNG

FRÜHLINGSBLÜHER

Im Herbst:
Um die Sträucher weiße Tulpen setzen, etwa 50 'Purissima' und 50 'White Triumphator'.

SOMMERBLÜHER

Im Frühling:
Lavendelfarbene Stiefmütterchen an der Vorderseite des Beets setzen, die nach dem Tränenden Herzen dort die Blüte fortsetzen.

Fliederfarbene Fleißige Lieschen (*Impatiens*) in alle Lücken vor den Sträuchern setzen.

Im Spätfrühling:
Ziertabak (*Nicotiana sylvestris*) und *N. affinis* pflanzen: *N. sylvestris* im Hintergrund und *N. affinis* vor den Sträuchern.

ALLGEMEINE PFLEGEHINWEISE

Nacktschnecken im Frühling schon vor dem Austrieb der Funkie und der Bergenien bekämpfen.

Im Frühling Volldünger geben.

Im Herbst altes Laub abräumen und mit Knochenmehl düngen.

Im Winter mulchen.

Bei den neu gepflanzten Sträuchern auf ausreichende Bewässerung achten.

DIE PFLANZEN IM EINZELNEN

***Bergenia*, rosa blühende Sorte**

BODEN: durchlässig
LAGE: sonnig bis schattig
BLÜTENFARBE: Rosa
BLÜTEZEIT: zeitig im Frühling
DÜNGUNG: Frühling
SCHNITT: Alte unansehnliche Blütenstände und braune Blätter entfernen.
WEITERE HINWEISE: Sehr schöne, den Boden bedeckende Staude mit großen, fleischigen Blättern und lange haltenden Blüten auf hohen, kräftigen Stängeln. Auf Schnecken aller Art achten. Bergenien bilden Ableger, die von der Mutterpflanze abgetrennt und woanders neu gepflanzt werden können.

Daphne tangutica
Tangutischer Seidelbast
BODEN: lehmig, feucht und durchlässig
LAGE: halbschattig bis schattig
BLÜTENFARBE: Weiß mit rosa Hauch
BLÜTEZEIT: Vorfrühling bis Frühling
DÜNGUNG: Frühling
SCHNITT: Nicht schneiden.
WEITERE HINWEISE: Unter zusagenden Bedingungen bildet die Pflanze eine Vielzahl wundervoll duftender Blüten, die sich gut für die Vase eignen; schon ein kleiner Zweig erfüllt den ganzen Raum mit seinem Duft.

***Dicentra spectabilis* 'Alba'**
Weißes Tränendes Herz
BODEN: nährstoffreich
LAGE: sonnig bis schattig
BLÜTENFARBE: Weiß
BLÜTEZEIT: Frühling bis Frühsommer
DÜNGUNG: Frühling
SCHNITT: Nicht schneiden.
WEITERE HINWEISE: Schönes, farnähnliches Laub und herzförmige Blüten, pflegeleicht, gedeiht zwischen Gehölzen wie im Beet gleichermaßen. Kann im Frühling geteilt werden.

Helleborus orientalis
Orientalische Christrose
BODEN: Feucht, soll nicht austrocknen.
LAGE: am besten halbschattig
BLÜTENFARBE: Weiß, Rosa, grünliches Rosa, Purpur
BLÜTEZEIT: Spätwinter bis Frühling
DÜNGUNG: mit Knochenmehl im Herbst und Volldünger im Frühling
SCHNITT: Altes Laub vor der Blüte entfernen, Blütenstände entfernen, wenn sie absterben. Von Zeit zu Zeit schwache Pflanzenteile entfernen.
WEITERE HINWEISE: Bildet an zusagenden Standorten reichlich Sämlinge. Die schön gefärbten Blüten können zwar in der Vase verwendet werden, neigen aber dazu, rasch zu welken. Am besten lässt man die Blüten in einer Schale mit Wasser schwimmen.

***Hosta* 'Hadspen Blue'**
Funkie
BODEN: durchlässig, aber feucht bleibend, mit Lauberde oder Stallmist
LAGE: sonnig bis halbschattig
FARBE: Blätter blaugrün, Blüten weiß, über den Blätter stehend
BLÜTEZEIT: Hoch- bis Spätsommer
DÜNGUNG: Frühling
SCHNITT: Nicht schneiden.
WEITERE HINWEISE: Wichtig ist die Bekämpfung von Nacktschnecken ab dem Zeitpunkt, an dem die Pflanzen austreiben, im Übrigen sind Funkien pflegeleicht und können viele Jahre am Platz bleiben.

Hydrangea villosa
Raue Hortensie
BODEN: nährstoffreich, nicht austrocknend
LAGE: halbschattig
BLÜTENFARBE: Lilablau bis Violett
BLÜTEZEIT: Spätsommer
DÜNGUNG: Frühling
SCHNITT: Nicht schneiden, Blüten den Winter über belassen.
WEITERE HINWEISE: ein schöner Blickfang und ein pflegeleichter Strauch

Parthenocissus henryana
Chinesische Jungfernrebe
BODEN: jeder Gartenboden
LAGE: sonnig bis schattig
FARBE: Wegen der Blattfärbung gepflanzt: im Sommer rosa, weiß und dunkelgrün, im Herbst rot und goldgelb.
BLÜTEZEIT: Sommer, Blüten unauffällig gelbgrün
DÜNGUNG: Frühling
SCHNITT: Im Herbst, wenn die Pflanze zu groß wird.
WEITERE HINWEISE: Bedeckt unter zusagenden Bedingungen rasch große Flächen, wenn nötig, zurückschneiden. Nur in milden Lagen hart, sonst auf *P. quinquefolia* var. *engelmannii* zurückgreifen.

Thalictrum delavayi
Wiesenraute
BODEN: jeder Gartenboden
LAGE: leicht schattig bis sonnig
BLÜTENFARBE: Purpur mit cremefarbenen Staubblättern
BLÜTEZEIT: Früh- bis Spätsommer
DÜNGUNG: Frühling
SCHNITT: Alte Blütenstände im Spätherbst auf 30 cm zurückschneiden.
WEITERE HINWEISE: Sehr schönes, farnähnliches Laub, das wie die Blüten leicht und luftig wirkt.

Viburnum* x *burkwoodii
Wintergrüner Duftschneeball
BODEN: nährstoffreich
LAGE: Verträgt Sonne wie auch Schatten.
BLÜTENFARBE: Knospen rosa, Blüte weiß
BLÜTEZEIT: Mittwinter bis Spätfrühling
DÜNGUNG: Frühling
SCHNITT: Nach der Blüte, aber nur, um kranke Triebe zu entfernen oder zu dicht gewordene Pflanzen auszulichten.
WEITERE HINWEISE: Ein problemloser Strauch mit stark duftenden Blüten im Winter, die sich gut für die Vase eignen.

1

2

3

4

5

6

7

8

9

10

11

EIN SCHATTIGES BEET VOR EINER MAUER: STAUDEN UND STRÄUCHER

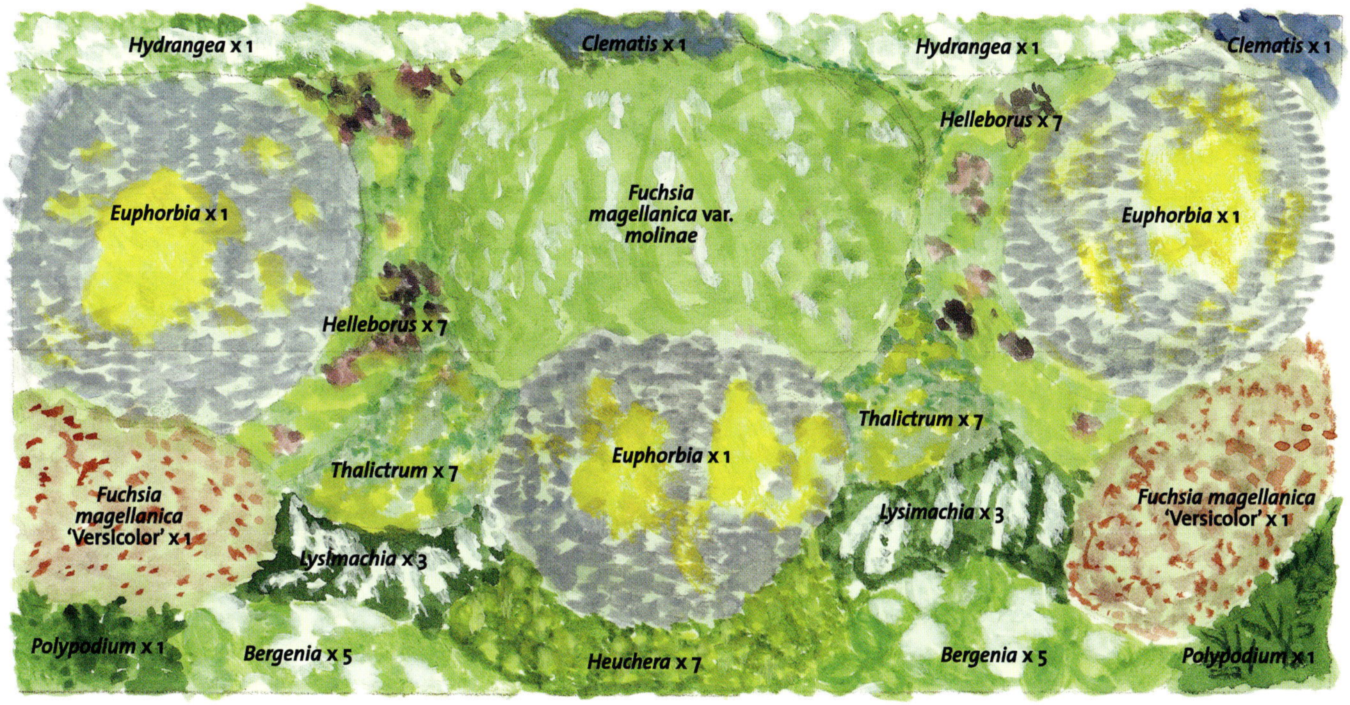

	DIE PFLANZEN	ANZAHL
1	*Euphorbia characias* subsp. *wulfenii*	3
2	*Fuchsia magellanica* var. *molinae* (auch als *F. magellanica* 'Alba' bekannt)	1
3	*Clematis* 'Blue Bird'	2
4	*Lysimachia ephemerum*	6
5	*Heuchera cylindrica* 'Greenfinch'	7
6	*Helleborus orientalis* 'Sirius' (auch zu den Orientalis-Hybriden gerechnet)	14
7	*Bergenia* 'Bressingham White'	10
8	*Thalictrum aquilegiifolium* 'Thundercloud'	14
9	*Polypodium vulgare*	2
10	*Fuchsia magellanica* 'Versicolor'	2
11	*Hydrangea anomala* subsp. *petiolaris*	2

GRÖSSE UND PFLANZABSTAND

Bergenia 'Bressingham White': 30 cm x 30 cm, mit 30 cm Abstand setzen.

Clematis 'Blue Bird': 180 cm x 120 cm, etwa 30 cm vor der Mauer setzen.

Euphorbia characias subsp. *wulfenii*: 120 cm x 120 cm, mit etwa 150 cm Abstand setzen.

Fuchsia magellanica var. *molinae*: 150 cm x 120 cm

Fuchsia magellanica 'Versicolor': 90 cm x 90 cm

Helleborus orientalis 'Sirius': 40 cm x 30 cm, mit 30 cm Abstand setzen.

Heuchera cylindrica 'Greenfinch': 30 cm x 25 cm, mit 30 cm Abstand setzen.

Hydrangea anomala subsp. *petiolaris*: 450 cm x 120 cm, etwa 30 cm vor der Mauer setzen.

Lysimachia ephemerum: 120 cm x 30 cm, mit 30 cm Abstand setzen.

Polypodium vulgare: 25 cm x 30 cm, mit etwa 20 cm Abstand von den Fuchsien setzen.

Thalictrum aquilegiifolium 'Thundercloud': 120 cm x 45 cm, mit 45 cm Abstand setzen.

ZUSATZBEPFLANZUNG

FRÜHLINGSBLÜHER

Im Herbst:
50 *Narcissus* 'Hawera' im Beet verteilt setzen.

20 weiße und hellrosa Polyanthus-Primeln im Beet verteilt setzen.

20 Milchsterne (*Ornithogalum arabicum*) in Fünfergruppen setzen.

50 Hasenglöckchen (*Hyacinthoides non-scripta*) im Beet verteilt setzen.

20 Hundszahnlilien (*Erythronium dens-canis*) in Fünfergruppen vorne im Beet setzen.

SOMMERBLÜHER

Im Frühling:
50 rosa, weiße und blaue Veilchen an freie Stellen vorne im Beet setzen.

25 weiße Fleißige Lieschen (*Impatiens*) an freie Stellen im Beet setzen.

ALLGEMEINE PFLEGEHINWEISE

Die Mauer mit Kletterhilfen versehen (s. Seite 9).

Im Frühling Volldünger geben.

Fuchsien im Frühling bei Bedarf kräftig zurückschneiden.

Die Kletterpflanzen im ersten Jahr sorgfältig aufbinden. Die Kletterhortensie hält sich später selbst, die Clematis muss man aber auch später anbinden, um ihren Wuchs zu lenken.

Die Blütenstände der Wolfsmilch (*Euphorbia*) abschneiden, wenn sie nicht mehr schön aussehen, dabei darauf achten, nicht mit dem hautreizenden Milchsaft in Berührung zu kommen.

Das Beet im Herbst säubern und mit gut abgelagertem Stallmist im Winter mulchen.

Unter den Nieswurz im Winter Kies ausbringen, damit die Blüten bei Regen nicht mit Erde beschmutzt werden.

DIE PFLANZEN IM EINZELNEN

***Bergenia* 'Bressingham White'**
BODEN: durchlässig
LAGE: sonnig bis schattig
BLÜTENFARBE: Weiß
BLÜTEZEIT: zeitiger Frühling
DÜNGUNG: Frühling
SCHNITT: Alte unansehnliche Blütenstände und braune Blätter entfernen.
WEITERE HINWEISE: Sehr schöne, den Boden bedeckende Staude mit großen, fleischigen Blättern und lange haltenden Blüten auf hohen, kräftigen Stängeln. Auf Schnecken aller Art achten.

***Clematis* 'Blue Bird'**
BODEN: nährstoffreich, mit Lauberde oder Stallmist
LAGE: Verträgt Sonne wie Schatten.
BLÜTENFARBE: Lavendelblau mit grünlich weißer Mitte
BLÜTEZEIT: Frühling bis Spätfrühling
DÜNGUNG: Frühling
SCHNITT: Nur nach der Blüte auslichten, wenn nötig.
WEITERE HINWEISE: recht große, nickende Blüten mit einem sehr schönen hellen Blau

Euphorbia characias* subsp. *wulfenii
Mittelmeer-Wolfsmilch
BODEN: normal, durchlässig
LAGE: sonnig bis schattig
BLÜTENFARBE: gelblich grüne Hochblätter über graugrünem Laub
BLÜTEZEIT: Spätfrühling bis Hochsommer
DÜNGUNG: Frühling

SCHNITT: Abgeblühte Triebe bodennah zurückschneiden.
WEITERE HINWEISE: Sehr imposante Art, im ersten Jahr mit charakteristisch graugrün beblätterten Trieben, an denen im zweiten Jahr grünlich gelbe Blütenstände erscheinen. Kontakt mit dem hautreizenden Milchsaft vermeiden, beim Rückschnitt Handschuhe tragen. Nur in milden Lagen ausreichend winterhart.

Fuchsia magellanica* var. *molinae
Weiße Fuchsie
BODEN: jeder Gartenboden
LAGE: sonnig bis schattig
BLÜTENFARBE: ganz helles Rosa, im Verblühen dann weiß
BLÜTEZEIT: Frühsommer bis Herbst
DÜNGUNG: Frühling
SCHNITT: Wenn nötig, im Frühling.
WEITERE HINWEISE: Passt gut zu anderen Sträuchern im Naturgarten oder im Beet. Recht anspruchslos an Boden und Lage, in Mitteleuropa aber nicht auspflanzen, sondern als Kübelpflanze frostfrei überwintern.

***Fuchsia magellanica* 'Versicolor'**
Fuchsie
BODEN: jeder Gartenboden
LAGE: halbschattig bis schattig
BLÜTENFARBE: Rot
BLÜTEZEIT: Frühsommer bis Frühherbst
DÜNGUNG: Frühling
SCHNITT: Im Frühling bis knapp über dem Boden zurückschneiden.
WEITERE HINWEISE: Überhängende Triebe, Blätter rosa, grün und cremefarben. In Mitteleuropa nicht auspflanzen, sondern als Kübelpflanze frostfrei überwintern.

***Helleborus orientalis* 'Sirius'**
Orientalische Christrose
BODEN: Feucht, soll nicht austrocknen.
LAGE: halbschattig
BLÜTENFARBE: Weiß, Rosa, grünliches Rosa, Purpur
BLÜTEZEIT: Spätwinter bis Frühling
DÜNGUNG: mit Knochenmehl im Herbst und Volldünger im Frühling
SCHNITT: Altes Laub vor der Blüte entfernen, Blütenstände entfernen, wenn sie absterben.
Die schön gefärbten Blüten können zwar in der Vase verwendet werden, neigen aber dazu, rasch zu welken. Am besten lässt man die Blüten in einer Schale mit Wasser schwimmen.

***Heuchera cylindrica* 'Greenfinch'**
Purpurglöckchen
BODEN: trocken bis feucht, aber nicht staunass
LAGE: halbschattig
BLÜTENFARBE: Hellgrün
BLÜTEZEIT: Spätfrühling bis Hochsommer
DÜNGUNG: Frühling
SCHNITT: Abgestorbene Blütentriebe entfernen.
WEITERE HINWEISE: Die Blätter sind nicht ganz so schön wie bei anderen Purpurglöckchen, doch die hellgrünen Blüten sind so ungewöhnlich, dass die Pflanze einen Platz im Beet verdient hat.

Hydrangea anomala* subsp. *petiolaris
Kletterhortensie
BODEN: jeder Gartenboden
LAGE: halbschattig
BLÜTENFARBE: Weiß
BLÜTEZEIT: Spätfrühling bis Spätsommer
DÜNGUNG: Frühling
SCHNITT: Nur schneiden, um die Form zu wahren, kann bei zu starkem Wuchs zurückgeschnitten werden.
WEITERE HINWEISE: Sehr schöne, sich selbst haltende Kletterpflanze. Benötigt einige Zeit, um sich zu etablieren, gedeiht dann aber sehr gut.

Lysimachia ephemerum
Iberischer Gilbweiderich
BODEN: jeder, der nicht austrocknet
LAGE: Verträgt Sonne wie Schatten.
BLÜTENFARBE: Weiß
BLÜTEZEIT: Hochsommer bis Frühherbst
DÜNGUNG: Frühling
SCHNITT: Verblühte Triebe auf 30 cm zurückschneiden.
WEITERE HINWEISE: Auch ohne Anbinden aufrecht wachsende Pflanze, sehr gut als Begleitpflanze im schattigen Beet. Im Weinbauklima genügend hart, sonst Winterschutz geben.

Polypodium vulgare
Tüpfelfarn
BODEN: jeder, der nicht austrocknet
LAGE: schattig
FARBE: gesundes, kräftiges Blattgrün
BLÜTEZEIT: Blüht nicht.
DÜNGUNG: Frühling
SCHNITT: Nicht schneiden.
WEITERE HINWEISE: Ein Farn mit schmalen, fischgrätenartig geschnittenen Wedeln, setzt Strukturen im Beet.

***Thalictrum aquilegiifolium* 'Thundercloud'**
Wiesenraute
BODEN: jeder Gartenboden
LAGE: sonnig bis schattig
BLÜTENFARBE: Weiß, Staubblätter purpurn, Blätter graugrün
BLÜTEZEIT: Spätfrühling bis Frühsommer
DÜNGUNG: Frühling
SCHNITT: Spätherbst, auf 30 cm zurückschneiden.
WEITERE HINWEISE: Anmutige Staude mit graugrünen Blättern, die an Frauenhaarfarn erinnern.

EIN SCHATTIGES BEET VOR EINER MAUER: BLAU UND WEISS

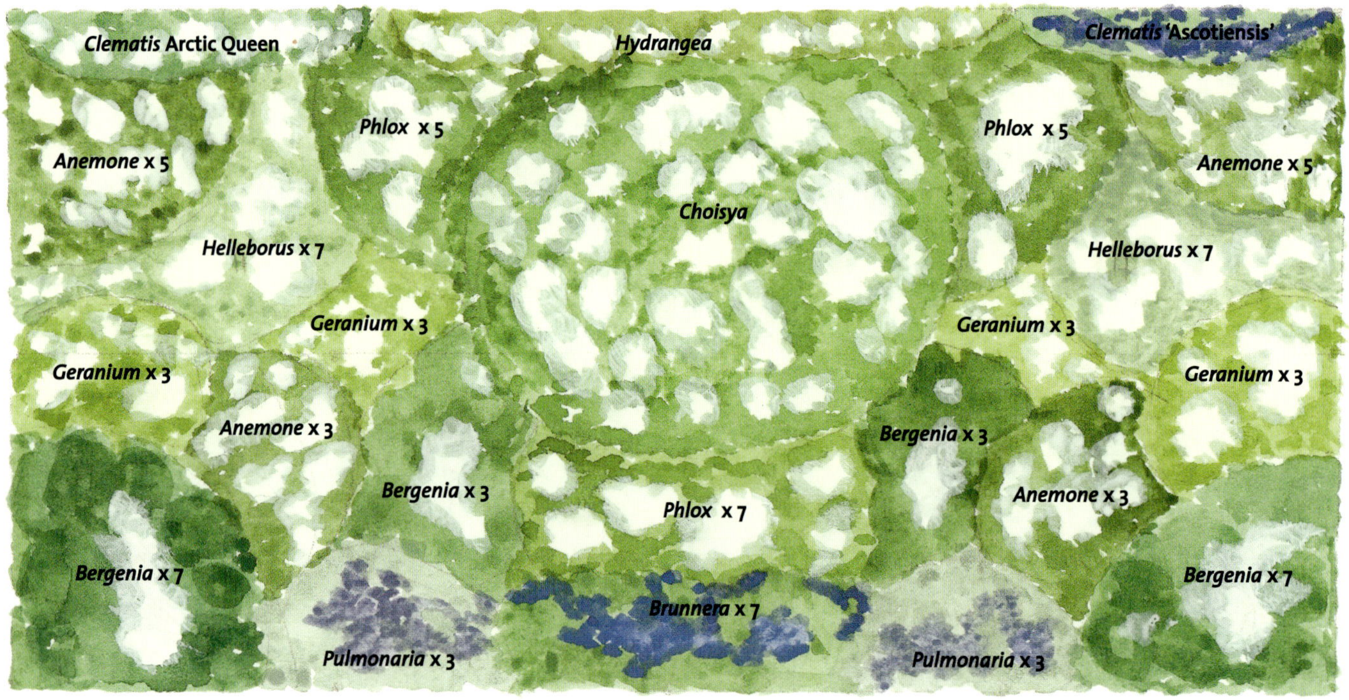

	DIE PFLANZEN	ANZAHL
1	*Clematis* 'Ascotiensis'	1
2	*Clematis* Arctic Queen (oder eine andere reinweiße gefüllte Sorte wie etwa 'Duchess of Edinburgh')	1
3	*Hydrangea anomala* subsp. *petiolaris*	1
4	*Helleborus niger*	14
5	*Phlox paniculata* var. *alba*	17
6	*Brunnera macrophylla*	7
7	*Bergenia* 'Bressingham White'	20
8	*Anemone* x *hybrida* 'Honorine Jobert'	16
9	*Choisya ternata*	1
10	*Geranium phaeum* 'Album'	12
11	*Pulmonaria* 'Blue Ensign'	6

1

2

3

4

5

6

7

8

9

10

11

GRÖSSE UND PFLANZABSTAND

Anemone x *hybrida* 'Honorine Jobert': 90 cm x 60 cm, mit 30 cm Abstand setzen.

Bergenia 'Bressingham White': 30 cm x 30 cm, mit 30 cm Abstand setzen.

Brunnera macrophylla: 45 cm x 45 cm, mit 30 cm Abstand setzen.

Choisya ternata: 150 cm x 150 cm

Clematis 'Ascotiensis': 360 cm x 120 cm, etwa 30 cm vor der Mauer setzen.

Clematis Arctic Queen: 360 cm x 90 cm, etwa 30 cm vor der Mauer setzen.

Geranium phaeum 'Album': 45 cm x 30 cm, mit 30 cm Abstand setzen.

Helleborus niger: 20 cm x 20 cm, mit 20 cm Abstand setzen.

Hydrangea anomala subsp. *petiolaris*: 450 cm x 120 cm, etwa 30 cm vor der Mauer setzen.

Phlox paniculata var. *alba*: 110 cm x 45 cm, mit 30 cm Abstand setzen.

Pulmonaria 'Blue Ensign': 30 cm x 30 cm, mit 30 cm Abstand setzen.

ZUSATZBEPFLANZUNG

FRÜHLINGSBLÜHER

Im Herbst:
50 *Narcissus* 'Minnow' in Zehnergruppen zur Vorderseite des Beets hin setzen.

50 Traubenhyazinthen (*Muscari armeniacum*) 'Blue Spike' im Beet verteilt setzen.

Im Frühling:
50 Schneeglöckchen (*Galanthus nivalis*) in Zehnergruppen setzen, am besten nach der Blüte.

20 blau blühende Krokusse einzeln übers Beet verteilt setzen.

10 Lerchensporn (*Corydalis flexuosa* 'Père David') in zwei Fünfergruppen setzen.

SOMMERBLÜHER

Im Frühling 30 Ziertabak (*Nicotiana sylvestris*) als Hintergrund pflanzen.

Weiße Fleißige Lieschen (*Impatiens*) in Lücken setzen.

50 blaue und weiße Stiefmütterchen vorne im Beet setzen.

ALLGEMEINE PFLEGEHINWEISE

Die Mauer mit Kletterhilfen versehen (s. Seite 9).

Das Beet im Vorfrühling säubern.

Im Frühling mit Lauberde oder Kompost mulchen.

Auf Nacktschnecken achten, besonders im Frühling, und diese bekämpfen.

Die Narzissen erst dann düngen und die Blätter abschneiden, wenn diese gelb werden.

Im Frühling Volldünger geben.

Die *Clematis* sorgfältig anbinden und mit Bambusstäben an die Kletterhilfe leiten.

Die Orangenblume (*Choisya*) bei Bedarf nach der ersten Blüte zurückschneiden.

Das Beet im Frühherbst abräumen.

DIE PFLANZEN IM EINZELNEN

Anemone* x *hybrida
'Honorine Jobert'
Gartenanemone
BODEN: nährstoffreich, nicht austrocknend
LAGE: halbschattig
BLÜTENFARBE: Weiß mit gelber Mitte
BLÜTEZEIT: Spätsommer bis Herbst
DÜNGUNG: Frühling
SCHNITT: Blütenstände nach der Blüte zurückschneiden.
WEITERE HINWEISE: Schöner Spätsommerblüher, der gut zu Sträuchern passt. Verträgt das Umpflanzen schlecht, breitet sich aber, einmal angewachsen, rasch aus und muss dann zuweilen etwas im Zaum gehalten werden.

***Bergenia* 'Bressingham White'**
BODEN: durchlässig
LAGE: sonnig bis schattig
BLÜTENFARBE: Weiß
BLÜTEZEIT: zeitiger Frühling
DÜNGUNG: Frühling
SCHNITT: Alte unansehnliche Blütenstände und braune Blätter entfernen.
WEITERE HINWEISE: Sehr schöne, den Boden bedeckende Staude mit glänzenden, runden, dunkelgrünen Blättern. Pflegeleicht, muss aber vor Schnecken geschützt werden.

Brunnera macrophylla
Kaukasusvergissmeinnicht
BODEN: jeder Gartenboden
LAGE: sonnig bis schattig
BLÜTENFARBE: leuchtendes Blau
BLÜTEZEIT: Vor- bis Spätfrühling

DÜNGUNG: Frühling
SCHNITT: Alte unansehnliche Blütenstände abschneiden.
WEITERE HINWEISE: Zuverlässig, anspruchslos, bedeckt im Frühling den Boden dicht mit blauen Blütenständen.

Choisya ternata
Orangenblume
BODEN: jeder Gartenboden
LAGE: sonnig bis schattig
BLÜTENFARBE: Weiß
BLÜTEZEIT: Frühling bis Frühsommer, geringe Nachblüte im Herbst
DÜNGUNG: Frühling
SCHNITT: Kann nach der Blüte, wenn nötig, sehr kräftig zurückgeschnitten werden.
WEITERE HINWEISE: Ein sehr schöner Strauch mit beim Zerreiben aromatisch duftenden Blättern, auch für Blumensträuße. Nur in sehr milden Gegenden ausreichend hart, sollte dort aber häufiger gepflanzt werden.

***Clematis* 'Ascotiensis'**
BODEN: nährstoffreich, mit Stallmist oder Lauberde
LAGE: sonnig bis halbschattig
BLÜTENFARBE: Dunkelblauviolett
BLÜTEZEIT: Hochsommer bis Frühherbst
DÜNGUNG: Frühling, dann den Sommer über alle 2 Wochen Flüssigdünger geben.
SCHNITT: Im Spätwinter, knapp über einem Blattpaar auf 30 cm über dem Boden zurückschneiden.
WEITERE HINWEISE: Blüht sehr reich, Blüten intensiv gefärbt.

***Clematis* Arctic Queen (oder eine andere reinweiße und früh blühende Sorte)**
BODEN: nährstoffreich, mit Stallmist oder Lauberde.
LAGE: sonnig bis halbschattig
BLÜTENFARBE: Weiß, Blüten gefüllt
BLÜTEZEIT: Spätfrühling bis Frühsommer und nochmals im Spätsommer
DÜNGUNG: Frühling
SCHNITT: Im Februar auf 45 cm zurückschneiden.
WEITERE HINWEISE: Sehr schöne, gefüllte, weiße Blüten, außen mit grünen und weißen Blütenblättern. Wächst zuweilen schwer an, lohnt aber die Mühe.

***Geranium phaeum* 'Album'**
Brauner Storchschnabel
BODEN: jeder Gartenboden
LAGE: schattig bis halbschattig
BLÜTENFARBE: Weiß
BLÜTEZEIT: Spätfrühling bis Hochsommer
DÜNGUNG: Frühling
SCHNITT: Alte Blütenstände bis zum Boden zurückschneiden.
WEITERE HINWEISE: sehr guter Bodendecker für schattige Lagen

Helleborus niger
Christrose
BODEN: nährstoffreich, feucht
LAGE: schattig bis halbschattig
BLÜTENFARBE: Weiß
BLÜTEZEIT: Winter bis Frühling
DÜNGUNG: mit Knochenmehl im Spätherbst und mit Volldünger nach der Blüte
SCHNITT: Lediglich alte Blätter vor und abgeblühte Blütenstände nach der Blüte entfernen.
WEITERE HINWEISE: einer der ersten Blüher im Jahr, ein Vorbote des Frühlings

Hydrangea anomala* subsp. *petiolaris
Kletterhortensie
BODEN: jeder Gartenboden
LAGE: schattig bis halbschattig
BLÜTENFARBE: Weiß
BLÜTEZEIT: Spätfrühling bis Spätsommer
DÜNGUNG: Frühling
SCHNITT: Nicht notwendig, allenfalls, um die Form zu verbessern oder den Wuchs einzuschränken.
WEITERE HINWEISE: Die Pflanze hält sich mit Haftwurzeln selbst, benötigt aber etwas Zeit, bis sie richtig loslegt.

Phlox paniculata* var. *alba
Flammenblume, Phlox
BODEN: nährstoffreich, nicht austrocknend, aber durchlässig
LAGE: sonnig bis halbschattig
BLÜTENFARBE: Weiß
BLÜTEZEIT: Hochsommer bis Frühherbst
DÜNGUNG: Frühling
SCHNITT: Nach der Blüte auf 30 cm zurückschneiden.
WEITERE HINWEISE: Ein stattlicher Phlox, der angenehm duftet. Zu groß gewordene Stöcke können im Herbst oder Frühling mit dem Spaten geteilt werden.

***Pulmonaria* 'Blue Ensign'**
Lungenkraut
BODEN: jeder Gartenboden
LAGE: sonnig bis schattig
BLÜTENFARBE: kräftiges, leuchtendes Blau
BLÜTEZEIT: Spätwinter bis Vorfrühling
DÜNGUNG: Frühling
SCHNITT: Nach der Blüte die ganze Pflanze bis zum Boden zurückschneiden. So erscheint neues, gesundes Laub und wird verhindert, dass sich die Pflanze selbst aussät.
WEITERE HINWEISE: Ein schöner Frühlingsblüher mit leuchtend blauen Blüten, die sich öffnen, bevor das dunkelgrüne Laub voll entfaltet ist.

EIN SCHATTIGES BEET VOR EINER MAUER: GELB UND WEISS

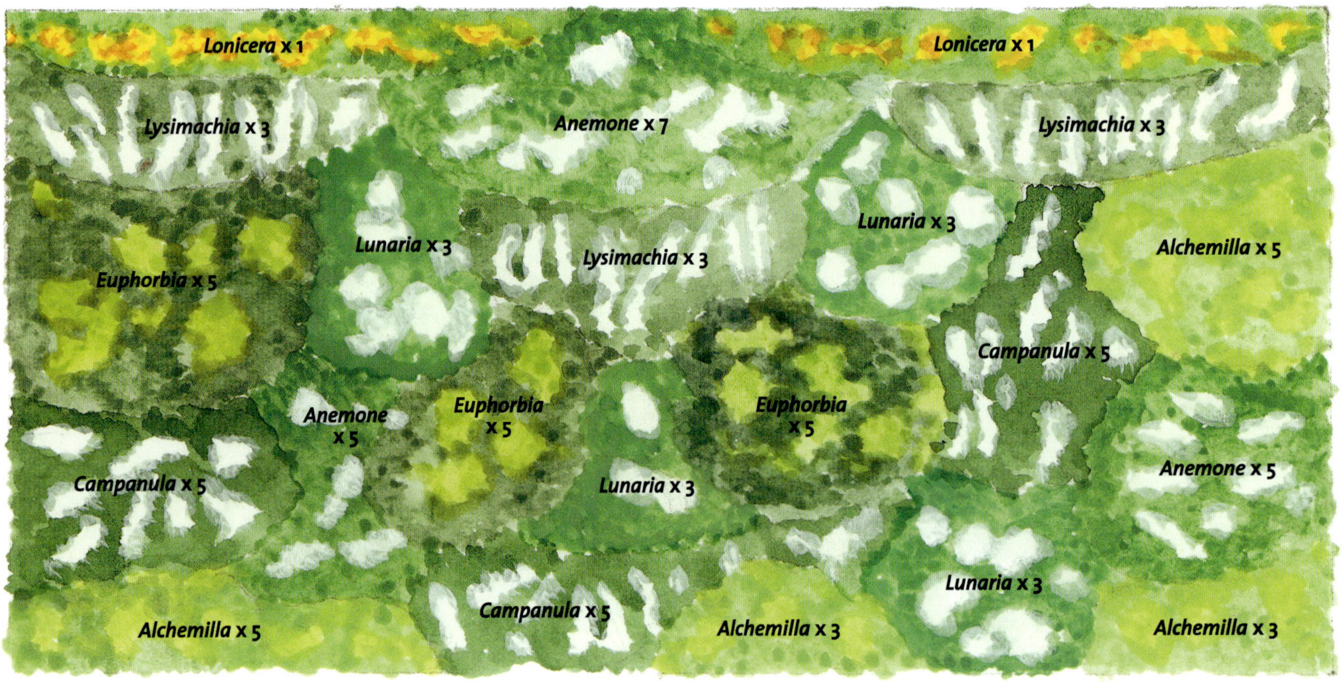

	DIE PFLANZEN	ANZAHL
1	*Euphorbia amygdaloides* var. *robbiae*	15
2	*Anemone* x *hybrida* 'Honorine Jobert'	17
3	*Lonicera tragophylla*	2
4	*Lysimachia ephemerum*	9
5	*Campanula persicifolia* var. *alba*	15
6	*Alchemilla mollis*	16
7	*Lunaria annua* var. *albiflora*	12

1

2

3

4

5

6

7

GRÖSSE UND PFLANZABSTAND

Alchemilla mollis: 30 cm x 30 cm, mit 30 cm Abstand setzen.

Anemone x *hybrida* 'Honorine Jobert': 90–120 cm x 60 cm, mit 30 cm Abstand setzen.

Campanula persicifolia var. *alba*: 75 cm x 30 cm, mit 20 cm Abstand setzen.

Euphorbia amygdaloides var. *robbiae*: 30 cm x 30 cm, mit 30 cm Abstand setzen.

Lonicera tragophylla: 600 cm x 180 cm

Lunaria annua var. *albiflora*: 60 cm x 30 cm, mit 30 cm Abstand setzen.

Lysimachia ephemerum: 120 cm x 30 cm

ZUSATZBEPFLANZUNG

FRÜHLINGSBLÜHER

Im Herbst:
25 Kissenprimeln (*Primula vulgaris*) übers Beet verteilt setzen.

20 Knotenblumen (*Leucojum aestivum*) übers Beet verteilt setzen.

50 Träubelhyazinthen (*Muscari armeniacum* 'Blue Spike') zusammen mit 50 *Narcissus* 'Hawera' vorne im Beet setzen.

40 weiße *Narcissus* 'Cheerfulness' hinten im Beet setzen.

20 *Tulipa* 'Bellona' und 20 *T.* 'Purissima' übers Beet verteilt setzen.

SOMMERBLÜHER

Im Frühling:
15 weiße Fingerhüte (*Digitalis purpurea* f. *albiflora*) und 20 Milchsterne (*Ornithogalum arabicum*) an freie Stellen im Beet setzen.

Im Spätfrühling weiße Fleißige Lieschen (*Impatiens*) an Stellen setzen, wo im Sommer Lücken sein werden.

Im Herbst:
20 Präriekerzen (*Camassia quamash*) übers Beet verteilt setzen.

ALLGEMEINE PFLEGEHINWEISE

Die Mauer mit Kletterhilfen versehen (s. Seite 9).

Im Frühling Volldünger geben.

Bei der *Lonicera* auf Blattlausbefall achten und, wenn nötig, durch Absammeln, Sprühen mit Wasser oder Spritzen bekämpfen.

Abgeblühte Blütenstände abschneiden.

Die Tulpen düngen und die Blätter abschneiden, wenn diese gelb werden.

Die *Lonicera* laufend anbinden, sie wächst recht schnell.

Die Fleißigen Lieschen nach dem ersten Frost entfernen.

DIE PFLANZEN IM EINZELNEN

Alchemilla mollis
Frauenmantel
BODEN: Jeder, der nicht sumpfig ist.
LAGE: sonnig bis schattig
BLÜTENFARBE: grünliches Gelb
BLÜTEZEIT: Früh- und Hochsommer
DÜNGUNG: Frühling
SCHNITT: Nach der Blüte bodennah abschneiden, damit neue Blätter erscheinen und keine Sämlinge aufkommen.
WEITERE HINWEISE: Eine äußerst vielseitig verwendbare Pflanze mit zahllosen kleinen Blüten, die über den Blättern stehen und vom Tau benetzt besonders schön aussehen. Sehr gut für Sträuße, besonders zusammen mit Rosen, und zum Trocknen geeignet.

Anemone* x *hybrida
'Honorine Jobert'
Gartenanemone
BODEN: nährstoffreich, nicht austrocknend
LAGE: halbschattig
BLÜTENFARBE: Weiß mit gelber Mitte
BLÜTEZEIT: Spätsommer bis Herbst
DÜNGUNG: Frühling
SCHNITT: Blütenstände nach der Blüte zurückschneiden.
WEITERE HINWEISE: Schöner Spätsommerblüher, der gut zu Sträuchern passt. Verträgt das Umpflanzen schlecht, breitet sich aber, einmal angewachsen, rasch aus und muss dann zuweilen etwas im Zaum gehalten werden.

Campanula persicifolia* var. *alba
Pfirsichblättrige Glockenblume
BODEN: jeder Gartenboden
LAGE: sonnig bis schattig
BLÜTENFARBE: Weiß
BLÜTEZEIT: Früh- bis Spätsommer
DÜNGUNG: Frühling
SCHNITT: Alte Blütenstände im Spätherbst auf 30 cm zurückschneiden.
WEITERE HINWEISE: Aus der Mitte einer bodenständigen Blattrosette erheben sich hohe Blütenstände mit großen weißen, glockenähnlichen Blüten.

Euphorbia amygdaloides* var. *robbiae
Mandelblättrige Wolfsmilch
BODEN: jeder durchlässige Gartenboden
LAGE: sonnig bis schattig
BLÜTENFARBE: grünliches Gelb
BLÜTEZEIT: Frühling
DÜNGUNG: Frühling
SCHNITT: Alte, unansehnlich gewordene Blütenstände abschneiden.
WEITERE HINWEISE: Ansehnlicher immergrüner Bodendecker, der sich ausbreitet, sehr gut für schattige Lagen, benötigt Winterschutz durch eine Zweigdecke. Nur mit Handschuhen anfassen, da der Milchsaft Haut (und Augen) stark reizt.

Lonicera tragophylla
Bocksblättriges Geißblatt
BODEN: jeder Gartenboden
LAGE: Gedeiht auch in tiefem Schatten.
BLÜTENFARBE: Goldgelb
BLÜTEZEIT: Früh- und Hochsommer
DÜNGUNG: Frühling
SCHNITT: Nach der Blüte auf die gewünschte Höhe zurückschneiden.
WEITERE HINWEISE: Sehr schöne Pflanze, im Herbst mit roten Beeren, die man gut in Bäume klettern lassen kann. Im Frühjahr auf Blattläuse achten und, wenn nötig, von Hand beseitigen.

Lunaria annua* var. *albiflora
Silberling
BODEN: jeder Gartenboden
LAGE: sonnig bis schattig
BLÜTENFARBE: Weiß
BLÜTEZEIT: Frühling
DÜNGUNG: Frühling
SCHNITT: Nicht schneiden.
WEITERE HINWEISE: Damit sich die Pflanze nicht zu sehr vermehrt, sollte man sie im Herbst herausreißen und mitsamt der silbrigen Schoten beseitigen.

Lysimachia ephemerum
Iberischer Gilbweiderich
BODEN: Jeder, der nicht austrocknet.
LAGE: Verträgt Sonne wie Schatten.
BLÜTENFARBE: Weiß
BLÜTEZEIT: Hochsommer bis Frühherbst
DÜNGUNG: Frühling
SCHNITT: Verblühte Triebe auf 30 cm zurückschneiden.
WEITERE HINWEISE: Auch ohne Anbinden aufrecht wachsende Pflanze, sehr gut als Begleitpflanze im schattigen Beet. Im Weinbauklima genügend hart, sonst Winterschutz geben.

1

2

3

4

5

6

7

8

BLÜTENFARBE: Lavendelblau
BLÜTEZEIT: Spätfrühling bis Spätsommer
DÜNGUNG: im Frühling nach der ersten Blüte
SCHNITT: Nach der Blüte zurückschneiden und auslichten.
WEITERE HINWEISE: Ein pflegeleichter, blau blühender Storchschnabel, der auch gut zu Gräsern passt.

Helleborus argutifolius
Korsische Nieswurz
BODEN: stets feucht, aber nicht sumpfig
LAGE: halbschattig
BLÜTENFARBE: Blassgrün
BLÜTEZEIT: Winter bis Frühsommer
DÜNGUNG: Knochenmehl im Spätherbst, Volldünger im Frühling
SCHNITT: Unansehnlich gewordene Blüten und Blätter entfernen.
WEITERE HINWEISE: eine skulpturale, ansehnliche Staude im Beet mit früh erscheinenden, auffällig grünen Blüten und grob gezähnten Blättern

***Hosta* 'Frances Williams'**
Funkie
BODEN: durchlässig, aber feucht, mit Lauberde oder Stallmist
LAGE: Am besten halbschattig bis schattig, damit die Blätter schön panaschiert bleiben.
BLÜTENFARBE: lavendelblaue Blütenstände
BLÜTEZEIT: Hochsommer bis Spätsommer
DÜNGUNG: Frühling
SCHNITT: Alte Blütenstände abschneiden.
WEITERE HINWEISE: Alle Funkien sind auffallende Stauden, bei 'Frances Williams' sind die Blätter kräftig dunkelgrün mit gelbgrünem Rand. Schon vor dem Austrieb auf Schnecken achten und diese bekämpfen.

***Hydrangea paniculata* 'Grandiflora'**
Rispenhortensie
BODEN: feucht, nährstoffreich
LAGE: schattig
BLÜTENFARBE: Knospen grünweiß, aufgeblüht rahmweiß, im Verblühen rosa verblassend
BLÜTEZEIT: Hochsommer bis Herbst
DÜNGUNG: Im Winter mulchen und im Frühling Volldünger geben.
SCHNITT: Nur schneiden, um unschön gewachsene Triebe zu entfernen.
WEITERE HINWEISE: ein ansehnlicher und dabei pflegeleichter Zierstrauch

***Pulmonaria* 'Lewis Palmer'**
Lungenkraut
BODEN: jeder Gartenboden
LAGE: Verträgt Sonne wie Schatten.
BLÜTENFARBE: intensives Purpurblau
BLÜTEZEIT: Spätwinter bis Frühling
DÜNGUNG: Frühling
SCHNITT: Nach der Blüte die ganze Pflanze bis zum Boden zurückschneiden. So erscheint neues, gesundes Laub und wird verhindert, dass sich die Pflanze selbst aussät.
WEITERE HINWEISE: Die Blütenstände erscheinen, bevor das Laub vollkommen entfaltet ist; voll entwickelt, sind die Blätter kräftig dunkelgrün mit silbrigen Flecken.

***Skimmia x confusa* 'Kew Green'**
BODEN: fruchtbar, nicht austrocknend
LAGE: Liebt Schatten.
BLÜTENFARBE: Weiß
BLÜTEZEIT: Frühling bis Spätfrühling
DÜNGUNG: Frühling
SCHNITT: Nicht schneiden.
WEITERE HINWEISE: Anspruchsloser, schöner immergrüner Zwergstrauch mit glänzend grünen Blättern, die einen schönen Hintergrund für andere Pflanzen liefern, und mit duftenden Blüten.

AM WASSER: SONNIG UND UFERNAH

	DIE PFLANZEN	ANZAHL
1	*Lysimachia vulgaris*	3
2	*Persicaria campanulata*	3
3	*Iris pseudacorus*	3
4	*Pontederia cordata*	6
5	*Rheum* 'Ace of Hearts'	1
6	*Iris ensata*	10
7	*Zantedeschia aethiopica*	14

1

2

3

4

5

6

7

GRÖSSE UND PFLANZABSTAND
Iris ensata: 60–90 cm, breitet sich aus; mit 45 cm Abstand setzen. *Iris pseudacorus*: 180 cm, breitet sich aus; mit 75 cm Abstand setzen. *Lysimachia vulgaris*: 120 cm x 120 cm, breitet sich aus; mit 75 cm Abstand setzen. *Persicaria campanulata*: 60–120 cm x 60 cm, breitet sich aus; mit 90 cm Abstand setzen. *Pontederia cordata*: 120 cm, breitet sich aus; mit 75 cm Abstand setzen. *Rheum* 'Ace of Hearts': 120 cm x 120 cm *Zantedeschia aethiopica*: 45–90 cm x 60 cm, mit 45 cm Abstand setzen.
ZUSATZBEPFLANZUNG
FRÜHLINGSBLÜHER Im Herbst: Je 25 Alpenveilchen *Cyclamen coum* und *C. c.* f. *pallidum* 'Album' in freie Stellen vorne und an den Seiten des Beets setzen. **SOMMERBLÜHER** Die Bepflanzung füllt das Beet binnen einem Jahr aus und bedarf keiner weiteren Pflanzen, eher wird man immer wieder Pflanzen in ihre Schranken weisen müssen.
ALLGEMEINE PFLEGEHINWEISE
Totes Laub im Frühling entfernen und das Beet säubern. Wenn nötig, zu stark wachsende Pflanzen auslichten und zurücknehmen. Die Blüten der Schwertlilien (*Iris*) abschneiden, wenn sie braun werden, und die Pflanzen, wann immer es nötig ist, auslichten. Das Herz des Rhabarbers (*Rheum*) im Winter schützen.

DIE PFLANZEN IM EINZELNEN

Iris ensata
Japanische Schwertlilie
BODEN: feucht bis nass
LAGE: sonnig bis halbschattig
BLÜTENFARBE: Lila mit gelber Zeichnung
BLÜTEZEIT: Spätfrühling bis Hochsommer
DÜNGUNG: Frühling
SCHNITT: Ausdünnen, wenn die Pflanzen zu dicht werden.
WEITERE HINWEISE: Blätter mit typischer Schwertform, breitet sich aus.

Iris pseudacorus
Sumpfschwertlilie
BODEN: feucht bis nass
LAGE: sonnig
BLÜTENFARBE: Gelb
BLÜTEZEIT: Frühling bis Frühsommer
DÜNGUNG: Frühling
SCHNITT: Rhizome, die an Stellen vorgedrungen sind, wo sie nicht wachsen sollen, abschneiden.
WEITERE HINWEISE: anspruchslose einheimische Pflanze mit schönen Blüten und Blättern

Lysimachia vulgaris
Gewöhnlicher Gilbweiderich
BODEN: feucht bis nass
LAGE: sonnig bis halbschattig
BLÜTENFARBE: Gelb
BLÜTEZEIT: Spätfrühling bis Hochsommer
DÜNGUNG: Frühling
SCHNITT: Alte Blütenstände im Herbst abschneiden.

WEITERE HINWEISE: anspruchslose und zuverlässige einheimische Staude mit gelben Blüten an kräftigen, aufrechten Stängeln

***Persicaria campanulata* (syn. *Aconogon campanulatum*)**
Glockenblumen-Knöterich
BODEN: feucht bis nass
LAGE: jede außer vollsonnig
BLÜTENFARBE: Hellrosa und Weiß
BLÜTEZEIT: Spätfrühling bis Frühherbst
DÜNGUNG: Frühling
SCHNITT: Nicht schneiden.
WEITERE HINWEISE: Gut für feuchte Lagen, breitet sich aus, wenn nötig, zu üppig wachsende Triebe ausreißen, im Winter mit etwas Laub schützen.

Pontederia cordata
Hechtkraut
BODEN: nass, am Wasser
LAGE: sonnig bis halbschattig
BLÜTENFARBE: Blau
BLÜTEZEIT: Frühsommer bis Spätherbst
DÜNGUNG: Frühling
SCHNITT: Breitet sich aus, wenn nötig, zu üppig wachsende Triebe ausreißen.
WEITERE HINWEISE: Blaue Blütenstände und schöne Beblätterung, neigt aber zum Wuchern.

***Rheum* 'Ace of Hearts'**
Rhabarber
BODEN: nährstoffreich, feucht
LAGE: sonnig bis schattig
BLÜTENFARBE: Weiß
BLÜTEZEIT: Spätfrühling bis Frühsommer
DÜNGUNG: Frühling
SCHNITT: Nicht schneiden.
WEITERE HINWEISE: Durch die großen, unterseits dunkelroten Blätter mit leuchtend roten Adern eine sehr auffallende Erscheinung, Herz der Pflanze im Winter durch eine Decke aus Stallmist schützen.

Zantedeschia aethiopica
Callalilie
BODEN: feucht bis nass
LAGE: sonnig
BLÜTENFARBE: Weiß
BLÜTEZEIT: Hochsommer bis Spätherbst
DÜNGUNG: Frühling
SCHNITT: Nicht schneiden.
WEITERE HINWEISE: Stattliche Pflanze mit saftig grünen Blättern und reinweißer Spatha (Blütenhüllblatt). Bei erhöhtem winterlichem Wasserstand als Rhizomschutz ist eine Überwinterung im Freiland möglich, besser ist aber frostfreie Überwinterung.

1

2

3

4

5

6

7

8

9

10

11

12

AM WASSER: SCHATTIG MIT STAUDEN UND STRÄUCHERN

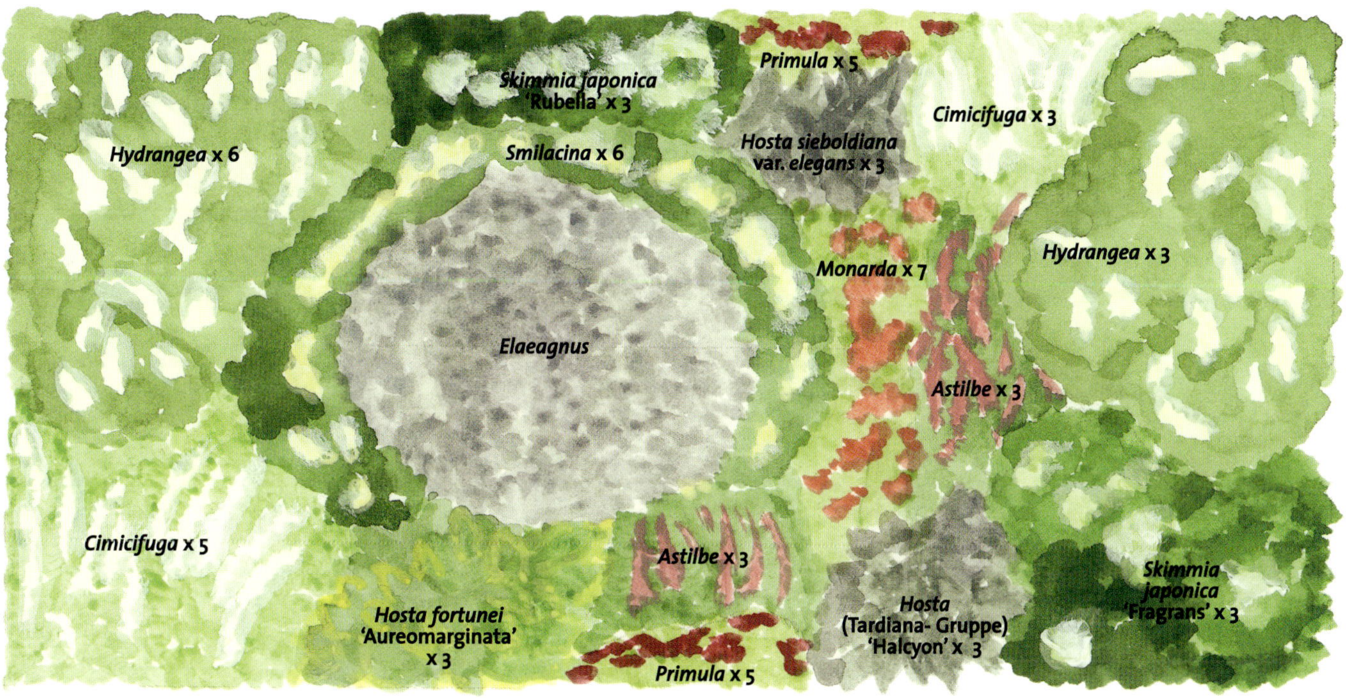

	DIE PFLANZEN	ANZAHL
1	*Astilbe chinensis* var. *taquetti* 'Visions' (oder eine andere rosa Sorte)	6
2	*Hydrangea quercifolia*	9
3	*Cimicifuga simplex* 'White Pearl' (nunmehr *Actaea matsumurae* 'White Pearl' genannt)	8
4	*Skimmia japonica* 'Fragrans'	3
5	*Smilacina racemosa*	6
6	*Primula pulverulenta*	10
7	*Hosta fortunei* 'Aureomarginata'	3
8	*Hosta* (Tardiana-Gruppe) 'Halcyon'	3
9	*Elaeagnus angustifolia*	1
10	*Monarda* 'Cambridge Scarlet'	7
11	*Hosta sieboldiana* var. *elegans*	3
12	*Skimmia japonica* 'Rubella'	3

GRÖSSE UND PFLANZABSTAND

Astilbe chinensis var. *taquetti* 'Visions': 90 cm x 30 cm, mit 30 cm Abstand setzen.

Cimicifuga simplex 'White Pearl': 90 cm x 45 cm, mit 45 cm Abstand setzen.

Elaeagnus angustifolia: 250 cm x 150 cm

Hosta fortunei 'Aureomarginata': 60 cm x 45 cm, mit 30 cm Abstand setzen.

Hosta (Tardiana-Gruppe) 'Halcyon': 45 cm x 45 cm, mit 30 cm Abstand setzen.

Hosta sieboldiana var. *elegans*: 90 cm x 60 cm, mit 45 cm Abstand setzen.

Hydrangea quercifolia: 120 cm x 90 cm, mit 60 cm Abstand setzen.

Monarda 'Cambridge Scarlet': 90 cm x 30 cm, mit 45 cm Abstand setzen.

Primula pulverulenta: 45 cm x 30 cm, mit 20 cm Abstand setzen.

Skimmia japonica 'Fragrans': 75 cm x 60 cm, mit 45 cm Abstand setzen.

Skimmia japonica 'Rubella': 75 cm x 60 cm, mit 45 cm Abstand setzen.

Smilacina racemosa: 90 cm x 60 cm, mit 40 cm Abstand setzen.

ZUSATZBEPFLANZUNG

FRÜHLINGSBLÜHER

Im Herbst:
30 Hundszahnlilien (*Erythronium revolutum* 'White Beauty') an freie Stellen vorne im Beet setzen.

23 *Iris* 'George' vorne im Beet setzen.

SOMMERBLÜHER

Im Frühling:
Dunkelviolette und hellrosa Stiefmütterchen an freie Stellen an den Beetkanten setzen.

Im Frühsommer:
Weiß blühende Fleißige Lieschen (*Impatiens*) überall an freie Stellen im Beet setzen.

ALLGEMEINE PFLEGEHINWEISE

Oberirdische Teile von *Cimicifuga, Monarda* und *Smilacina* sowie die Blätter der Astilben im Spätherbst abräumen, wenn sie absterben.

Im Frühling Volldünger geben.

Die Funkien (*Hosta*) mit dem Austrieb im Frühling vor Schneckenfraß schützen.

Das Beet im Frühling säubern und dabei alle alten Pflanzenreste beseitigen.

DIE PFLANZEN IM EINZELNEN

***Astilbe chinensis* var. *taquetti* 'Visions'**
BODEN: nass bis sumpfig, nicht austrocknend
LAGE: sonnig bis halbschattig
BLÜTENFARBE: Purpur oder Rosa
BLÜTEZEIT: Spätfrühling bis Spätsommer
DÜNGUNG: Frühling
SCHNITT: Alte Blütenstände als Zierde im Winter (besonders bei Raureif) belassen und erst im Frühling abschneiden.
WEITERE HINWEISE: Verträgt Trockenheit relativ gut.

***Cimicifuga simplex* 'White Pearl'**
Silberkerze
BODEN: kühl, feucht
LAGE: sonnig bis halbschattig
BLÜTENFARBE: Weiß
BLÜTEZEIT: Herbst
DÜNGUNG: Frühling
SCHNITT: Nicht schneiden.
WEITERE HINWEISE: Durch die späte Blütezeit wertvolle Staude mit stattlichen hohen Blütenständen. Verträgt nach dem Pflanzen keine Störung im Wurzelbereich.

Elaeagnus angustifolia
Schmalblättrige Ölweide
BODEN: nährstoffreich, kalkarm
LAGE: sonnig bis halbschattig
BLÜTENFARBE: Weiß
BLÜTEZEIT: Frühsommer
DÜNGUNG: Frühling
SCHNITT: Wenn nötig, nach der Blüte in der Höhe zurückschneiden.
WEITERE HINWEISE: anspruchsloser Strauch mit silbrigem,

weidenähnlichem Laub und stark duftenden Blüten

***Hosta fortunei* 'Aureomarginata'**
Funkie
BODEN: durchlässig, aber stets feucht, mit Lauberde oder Stallmist
LAGE: schattig bis halbschattig
FARBE: Blätter grün mit goldgelbem Rand, Blüten lavendelblau
BLÜTEZEIT: Hoch- bis Spätsommer
DÜNGUNG: Frühling
SCHNITT: Alte Blütenstände abschneiden.
WEITERE HINWEISE: Die Blattfärbung bleibt im Schatten am besten erhalten. Wie alle Funkien ab dem Austrieb vor Schneckenfraß schützen.

***Hosta* (Tardiana-Gruppe) 'Halcyon'**
BODEN: durchlässig, aber stets feucht
LAGE: sonnig bis schattig
FARBE: Blätter blaugrün, Blüten groß, lavendelblau
BLÜTEZEIT: Hoch- bis Spätsommer
DÜNGUNG: Frühling
SCHNITT: Alte Blütenstände abschneiden.
WEITERE HINWEISE: Durch das kräftig gefärbte Laub auffallend; wie alle Funkien ab dem Austrieb vor Schneckenfraß schützen.

Hosta sieboldiana* var. *elegans
Funkie
BODEN: durchlässig, aber stets feucht
LAGE: sonnig bis schattig
FARBE: Blätter graugrün, Blüten hellrosa
BLÜTEZEIT: Sommer
DÜNGUNG: Frühling
SCHNITT: Alte Blütenstände abschneiden.
WEITERE HINWEISE: stattliche Funkie mit schön geaderten, graugrünen Blättern

Hydrangea quercifolia
Eichenblättrige Hortensie
BODEN: Feucht, durchlässig, Wurzeln vertragen Trockenheit schlecht.
LAGE: halbschattig bis schattig
BLÜTENFARBE: Rahmweiß
BLÜTEZEIT: Hochsommer bis Frühherbst
DÜNGUNG: Frühling, bei üppigem Wuchs nochmals im Sommer
SCHNITT: Schwache Triebe im Frühling herausnehmen.
WEITERE HINWEISE: Außer mit schönen weißen Blütenrispen wartet diese Hortensie auch noch mit einer ansehnlichen Herbstfärbung auf. Sie benötigt allerdings etwas Zeit, um richtig anzuwachsen und loszulegen.

***Monarda* 'Cambridge Scarlet'**
Indianernessel
BODEN: jeder, der nicht austrocknet
LAGE: sonnig bis schattig
BLÜTENFARBE: dunkles Scharlachrot
BLÜTEZEIT: Früh- bis Spätsommer
DÜNGUNG: Frühling
SCHNITT: Verblühtes im Herbst abschneiden.
WEITERE HINWEISE: Aus der Rosette aromatisch duftender Blätter erheben sich kräftige, aufrecht stehende Stängel, an denen Blüten mit gefärbten Hochblättern in Quirlen sitzen.

Primula pulverulenta
Primel
BODEN: nährstoffreich, nicht austrocknend
LAGE: vollsonnig bis halbschattig
BLÜTENFARBE: Karminpurpur
BLÜTEZEIT: Früh- und Hochsommer
DÜNGUNG: im Frühling und nach der Blüte
SCHNITT: Alte, absterbende Blütentriebe bodennah abschneiden.
WEITERE HINWEISE: Die leuchtenden Blüten stehen in Quirlen übereinander an kräftigen, aufrechten Stängeln, die sich aus einer Rosette frischgrüner Blätter erheben.

***Skimmia japonica* 'Fragrans' und *S. j.* 'Rubella'**
BODEN: jeder Gartenboden
LAGE: halbschattig bis schattig
BLÜTENFARBE: Weiß
BLÜTEZEIT: Frühling
DÜNGUNG: Frühling
SCHNITT: Kann nach der Blüte geschnitten werden, wenn die Form unschön geworden ist.
WEITERE HINWEISE: Glänzendes, immergrünes Laub, bei 'Fragrans' duftende Blüten und bei 'Rubella' auffällig rote Blütenknospen, aus denen weiße Blüten hervorbrechen, machen den Wert dieser Zwergstraucher aus.

Smilacina racemosa
Duftsiegel
BODEN: stets etwas feucht, mit viel Lauberde
LAGE: Schatten liebende Waldpflanze
BLÜTENFARBE: Rahmweiß
BLÜTEZEIT: Spätfrühling bis Hochsommer
DÜNGUNG: Frühling
SCHNITT: Blütenstände im Herbst abschneiden, es sei denn, man legt Wert auf die zierenden roten Beeren.
WEITERE HINWEISE: Blüten mit intensivem, an Maiglöckchen erinnernden Duft

AM WASSER: SONNIG AM MEER

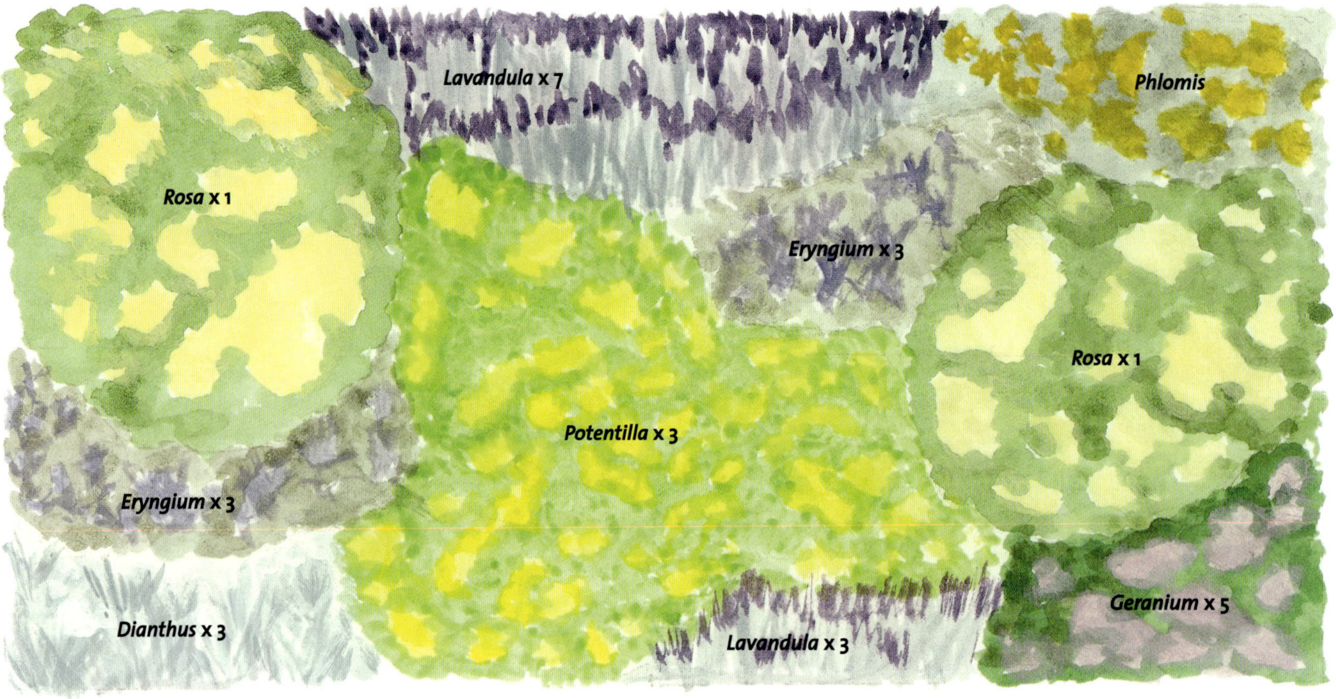

	DIE PFLANZEN	ANZAHL
1	*Phlomis fruticosa*	1
2	*Dianthus* 'Haytor White'	13
3	*Lavandula* x *intermedia* 'Grosso'	10
4	*Eryngium bourgatii*	6
5	Potentilla fruticosa 'Moonlight' (auch als *P. f.* 'Maanelys' bekannt)	3
6	*Geranium maculatum* 'Chatto'	5
7	*Rosa* 'Agnes'	2

1

2

3

4

5

6

7

GRÖSSE UND PFLANZABSTAND

Dianthus plumarius 'Haytor White': 25 cm x 25 cm, mit 15 cm Abstand setzen.

Eryngium bourgatii: 110 cm x 60 cm, mit 30 cm Abstand setzen.

Geranium maculatum 'Chatto': 45 cm x 45 cm, mit 30 cm Abstand setzen.

Lavandula x *intermedia* 'Grosso': 45 cm x 45 cm, mit 30 cm Abstand setzen.

Phlomis fruticosa: 90–120 cm x 60 cm

Potentilla fruticosa 'Maanelys': 120 cm x 150 cm, mit 45 cm Abstand setzen.

Rosa 'Agnes': 180 cm x 150 cm

ZUSATZBEPFLANZUNG

FRÜHLINGSBLÜHER

Im Herbst:
50 Blausterne (*Scilla siberica*) übers Beet verteilt setzen.

20 Dichternarzissen (*Narcissus poeticus* var. *recurvus*) in Fünfergruppen setzen.

20 Schneeglanz (*Chionodoxa*) übers Beet verteilt setzen.

25 blau und gelb blühende Krokusse übers Beet verteilt setzen.

Im Frühling:
30 weiße Tausendschönchen (gefüllte Gänseblümchen) vorne im Beet setzen.

SOMMERBLÜHER

Im Herbst:
25 Holländische Iris 'White Bridge' oder 'Hildegarde' in Fünfergruppen im Beet verteilt setzen.

Im Frühling:
Rosa blühende *Linaria* übers Beet verteilt aussäen und nach dem Auflaufen ausdünnen.

Im Spätfrühling:
Goldfaden (*Mentzelia lindleyi* = *Bartonia aurea*) an freien Stellen im Beet aussäen. Die gelben, vom Frühsommer bis zum Herbst erscheinenden Blüten duften sehr intensiv.

ALLGEMEINE PFLEGEHINWEISE

Im Herbst oder Frühling das Beet von alten Blättern säubern.

Im Frühling Volldünger geben.

Den Lavendel im Vorfrühling und gleich nach der Blüte stutzen.

Bei den Rosen und Nelken Verblühtes fortlaufend entfernen.

Die Rosen im Hochsommer ein zweites Mal düngen.

Das Brandkraut (*Phlomis*) im Spätsommer zurückschneiden, damit es nicht zu hoch wird und auseinander fällt.

Die Rosen im Winter schneiden.

Unter Nelken und Winden (*Convolvulus*) im Herbst etwas Kies als Drainage ausbringen. Die Blütenstände der Edeldistel (*Eryngium*) im Spätherbst abschneiden.

DIE PFLANZEN IM EINZELNEN

Dianthus plumarius
'Haytor White'
Federnelke
BODEN: durchlässig, leicht
LAGE: sonnig
BLÜTENFARBE: Schneeweiß
BLÜTEZEIT: Spätfrühling bis Spätsommer
DÜNGUNG: Knochenmehl im Herbst und außerdem Dünger im Sommer nach der Blüte
SCHNITT: Nach der Blüte alte Blütenstände abschneiden und die Form der Pflanze etwas zurechtstutzen.
WEITERE HINWEISE: schöne Gartenstaude mit zierlichem Wuchs und angenehm duftenden Blüten

Eryngium bourgatii
Edeldistel
BODEN: trocken, durchlässig
LAGE: sonnig
BLÜTENFARBE: Stahlblau
BLÜTEZEIT: Hochsommer bis Frühherbst
DÜNGUNG: Frühling
SCHNITT: Alte Blütenstände im Frühling zurückschneiden.
WEITERE HINWEISE: Schön geschnittene, blaugrüne Blätter, über denen sich distelartige Blütenstände auf hohen, verzweigten Stängeln erheben.

***Geranium maculatum* 'Chatto'**
Gefleckter Storchschnabel
BODEN: nährstoffreich
LAGE: sonnig bis halbschattig
BLÜTENFARBE: Hellrosa
BLÜTEZEIT: Früh- bis Hochsommer

DÜNGUNG: Frühling
SCHNITT: Alte Blütenstände und abgestorbene Blätter abschneiden.
WEITERE HINWEISE: eine der schönsten Storchschnabelsorten

***Lavandula* x *intermedia* 'Grosso'**
Provencelavendel
BODEN: nährstoffarm
LAGE: vollsonnig
BLÜTENFARBE: Purpurblau
BLÜTEZEIT: Früh- bis Spätsommer
DÜNGUNG: Frühling
SCHNITT: Blütenstände nach der Blüte abschneiden und die Pflanze in eine ansprechende Form bringen. Im Frühling nochmals etwas zurückschneiden, aber nicht bis ins alte Holz.
WEITERE HINWEISE: Einer der am stärksten duftenden Lavendel, der wegen seines ätherischen Öls angebaut wird. Der Duft ist bei getrockneten Blüten am stärksten, wenn diese kurz vor dem Aufblühen geschnitten werden.

Phlomis fruticosa
Brandkraut
BODEN: leicht, durchlässig
LAGE: sonnig
BLÜTENFARBE: Gelb
BLÜTEZEIT: Früh- und Hochsommer
DÜNGUNG: Frühling
SCHNITT: wenn nötig, im Frühherbst
WEITERE HINWEISE: Ein kleiner Strauch aus dem Mittelmeerraum mit graugrünen, filzig behaarten Blättern und Quirlen gelber Blüten auf hohen Stängeln. In rauen Lagen Winterschutz erforderlich.

***Potentilla fruticosa* 'Maanelys'**
Fingerstrauch
BODEN: durchlässig
LAGE: sonnig bis halbschattig
BLÜTENFARBE: Hellgelb
BLÜTEZEIT: Spätfrühling bis Herbst
DÜNGUNG: Frühling
SCHNITT: Wenn nötig, im Frühherbst, dabei nicht zu weit zurückschneiden.
WEITERE HINWEISE: Lange Blütezeit und Anspruchslosigkeit lassen Fingersträucher im Garten unverzichtbar erscheinen; diese Sorte zeichnet sich durch den aufrechten Wuchs, das grüne Laub und die zahlreichen hellgelben Blüten aus.

***Rosa* 'Agnes'**
BODEN: jeder außer Kalk, nicht zu sandig
LAGE: sonnig bis halbschattig
BLÜTENFARBE: Hellgelb
BLÜTEZEIT: Frühling und sporadisch im Spätsommer
DÜNGUNG: Frühling und Hochsommer, profitiert außerdem von winterlichen Stallmistgaben.
SCHNITT: An frostfreien Tagen im Winter tote, schlecht gewachsene oder kranke Zweige herausnehmen und die ganze Pflanze, wenn nötig, um ein Drittel zurückschneiden.
WEITERE HINWEISE: Eine sehr schöne gelb blühende Rose mit frischgrünen, auffallend geäderten Blättern. Auch als Kletterrose geeignet.

1

2

3

4

5

KALT UND EXPONIERT: WINDSCHUTZ

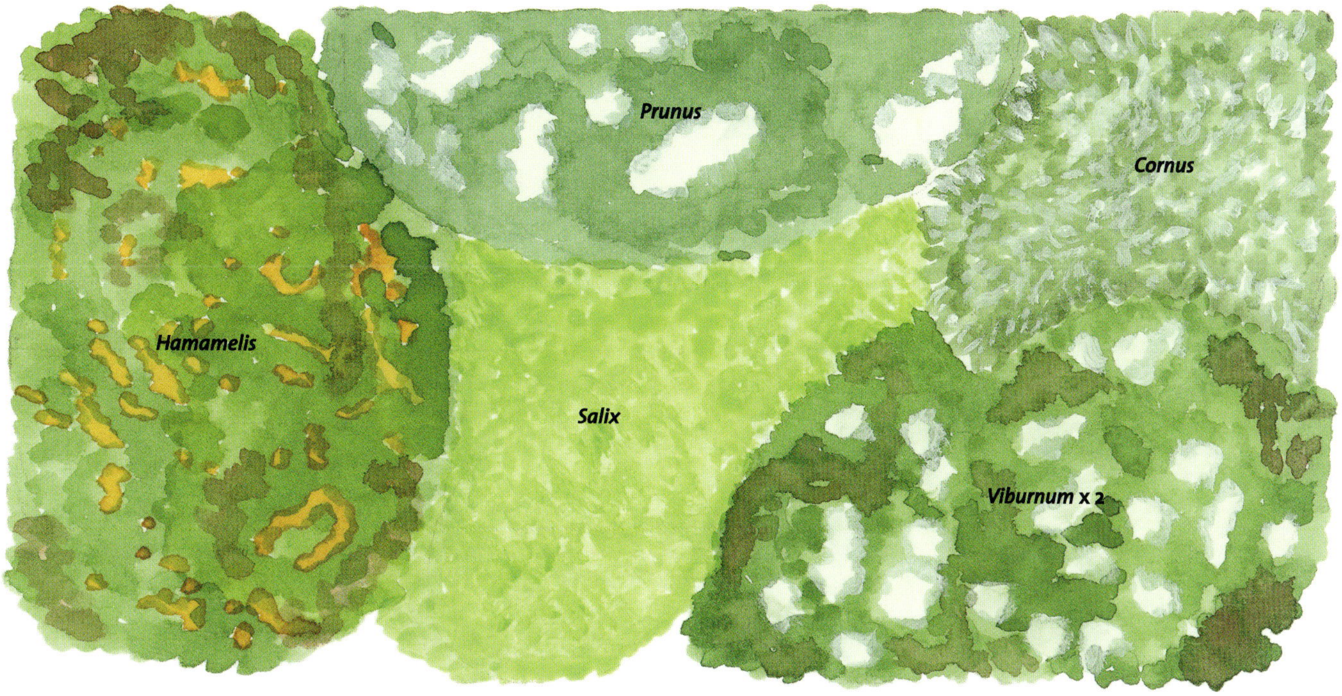

	DIE PFLANZEN	ANZAHL
1	*Cornus alba* 'Elegantissima'	1
2	*Hamamelis* x *intermedia* 'Hiltingbury'	1
3	*Viburnum opulus*	2
4	*Salix alba* 'Chermesina' (auch als *S. a.* 'Britzensis' bezeichnet)	1
5	*Prunus spinosa*	1

Diese Bepflanzung ist für solche Lagen gedacht, an denen sonst kaum etwas wächst, und ist daher weniger eine Beetbepflanzung als vielmehr ein Windschutz. Die Schlehe (*Prunus spinosa*) bildet außerdem eine schwer zu durchdringende Schutzpflanzung. Die Pflanzen müssen nicht die angegebenen Ausmaße erreichen, sie können durch Schnittmaßnahmen kleiner gehalten werden.

GRÖSSE UND PFLANZABSTAND

Cornus alba 'Elegantissima': 180 cm x 150 cm

Hamamelis x *intermedia* 'Hiltingbury': 300 cm x 250 cm

Prunus spinosa: 300 cm x 300 cm und mehr, kann und sollte aber geschnitten werden.

Salix alba 'Chermesina': 300 cm x 150 cm

Viburnum opulus: 180 cm x 180 cm, mit 90 cm Abstand setzen.

ZUSATZBEPFLANZUNG

FRÜHLINGSBLÜHER

Im Herbst:
100 Buschwindröschen (*Anemone nemorosa*) übers Beet verteilt setzen.

50 Milchsterne (*Ornithogalum umbellatum*) als Farbtupfer für den Frühling setzen.

Im Frühling:
50 herbstblühende Alpenveilchen (*Cyclamen coum* und *C. hederifolium*) im Beet verteilt setzen.

50 Schneeglöckchen (*Galanthus nivalis*) als Farbtupfer für den Spätwinter setzen, am besten nach der Blüte.

SOMMERBLÜHER

Da die Sträucher recht groß werden, der Boden unter ihnen rasch austrocknet und Einjährige somit unterdrückt werden, sollte auf eine Bepflanzung mit Sommerblumen verzichtet werden.

ALLGEMEINE PFLEGEHINWEISE

Die Sträucher beim Pflanzen gut mit Mulch versehen und im belaubten Zustand nicht austrocknen lassen.

Im ersten Jahr im zeitigen Frühling mit Volldünger versorgen.

In späteren Jahren ist eine Düngung nicht mehr nötig, und man kann sich darauf beschränken, totes Holz herauszunehmen und die Pflanzen, wenn nötig, zurückzuschneiden. *Cornus alba* wird am besten alljährlich im Frühling stark zurückgeschnitten, damit sie neu austreibt, denn die einjährigen Triebe zeigen im Winter die intensivste Rotfärbung.

DIE PFLANZEN IM EINZELNEN

Cornus alba **'Elegantissima'**
Tatarischer Hartriegel
BODEN: jeder Gartenboden
LAGE: sonnig bis halbschattig
FARBE: Blüten klein, weiß; Blätter mit breitem silberweißem Rand; Rinde der einjährigen Triebe im Winter leuchtend rot
BLÜTEZEIT: Spätfrühling bis Frühsommer
DÜNGUNG: Frühling
SCHNITT: Jeden Frühling kräftig zurückschneiden, damit neue Triebe mit schöner Rindenfärbung ausgebildet werden.
WEITERE HINWEISE: Anspruchslos, im Sommer durch das panaschierte Laub, im Winter durch die purpurroten Zweige sehr auffallend.

Hamamelis* x *intermedia
'Hiltingbury'
Zaubernuss
BODEN: jeder Gartenboden
LAGE: sonnig bis nicht zu schattig
BLÜTENFARBE: Kupferrot
BLÜTEZEIT: Winter bis Vorfrühling
DÜNGUNG: Frühling
SCHNITT: Nicht schneiden, allenfalls nach der Blüte vorsichtig auslichten.
WEITERE HINWEISE: Robuste, winterharte Zaubernuss mit haselähnlichen Blättern und duftenden Blüten, die sich bei

Frost zusammenrollen und beim nächsten Tauwetter unbeschadet wieder aufblühen. Wie alle Zaubernüsse dank der spätwinterlichen Blüte, aber auch der leuchtenden Herbstfärbung ein sehr wertvolles Gartengehölz.

Prunus spinosa
Schlehe
BODEN: jeder Gartenboden
LAGE: Verträgt auch extreme Lagen.
BLÜTENFARBE: Weiß
BLÜTEZEIT: Vorfrühling bis Frühling
DÜNGUNG: Frühling
SCHNITT: nach der Blüte
WEITERE HINWEISE: Einheimischer, dicht wachsender, dorniger Strauch, der einen ausgezeichneten Windschutz ergibt. Die dunkelblauen, beinahe schwarzen Früchte können zur Herstellung von Schlehenlikör verwendet werden. Vorsicht bei der Ernte: Die Dornen sind sehr spitz!

***Salix alba* 'Chermesina'**
Mennige-Weide
BODEN: jeder Gartenboden
LAGE: Verträgt auch extreme Lagen.
FARBE: Wird wegen der im Winter leuchtend orangeroten Zweige gepflanzt.
BLÜTEZEIT: im Frühling mit auffallenden Kätzchen
DÜNGUNG: Frühling
SCHNITT: Alle 2 Jahre stark zurückschneiden, damit der Farbeindruck im Winter noch kräftiger ausfällt.
WEITERE HINWEISE: Bietet den schönsten Anblick an klaren, sonnigen Wintertagen, wenn das Orangerot der Zweige besonders kräftig leuchtet.

Viburnum opulus
Gewöhnlicher Schneeball
BODEN: jeder Gartenboden
LAGE: sonnig bis schattig
BLÜTENFARBE: Weiß
BLÜTEZEIT: Früh- und Hochsommer
DÜNGUNG: Frühling
SCHNITT: Kranke oder abgestorbene Zweige im Herbst herausnehmen, wenn nötig, im Ganzen zurückschneiden.
WEITERE HINWEISE: Schöne Herbstfärbung und leuchtend rote Früchte im Herbst und Winter, die gern von Vögeln angenommen werden.

WINDIG, KALT UND EXPONIERT: STRÄUCHER

	DIE PFLANZEN	ANZAHL
1	*Hippophae rhamnoides*	1
2	*Philadelphus* 'Virginal'	1
3	*Hydrangea paniculata* 'Grandiflora'	1
4	*Fuchsia magellanica* 'Alba' (auch *F. m.* var. *molinae* genannt)	1
5	*Cotinus coggygria*	1
6	*Kerria japonica* 'Picta'	1

1

2

3

4

5

6

GRÖSSE UND PFLANZABSTAND

Cotinus coggygria: 250 cm x 250 cm

Fuchsia magellanica 'Alba': 180 cm x 150 cm, im Kübel meist deutlich kleiner bleibend.

Hippophae rhamnoides: 300 cm x 180 cm

Hydrangea paniculata 'Grandiflora': 180 cm x 180 cm

Kerria japonica 'Picta': 120 cm x 120 cm

Philadelphus 'Virginal': 280 cm x 140 cm.

ZUSATZBEPFLANZUNG

FRÜHLINGSBLÜHER

Im Frühling:
Vergissmeinnicht im Beet setzen.

Waldmeister (*Galium odoratum*) als Bodendecker setzen, der sich dort ausbreitet, wo es ihm gefällt.

Im Herbst:
50 *Narcissus* 'Hawera' und 50 *N.* 'Thalia' im Beet verteilt setzen.

SOMMERBLÜHER

Stiefmütterchen im Beet verteilt setzen.

Im Frühling:
In die Sträucher Kapuzinerkresse (*Tropaeolum peregrinum*) klettern lassen, die etwa 180 cm hoch wird, hellgelb blüht, Sonne wie Schatten verträgt und, einmal angewachsen, auch dem Druck großer Sträucher standhält.

ALLGEMEINE PFLEGEHINWEISE

Das Beet im zeitigen Frühling säubern.

Im Frühling Volldünger geben.

Mit gut abgelagertem Stallmist im Spätwinter mulchen.

Die Kapuzinerkresse erst auspflanzen, wenn kein Nachtfrost mehr droht, und im Herbst ausgraben, wenn der Wuchs nachlässt. Während der Wachstumszeit ausreichend wässern und alle 2 Wochen mit flüssigem Tomatendünger düngen.

Die Sträucher zurückschneiden, wenn sie zu groß oder unansehnlich geworden sind.

DIE PFLANZEN IM EINZELNEN

Cotinus coggygria
Perückenstrauch
BODEN: durchlässig
LAGE: sonnig bis halbschattig
BLÜTENFARBE: flaumige, rehbraune Blütenstände
BLÜTEZEIT: Früh- und Hochsommer
DÜNGUNG: Frühling
SCHNITT: Nicht notwendig, kann aber, wenn nötig, im Herbst zurückgeschnitten werden.
WEITERE HINWEISE: Den deutschen Namen verdankt der Strauch den Fruchtständen, deren Stiele mit langen, abstehenden Haaren besetzt sind. Auffällig ist auch die Herbstfärbung, die sich am besten entfaltet, wenn die Sträucher in magerem Boden stehen, deshalb nicht mit Stallmist oder anderen nährstoffreichen Düngern versorgen.

***Fuchsia magellanica* 'Alba'**
Weiße Fuchsie
BODEN: jeder Gartenboden
LAGE: sonnig bis schattig
BLÜTENFARBE: ganz helles Rosa, im Verblühen dann weiß
BLÜTEZEIT: Frühsommer bis Herbst
DÜNGUNG: Frühling
SCHNITT: wenn nötig, im Frühling
WEITERE HINWEISE: Hellrosa Blüten, die an Regentropfen denken lassen, und eine an älteren Trieben papierartige, sich in Streifen lösende Rinde machen den Reiz dieser Fuchsie aus. In Mitteleuropa nicht auspflanzen, sondern als Kübelpflanze frostfrei überwintern.

Hippophae rhamnoides
Sanddorn
BODEN: durchlässig
LAGE: sonnig bis halbschattig
BLÜTENFARBE: Gelb
BLÜTEZEIT: Frühling
DÜNGUNG: Frühling
SCHNITT: Im Hochsommer zu lang gewachsene Triebe zurückschneiden.
WEITERE HINWEISE: Hart und anspruchslos, gedeiht auch noch auf schlechten Böden. Wenn andere Sträucher in der Nähe stehen, werden oft orangefarbene Beeren angesetzt, die bis weit in den Winter halten, bis sie schließlich von Vögeln angenommen werden.

***Hydrangea paniculata* 'Grandiflora'**
Rispenhortensie
BODEN: feucht, nährstoffreich
LAGE: schattig
BLÜTENFARBE: Cremeweiß, im Verblühen rosa
BLÜTEZEIT: Hochsommer bis Herbst
DÜNGUNG: Im Winter mulchen und im Frühling düngen.
SCHNITT: Unschön gewachsene Triebe im Frühjahr herausnehmen, ansonsten nicht schneiden.
WEITERE HINWEISE: straff aufrecht wachsend, bei häufigem Schnitt oft sehr dicht verzweigt

***Kerria japonica* 'Picta'**
Ranunkelstrauch
BODEN: jeder gewöhnliche Gartenboden
LAGE: sonnig bis halbschattig
FARBE: Blüten goldgelb, Blätter grün und weiß panaschiert
BLÜTEZEIT: Frühling bis Spätfrühling
DÜNGUNG: Frühling
SCHNITT: Allenfalls nach der Blüte etwas auslichten.
WEITERE HINWEISE: Bisher noch wenig verbreitet, sollte aber wegen des schönen Laubs öfter gepflanzt werden.

***Philadelphus* 'Virginal'**
Pfeifenstrauch, Falscher Jasmin
BODEN: Jeder, der nicht zu kalkhaltig ist.
LAGE: Sonnig bis halbschattig, gedeiht auch unter schwierigen Bedingungen.
BLÜTENFARBE: Weiß
BLÜTEZEIT: Früh- und Hochsommer
DÜNGUNG: Frühling
SCHNITT: Nach der Blüte auslichten, dabei einige Triebe bis zur Basis zurückschneiden. Die meisten Blüten erscheinen an zweijährigen Trieben.
WEITERE HINWEISE: sehr schöner, aufrecht wachsender Strauch mit angenehm duftenden Blüten

1

2

3

4

5

6

7

8

TROCKENHEIT UND DÜNNE BODENDECKE

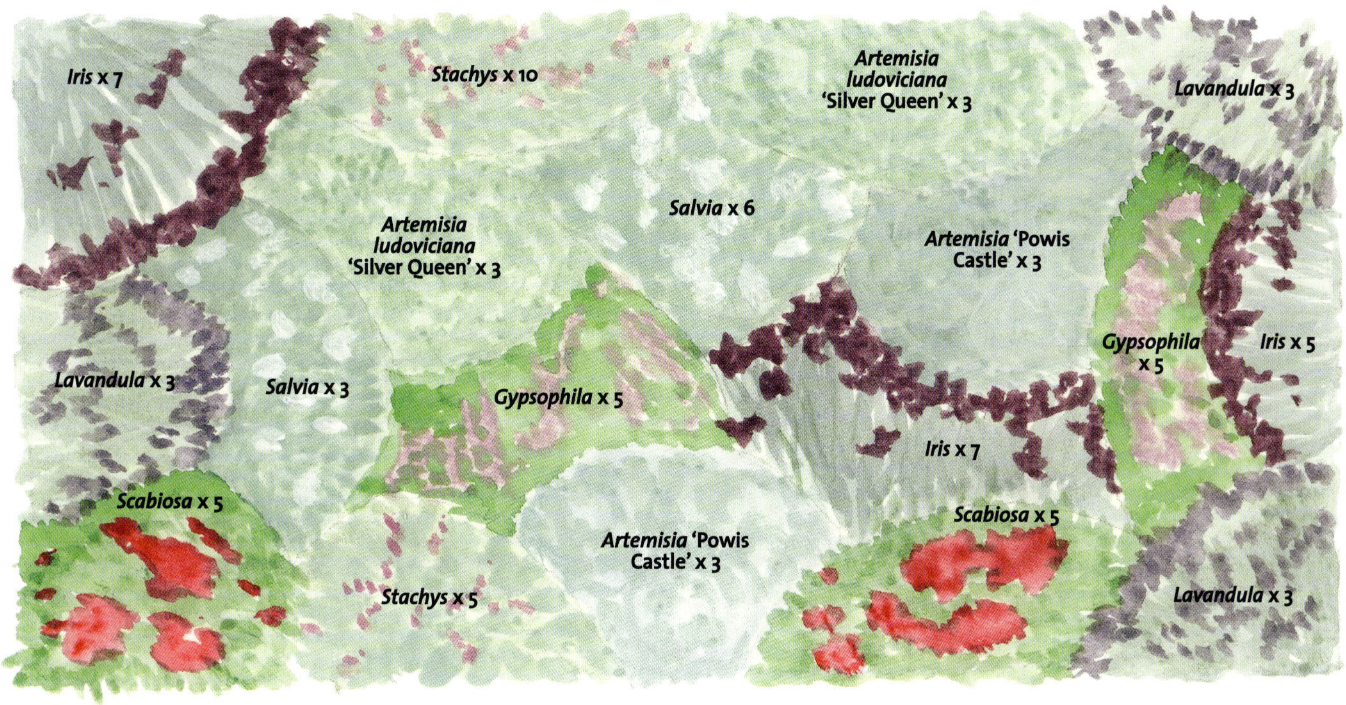

	DIE PFLANZEN	ANZAHL
1	*Iris* 'Ever After' (oder eine andere weinrote Sorte wie etwa 'Winemaster')	19
2	*Gypsophila* 'Rosenschleier'	10
3	*Scabiosa caucasica* 'Crimson Cushion'	10
4	*Lavandula stoechas* (etwa 'Papillon')	9
5	*Stachys byzantina* 'Big Ears'	15
6	*Artemisia ludoviciana* 'Silver Queen'	6
7	*Salvia argentea*	9
8	*Artemisia* 'Powis Castle'	6

GRÖSSE UND PFLANZABSTAND

Artemisia ludoviciana 'Silver Queen': 90 cm x 60 cm, mit 40 cm Abstand setzen.

Artemisia 'Powis Castle': 60 cm x 30 cm, mit 30 cm Abstand setzen.

Gypsophila 'Rosenschleier': 110 cm x 30 cm, mit 20 cm Abstand setzen.

Iris 'Ever After': 75 cm x 20 cm, mit 15 cm Abstand setzen.

Lavandula stoechas: 40 cm x 40 cm, mit 30 cm Abstand setzen.

Salvia argentea: 90 cm x 30 cm, mit 30 cm Abstand setzen.

Scabiosa caucasica 'Crimson Cushion': 30 cm x 20 cm, mit 30 cm Abstand setzen.

Stachys byzantina 'Big Ears': 45 cm x 30 cm, mit 30 cm Abstand setzen.

ZUSATZBEPFLANZUNG

FRÜHLINGSBLÜHER

Im Herbst:
40 *Narcissus* 'Geranium' in Zehnergruppen übers Beet verteilt setzen.

Je 20 Tulpen in Fünfergruppen übers Beet verteilt setzen: 'Marilyn', 'Bellflower', 'White Triumphator' und 'Angélique'.

SOMMERBLÜHER

Im Herbst:
15 Holländische Iris 'Purple Sensation' als Gruppe zwischen die *Artemisia* 'Powis Castle' vorne im Beet setzen.

Je 30 Zierlauch *Allium unifolium* und *A. neapolitanum* einzeln übers Beet verteilt setzen.

Im Frühling:
10 rosa Kosmeen in freie Lücken setzen.

15 hellrosa Dahlien in freie Lücken setzen.

ALLGEMEINE PFLEGEHINWEISE

Im Herbst abgestorbene Pflanzenreste entfernen und mit Lauberde mulchen.

Im Frühling Volldünger geben.

Lavendel im Frühling stutzen, aber nicht bis ins alte Holz zurückschneiden. Die Blütenstände gleich nach der Blüte abschneiden.

Das Laub der Narzissen entfernen, wenn es abstirbt und gelb wird.

Wenn die Tulpenblätter vergilben, abschneiden und Tulpen düngen.

Artemisia im Juli ein zweites Mal zurechtstutzen.

Verblühtes bei den Skabiosen laufend entfernen, damit weitere Blüten erscheinen.

DIE PFLANZEN IM EINZELNEN

***Artemisia ludoviciana* 'Silver Queen'**
Hohe Silberraute
BODEN: durchlässig
LAGE: sonnig
FARBE: Wegen des silbrigen Laubs gepflanzt.
BLÜTEZEIT: Nicht zur Blüte kommen lassen.
DÜNGUNG: Frühling
SCHNITT: Im Frühling die alten Triebe abschneiden, damit neue nachwachsen. Blüten im Frühsommer schon im Ansatz entfernen.
WEITERE HINWEISE: Eine der besten silberweißen Pflanzen, die wegen ihres schönen, farnähnlichen Laubs verwendet wird.

***Artemisia* 'Powis Castle'**
Beifuß
BODEN: durchlässig
LAGE: sonnig
FARBE: Wird wegen des silbrigen Laubs gepflanzt.
BLÜTEZEIT: Nicht zur Blüte kommen lassen.
DÜNGUNG: Frühling
SCHNITT: Rückschnitt im Frühling, um den Neutrieb anzuregen, eine ansprechende Form zu wahren und Blütenansätze zu entfernen, sobald sie angelegt werden.
WEITERE HINWEISE: eine der besten silberweißen Pflanzen, gern in Gemeinschaft von Pflanzen mit ähnlich silbrigen Blättern

***Gypsophila* 'Rosenschleier'**
Schleierkraut
BODEN: durchlässig
LAGE: sonnig
BLÜTENFARBE: helles Weißrosa
BLÜTEZEIT: Früh- bis Spätsommer
DÜNGUNG: Frühling
SCHNITT: Alte Blütenstände im Herbst abschneiden.
WEITERE HINWEISE: Eine zierliche Pflanze mit Wolken kleiner, feinster Blüten. Wächst gern zwischen und in andere Pflanzen.

***Iris* 'Ever After'**
Schwertlilie
BODEN: durchlässig
LAGE: sonnig
BLÜTENFARBE: dunkles Weinrot
BLÜTEZEIT: Spätfrühling bis Frühsommer
DÜNGUNG: Frühling
SCHNITT: Blätter im Sommer nach der Blüte fächerförmig auf etwa 25 cm zurückschneiden.
WEITERE HINWEISE: Eine Schwertlilie mit sehr schöner Blütenfarbe, die dem Beet Struktur verleiht.

Lavandula stoechas
Schopflavendel
BODEN: durchlässig
LAGE: sonnig
BLÜTENFARBE: dunkles Purpur
BLÜTEZEIT: Spätfrühling bis Hochsommer
DÜNGUNG: Frühling
SCHNITT: Abgeblühte Blütenstände gleich nach der Blüte abschneiden. Im Frühling nochmals stutzen, aber nicht bis ins alte Holz zurückschneiden.
WEITERE HINWEISE:
Ein sehr schöner Lavendel, der bei uns aber nur in milden Lagen mit Winterschutz hart ist. Am besten Stecklinge nehmen, die sich rasch bewurzeln, und frostfrei überwintern.

Salvia argentea
Silberblattsalbei
BODEN: trocken
LAGE: sonnig
BLÜTENFARBE: Weiß
BLÜTEZEIT: Hoch bis Spätsommer
DÜNGUNG: Frühling
SCHNITT: Im Frühling zurückschneiden, dabei nur den neuen Austrieb stehen lassen.
WEITERE HINWEISE: Blätter schön silberseidig behaart, meist kurzlebig und nach der Blüte absterbend, sät sich aber an zusagenden Stellen selbst aus.

***Scabiosa caucasica* 'Crimson Cushion'**
Große Skabiose
BODEN: leicht, durchlässig
LAGE: sonnig
BLÜTENFARBE: Karmesinrot
BLÜTEZEIT: Hochsommer bis Frühherbst
DÜNGUNG: Frühling
SCHNITT: Abgeblühte Blütenstände abschneiden.
WEITERE HINWEISE: Sehr reich blühende Skabiosensorte, die am besten vorne im Beet gepflanzt wird.

***Stachys byzantina* 'Big Ears'**
Wollziest, Hasenohr
BODEN: durchlässig
LAGE: sonnig bis halbschattig
BLÜTENFARBE: Braunrot
BLÜTEZEIT: Hoch- bis Spätsommer
DÜNGUNG: Frühling
SCHNITT: Blätter entfernen, wenn sie braun werden oder die ganze Pflanze zu groß wird.
WEITERE HINWEISE: Wegen der schönen graufilzigen Blätter oft verwendete Gartenstaude, die gelegentlich verwildert.

AUF SAUREM BODEN: STAUDEN UND STRÄUCHER

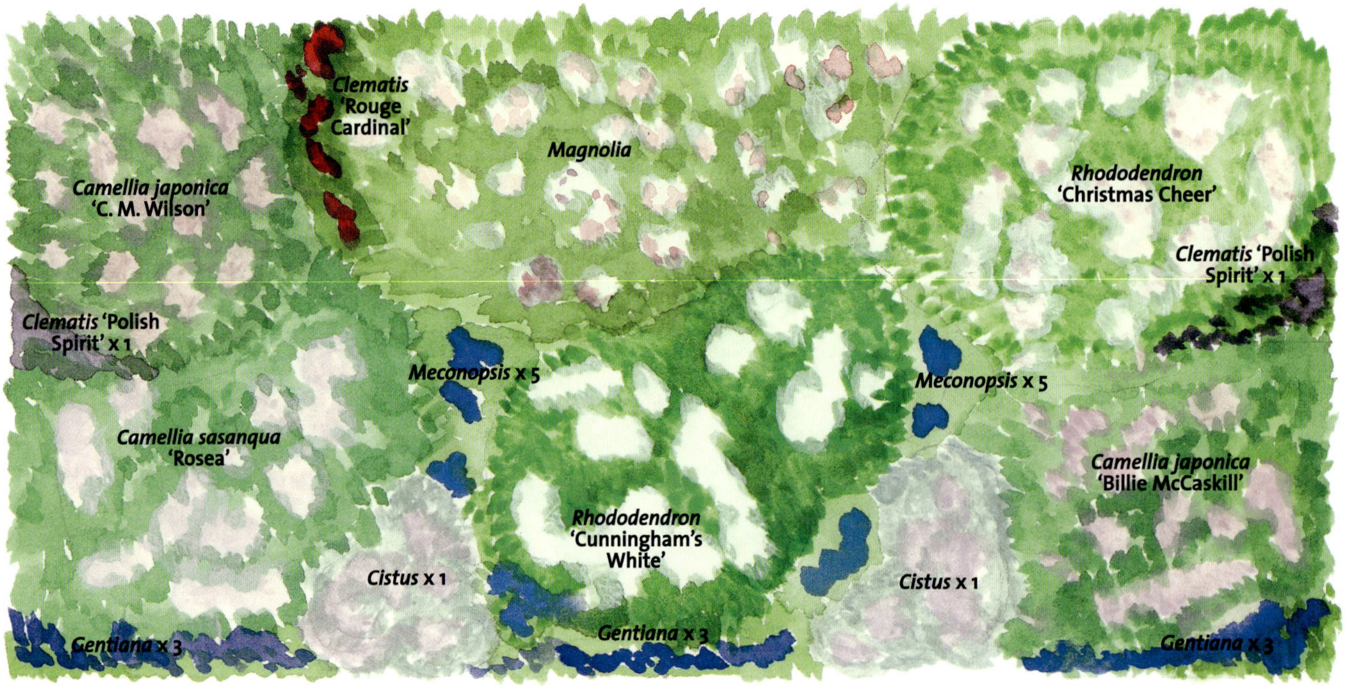

	DIE PFLANZEN	ANZAHL
1	*Camellia japonica* 'Billie McCaskill' (oder eine andere ungefüllte hellrosa Sorte)	1
2	*Clematis* 'Polish Spirit'	2
3	*Meconopsis betonicifolia*	10
4	*Gentiana sinoornata*	9
5	*Camellia sasanqua* 'Rosea' (oder eine andere hellrosa Sorte)	1
6	*Magnolia* x *soulangeana* 'Lennei'	1
7	*Cistus* x *argenteus* 'Silver Pink'	2
8	*Clematis* 'Rouge Cardinal'	1
9	*Rhododendron* 'Cunningham's White'	1
10	*Rhododendron* 'Christmas Cheer' (oder ein anderer mit weißen, rosa überhauchten Blüten wie etwa *R. decorum*)	1
11	*Camellia japonica* 'C. M. Wilson' (oder eine andere gefüllte hellrosa Sorte)	1

1

2

3

4

5

6

7

8

9

10

11

GRÖSSE UND PFLANZABSTAND

Camellia japonica 'Billie McCaskill' und 'C. M. Wilson': werden etwa 180 cm x 110 cm hoch und breit.

Camellia sasanqua 'Rosea': 180 cm x 120 cm

Cistus x *argenteus* 'Silver Pink': 60 cm x 60 cm, mit 45 cm Abstand setzen.

Clematis 'Rouge Cardinal': 370 cm x 90 cm

Clematis 'Polish Spirit': 370 cm x 90 cm

Gentiana sinoornata: 13 cm x 13 cm

Magnolia x *soulangeana* 'Lennei': 450 cm x 180 cm

Meconopsis betonicifolia: 90 cm x 30 cm, mit 30 cm Abstand setzen.

Rhododendron 'Cunningham's White': 180 cm x 120 cm

Rhododendron decorum: 300 cm x 150 cm

ZUSATZBEPFLANZUNG

FRÜHLINGSBLÜHER

Im Herbst:
Je 15 rosa und weiß blühende Hyazinthen einzeln im Beet verteilt setzen.

50 *Tulipa bakeri* 'Lilac Wonder' um und zwischen die Enziane vorne im Beet setzen.

SOMMERBLÜHER

Im Herbst:
Je 5 *Cardiocrinum giganteum* an den beiden Seiten des Beets neben die Sträucher setzen.

15 *Lilium* (Pink-Perfection-Gruppe) vor den *Rhododendron* 'Cunningham's White' setzen.

14 weiße Türkenbundlilien (*Lilium martagon* var. *album*) um die beiden Zistrosen setzen.

Im Frühling:
Weiße Fleißige Lieschen (*Impatiens*) setzen, wo noch Platz frei ist.

ALLGEMEINE PFLEGEHINWEISE

Die Clematis im Spätwinter zurückschneiden.

Im Frühling mit einem Spezialdünger für saure Böden düngen.

Die Kamelien und Rhododendren nach der Blüte nochmals düngen.

Nach der Pflanzung auf ausreichende Bewässerung achten.

Die Clematis mit Bambusstäben in die Sträucher leiten und anbinden, bis sie sich dort festhalten.

Nur schneiden, um schlecht wachsende Triebe zu entfernen.

Mit Lauberde im Winter mulchen.

DIE PFLANZEN IM EINZELNEN

Camellia japonica
Kamelie
BODEN: sauer, frisch, aber keinesfalls staunass
LAGE: halbschattig, Schutz vor Morgensonne
BLÜTENFARBE: Hellrosa
BLÜTEZEIT: Spätwinter bis Spätfrühling
DÜNGUNG: mit Rhododendrondünger im Frühling
SCHNITT: Wird gut vertragen, ist aber nicht notwendig, allenfalls, um schlecht gewachsene Triebe nach der Blüte herauszunehmen.
WEITERE HINWEISE: Kamelien sind sehr schöne, aber nicht ganz problemlose Gehölze, die man am besten in speziellen Kameliengärtnereien kaufen sollte, wo man auch genauere Hinweise zur Pflege erhält. Kamelien sind in milden Lagen Nordwest-, West- und Südwestdeutschlands im Freiland oft ausreichend winterhart, ansonsten müssen sie als Kübelpflanzen im Kalthaus überwintert werden.

***Camellia sasanqua* 'Rosea'**
BODEN: sauer, frisch, aber keinesfalls staunass
LAGE: halbschattig, Schutz vor Morgensonne und Wind
BLÜTENFARBE: ungefüllte, hellrosa Blüten
BLÜTEZEIT: Herbst und Winter
DÜNGUNG: mit Rhododendrondünger im Frühling
SCHNITT: Wenn nötig, im Frühling, um eine schöne Form zu erhalten.
WEITERE HINWEISE: Diese Kamelie hat duftende Blüten. Sie ist bei uns nicht ausreichend winterhart und

muss, auch wegen der späten Blüte, im Kalthaus überwintert werden.

***Cistus* x *argenteus* 'Silver Pink'**
Zistrose
BODEN: jeder durchlässige Gartenboden
LAGE: sonnig
BLÜTENFARBE: helles Silberrosa
BLÜTEZEIT: Spätfrühling bis Hochsommer
DÜNGUNG: Frühling
SCHNITT: Wenn nötig, nach der Blüte stutzen.
WEITERE HINWEISE: Neben der Blüte ist auch das silbrig grüne Laub bei dieser Art sehr zierend. Zistrosen sind in Mitteleuropa nur in wärmsten Lagen winterhart. Die härtesten Zistrosen sind *C. laurifolius* (weiß mit gelber Mitte) und *C.* 'Grayswood Pink' (rosa).

***Clematis* 'Polish Spirit'**
BODEN: nährstoffreich, mit Stallmist oder Lauberde
LAGE: sonnig, aber an der Basis beschattet
BLÜTENFARBE: Purpurblau, an der Außenseite schieferfarben
BLÜTEZEIT: Hochsommer bis Frühherbst
DÜNGUNG: Frühling
SCHNITT: Im Spätwinter alle Triebe bis auf etwa 30 cm Höhe über einem Knospenpaar zurückschneiden.
WEITERE HINWEISE: Benötigt guten Boden, deshalb im Winter mit reichlich Stallmist versehen.

***Clematis* 'Rouge Cardinal'**
BODEN: tiefgründig, nährstoffreich
LAGE: sonnig, aber an der Basis beschattet
BLÜTENFARBE: kräftiges, samtiges Braunrot
BLÜTEZEIT: Hochsommer bis Frühherbst
DÜNGUNG: Frühling, außerdem im Sommer alle 2 Wochen Flüssigdünger geben.
SCHNITT: Im Spätwinter alle Triebe bis auf etwa 30 cm Höhe über einem Knospenpaar zurückschneiden.
WEITERE HINWEISE: Diese Clematis sollte in die Magnolie geleitet werden und dort in die Zweige klettern.

Gentiana sinoornata
Herbstenzian
BODEN: sauer, durchlässig
LAGE: sonnig bis halbschattig
BLÜTENFARBE: leuchtendes Blau
BLÜTEZEIT: Herbst
DÜNGUNG: im Frühling mit Rhododendrondünger
WEITERE HINWEISE: Frischgrüne Blätter, wundervolle Blüte im Herbst. Gedeiht nicht in der Traufe unter Sträuchern, daher am Rand des Beets ansiedeln.

***Magnolia* x *soulangeana* 'Lennei'**
Tulpenmagnolie
BODEN: nährstoffreich, schwer, aber durchlässig
LAGE: halbschattig
BLÜTENFARBE: innen cremeweiß, außen purpurrot
BLÜTEZEIT: zeitiger Frühling bis Spätfrühling
DÜNGUNG: Im Winter gut mit Lauberde mulchen und im Frühling Rhododendrondünger geben.
SCHNITT: Nur, um nach der Blüte unschön gewachsene Triebe zu entfernen.
WEITERE HINWEISE: Eignet sich nicht für flachgründige Böden über Kalk, anfangs trägwüchsig, Blüten spätfrostgefährdet.

Meconopsis betonicifolia
Blauer Scheinmohn
BODEN: sauer bis neutral, locker
LAGE: kühl, schattig, hohe Luftfeuchtigkeit
BLÜTENFARBE: intensives Blau, Staubgefäße gelb
BLÜTEZEIT: Früh- bis Spätsommer
DÜNGUNG: mit Rhododendrondünger im Frühling
SCHNITT: Im Jahr der Pflanzung erscheinende Blütenansätze entfernen, da die Pflanze sonst nach der Blüte abstirbt.
WEITERE HINWEISE: Unvergleichliche Blüten auf hohen Stängeln über dem Laub. Anspruchsvolle Pflanze, die nur bei genau zusagenden Bedingungen gedeiht.

***Rhododendron* 'Cunningham's White'**
BODEN: guter, sandiger Lehm, durchlässig, mit Lauberde
LAGE: halbschattig mit Schutz vor starkem Wind und Austrocknung
BLÜTENFARBE: Mauve, im Abblühen reinweiß
BLÜTEZEIT: Frühling bis Frühsommer
DÜNGUNG: mit Rhododendrondünger im Frühling
SCHNITT: Alte Blüten entfernen, nach der Blüte auslichten und beschädigte Zweige herausnehmen.
WEITERE HINWEISE: zuverlässiger, stattlicher Rhododendron

***Rhododendron* 'Christmas Cheer'**
BODEN: guter, sandiger Lehm, durchlässig, mit Lauberde
LAGE: halbschattig mit Schutz vor starkem Wind und Austrocknung
BLÜTENFARBE: Weiß, rosa überhaucht
BLÜTEZEIT: Frühling bis Frühsommer
DÜNGUNG: mit Rhododendrondünger im Frühling
SCHNITT: Alte Blüten entfernen. Kann nach der Blüte ausgelichtet und beschädigte Zweige können herausgenommen werden; ist die Pflanze aber zu groß geworden, so ersetzt man sie besser, als dass man sie stark zurückschneidet.
WEITERE HINWEISE: sehr schöner und zuverlässig blühender Rhododendron

1
2
3
4
5
6
7
8
9
10
11
12

AUF SAUREM BODEN: STAUDEN UND STRÄUCHER

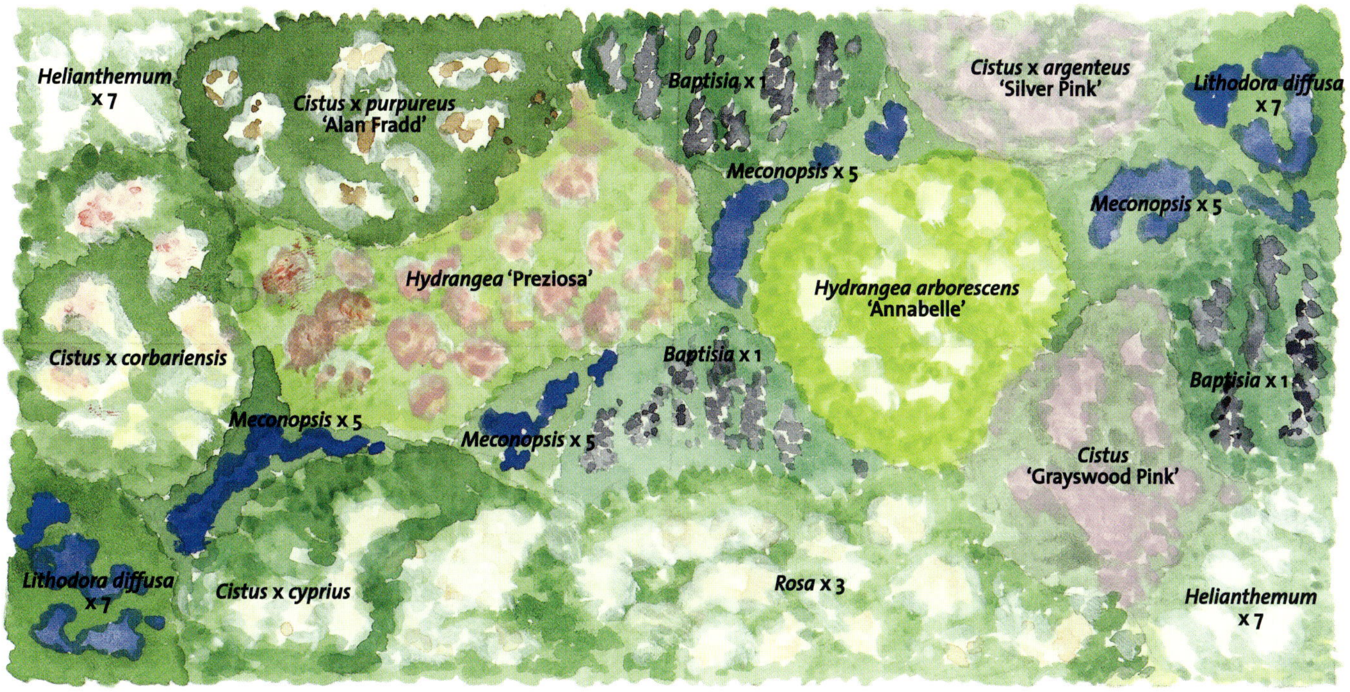

	DIE PFLANZEN	ANZAHL
1	*Meconopsis grandis*	20
2	*Baptisia australis*	3
3	*Cistus* x *corbariensis* (syn. *Cistus* x *hybridus*)	1
4	*Cistus* x *cyprius*	1
5	*Cistus* x *purpureus* 'Alan Fradd'	1
6	*Hydrangea arborescens* 'Annabelle'	1
7	*Hydrangea* 'Preziosa'	1
8	*Lithodora diffusa* (syn. *Lithospermum diffusum*)	14
9	*Helianthemum* 'The Bride' (oder eine andere helle Sorte, etwa 'Wisley Primrose')	14
10	*Cistus* 'Grayswood Pink'	1
11	*Rosa pimpinellifolia*	3
12	*Cistus* x *argenteus* 'Silver Pink'	1

GRÖSSE UND PFLANZABSTAND

Baptisia australis: 110 cm x 60 cm

Cistus x *argenteus* 'Silver Pink': 60 cm x 60 cm

Cistus x *corbariensis*: 90 cm x 90 cm

Cistus x *cyprius*: 180 cm x 90 cm

Cistus 'Grayswood Pink': 90 cm x 90 cm

Cistus x *purpureus* 'Alan Fradd': 90 cm x 90 cm

Helianthemum 'The Bride': 20 cm x 20 cm, mit 15 cm Abstand setzen.

Hydrangea arborescens 'Annabelle': 90 cm x 90 cm

Hydrangea 'Preziosa': 90 cm x 90 cm

Lithodora diffusa: 20 cm x 20 cm, mit 15 cm Abstand setzen.

Meconopsis grandis: 90 cm x 30 cm, mit 20 cm Abstand setzen.

Rosa pimpinellifolia: 90 cm x 90 cm, mit 75 cm Abstand setzen.

ZUSATZBEPFLANZUNG

FRÜHLINGSBLÜHER

Im Herbst:
Tulpen übers Beet verteilt setzen: 20 'Oratorio' (blühen im zeitigen Frühling); 20 'Purissima' in Fünfergruppen; 10 'Peach Blossom' in Fünfergruppen; 10 'Angélique' in Fünfergruppen; außerdem 10 'Carnaval de Nice' einzeln in Lücken.

SOMMERBLÜHER

Im Spätfrühling:
20 rosa Kosmeen in freie Stellen überall im Beet setzen.

20 Lupinen (*Lupinus texensis*) nahe an der Vorderseite des Beets setzen.

ALLGEMEINE PFLEGEHINWEISE

Im zeitigen Frühling mit Lauberde mulchen.

Im Frühling mit Rhododendrondünger düngen, die Rosen dann nochmals im Hochsommer düngen.

Die *Baptisia* anbinden, wenn nötig.

Die Tulpen düngen und die Blätter abschneiden, wenn sie gelb werden.

Laub und abgestorbene Pflanzenreste im Spätherbst entfernen.

DIE PFLANZEN IM EINZELNEN

Baptisia australis
Färberhülse, Indigolupine
BODEN: nährstoffreich, durchlässig
LAGE: sonnig bis halbschattig
BLÜTENFARBE: Indigoblau
BLÜTEZEIT: Früh- bis Spätsommer
DÜNGUNG: Frühling
SCHNITT: Im Spätherbst auf 30 cm zurückschneiden.
WEITERE HINWEISE: Eine stattliche Staude mit blaugrünen Blättern an hohen Stängeln und lupinenähnlichen Blüten.

***Cistus* x *argenteus* 'Silver Pink'**
Zistrose
BODEN: durchlässig
LAGE: sonnig
BLÜTENFARBE: helles Silberrosa
BLÜTEZEIT: Spätfrühling bis Hochsommer
DÜNGUNG: Frühling
SCHNITT: Wenn nötig, nach der Blüte etwas stutzen.
WEITERE HINWEISE: Neben der Blüte ist auch das silbrig grüne Laub bei dieser Art sehr zierend. Zistrosen sind in Mitteleuropa nur in wärmsten Lagen winterhart.

Cistus* x *corbariensis
Zistrose
BODEN: durchlässig
LAGE: sonnig
BLÜTENFARBE: Weiß mit gelber Mitte
BLÜTEZEIT: Spätfrühling bis Hochsommer
DÜNGUNG: Frühling
SCHNITT: Wenn nötig, nach der Blüte etwas stutzen.
WEITERE HINWEISE: Ein kompakter Strauch mit Unmengen weißer Blüten und grünem Laub und eine vergleichsweise winterharte Zistrose.

Cistus* x *cyprius
Zistrose
BODEN: durchlässig
LAGE: sonnig
BLÜTENFARBE: Weiß, roter Basalfleck, Mitte gelb
BLÜTEZEIT: Spätfrühling bis Hochsommer
DÜNGUNG: Frühling
SCHNITT: Wenn nötig, nach der Blüte etwas stutzen, aber nicht bis ins alte Holz zurückschneiden.
WEITERE HINWEISE: Wird relativ hoch, reich blühend, die Einzelblüte hält wie bei allen Zistrosen nur einen Tag, es erscheinen aber ständig neue, Winterschutz erforderlich.

***Cistus* 'Grayswood Pink'**
Zistrose
BODEN: durchlässig
LAGE: sonnig
BLÜTENFARBE: Hellrosa
BLÜTEZEIT: Spätfrühling bis Hochsommer
DÜNGUNG: Frühling
SCHNITT: Wenn nötig, nach der Blüte etwas stutzen, aber nicht bis ins alte Holz zurückschneiden.
WEITERE HINWEISE: Eine der härtesten Zistrosen, wie alle mit beim Zerreiben aromatisch duftendem Laub.

***Cistus* x *purpureus* 'Alan Fradd'**
Zistrose
BODEN: durchlässig
LAGE: sonnig bis halbschattig
BLÜTENFARBE: Weiß mit dunklem Fleck in der Mitte
BLÜTEZEIT: Spätfrühling bis Hochsommer
DÜNGUNG: Frühling
SCHNITT: Wenn nötig, nach der Blüte etwas stutzen.
WEITERE HINWEISE: Recht große weiße Blüten mit dunkler Mitte, benötigt etwas Winterschutz.

***Helianthemum* 'The Bride'**
Sonnenröschen
BODEN: durchlässig
LAGE: sonnig
BLÜTENFARBE: Weiß
BLÜTEZEIT: Spätfrühling bis Hochsommer
DÜNGUNG: Frühling, wenig düngen
SCHNITT: Nach der Blüte stutzen, damit der Wuchs kompakt bleibt.
WEITERE HINWEISE: Sonnenröschen sind winterharte Verwandte der Zistrosen mit ebenso schönen, aber kleineren Blüten.

***Hydrangea arborescens* 'Annabelle'**
Waldhortensie
BODEN: feucht, nicht austrocknend, mit Lauberde
LAGE: sonnig bis halbschattig
BLÜTENFARBE: Knospen grünlich weiß, aufgeblüht rahmweiß
BLÜTEZEIT: Hochsommer bis Herbst
DÜNGUNG: mit Rhododendrondünger im Frühling
SCHNITT: So wenig wie möglich, alte Blütenstände bis zum Frühjahr belassen und dann über einem Paar treibender Knospen abschneiden.
WEITERE HINWEISE: Blütenstände eignen sich als Trockenstrauß in der Vase.

***Hydrangea* 'Preziosa'**
Hortensie
BODEN: feucht, nicht austrocknend, mit Lauberde
LAGE: sonnig bis halbschattig
BLÜTENFARBE: anfangs Rosa, später dunkles Karminrot
BLÜTEZEIT: Hochsommer bis Herbst
DÜNGUNG: mit Rhododendrondünger im Frühling
SCHNITT: Im Frühling altes oder schlecht gewachsenes Holz herausschneiden.
WEITERE HINWEISE: Die Farbintensität der Blüten nimmt im Verlauf des Sommers immer mehr zu.

Lithodora diffusa
Steinsame
BODEN: sauer und feucht, aber durchlässig
LAGE: sonnig
BLÜTENFARBE: leuchtendes Blau
BLÜTEZEIT: Spätfrühling bis Frühsommer
DÜNGUNG: Frühling
SCHNITT: Nach der Blüte etwas stutzen.
WEITERE HINWEISE: Ein schöner Zwergstrauch mit Unmengen trichterförmiger Blüten an den Enden der niederliegenden Triebe, in rauen Lagen Winterschutz geben.

Meconopsis grandis
Scheinmohn
BODEN: sauer bis neutral, locker
LAGE: kühl, schattig, hohe Luftfeuchtigkeit
BLÜTENFARBE: intensives Blau
BLÜTEZEIT: Früh- bis Spätsommer
DÜNGUNG: Mit Volldünger im Frühling, mit Lauberde mulchen.
SCHNITT: Nicht schneiden.
WEITERE HINWEISE: Zarte, große Mohnblüten in wundervollem Blau auf hohen, kräftigen Stängeln.

Rosa pimpinellifolia
Bibernellrose
BODEN: jeder außer Sand oder Kalk
LAGE: sonnig
BLÜTENFARBE: ungefüllte weiße Blüten mit gelben Staubgefäßen
BLÜTEZEIT: Spätfrühling bis Frühsommer
DÜNGUNG: Im Winter mit Stallmist mulchen, im Frühling Volldünger und im Hochsommer Rosendünger geben.
SCHNITT: Wenn nötig, nach der Blüte etwas stutzen, aber so, dass sich noch genügend Hagebutten entwickeln.
WEITERE HINWEISE: Anspruchslose Rose mit farnartigem, frischgrünem Laub.

AUF KALK VOR EINER MAUER: SONNIG ODER HALBSCHATTIG

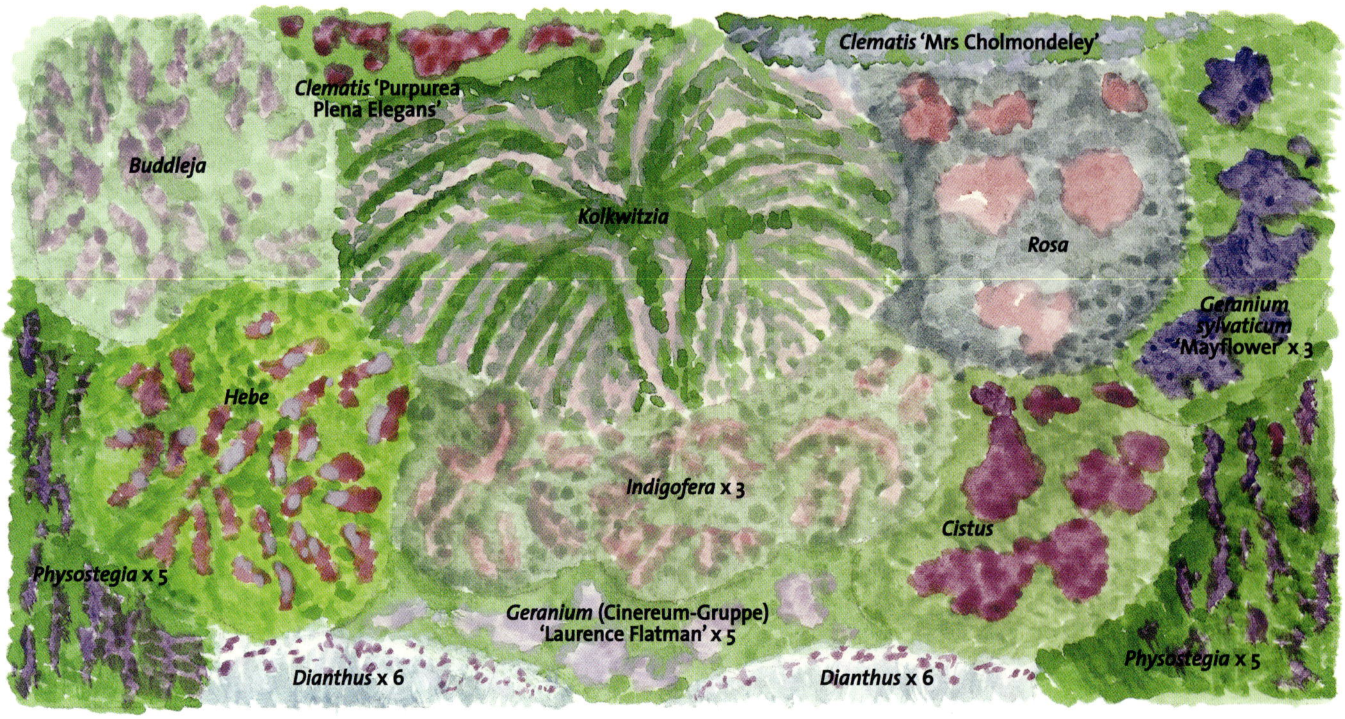

	DIE PFLANZEN	ANZAHL
1	*Rosa glauca*	1
2	*Indigofera heterantha*	3
3	*Hebe* 'Great Orme'	1
4	*Buddleja* 'Pink Pearl'	1
5	*Dianthus* 'Gran's Favourite'	12
6	*Cistus* x *purpureus*	1
7	*Clematis* 'Purpurea Plena Elegans'	1
8	*Kolkwitzia amabilis* (z. B. 'Pink Cloud')	1
9	*Physostegia virginiana*	10
10	*Geranium* (Cinereum-Gruppe) 'Laurence Flatman'	5
11	*Clematis* 'Mrs Cholmondeley'	1
12	*Geranium sylvaticum* 'Mayflower'	3

1

2

3

4

5

6

7

8

9

10

11

12

GRÖSSE UND PFLANZABSTAND

Buddleja 'Pink Pearl': 300 cm x 150 cm

Cistus x *purpureus*: 90 cm x 90 cm

Clematis 'Mrs Cholmondeley': 360 cm x 120 cm

Clematis 'Purpurea Plena Elegans': 450 cm x 90 cm

Dianthus 'Gran's Favourite': 25 cm x 15 cm, mit 20 cm Abstand setzen.

Geranium (*Cinereum*-Gruppe) 'Laurence Flatman': 25 cm x 15 cm, mit 15 cm Abstand setzen.

Geranium sylvaticum 'Mayflower': 90 cm x 45 cm, mit 30 cm Abstand setzen.

Hebe 'Great Orme': 120 cm x 110 cm

Indigofera heterantha: 120 cm x 60 cm, mit 45 cm Abstand setzen.

Kolkwitzia amabilis: 180 cm x 180 cm

Physostegia virginiana: 90 cm x 60 cm, mit 30 cm Abstand setzen.

Rosa glauca: 150 cm x 150 cm

ZUSATZBEPFLANZUNG

FRÜHLINGSBLÜHER

Im Herbst oder Frühling:
20 rosa Primeln übers Beet verteilt setzen.

Im Herbst:
Tulpenzwiebeln setzen: 25 'Spring Green' zur Rückseite des Beets hin, 30 'Peach Blossom' in die Nähe der Primeln und *T. bakeri* 'Lilac Wonder' an der Vorderseite des Beets.

SOMMERBLÜHER

Im Sommer:
Verbena bonariensis in Lücken im Beet verteilt setzen. Diese Art wird am besten als Einjährige behandelt und am Ende des Sommers beseitigt.

Im Frühling:
Rosa blühenden Mohn an freien Stellen aussäen.

Im Herbst:
10 Zierlauch (*Allium hollandicum* 'Purple Sensation') einzeln übers Beet verteilt setzen.

ALLGEMEINE PFLEGEHINWEISE

Die Mauer mit Kletterhilfen versehen (s. Seite 9).

Die Clematis zum Ende des Winters auf 45 cm zurückschneiden.

Das Beet im Frühling mit Kompost mulchen.

Im Frühling Volldünger geben.

Die Clematis sorgfältig anbinden.

Die *Buddleja* im Frühling auf etwa 60 cm zurückschneiden.

Die *Indigofera* im Frühling schneiden, damit sie eine ansprechende Form erhalten.

Die Strauchehrenpreis (Hebe) im Spätfrühling stutzen.

Den Storchschnabel nach der Blüte zurückschneiden.

Den Clematis vom Spätfrühling bis zum Frühherbst alle 2 Wochen Tomatendünger geben.

Den Rosen im Hochsommer Rosendünger geben.

Die Kolkwitzia nach der Blüte auslichten.

Die Rosen im Winter zurückschneiden.

Das gesamte Beet im Winter von abgestorbenen Pflanzenresten säubern.

DIE PFLANZEN IM EINZELNEN

***Buddleja* 'Pink Pearl'**
Sommerflieder, Schmetterlingsstrauch
BODEN: nährstoffreich, durchlässig
LAGE: sonnig bis halbschattig
BLÜTENFARBE: Rosa
BLÜTEZEIT: Hochsommer bis Herbst
DÜNGUNG: Frühling
SCHNITT: Im Spätwinter zurückschneiden.
WEITERE HINWEISE: Die süß duftenden Blüten ziehen Schmetterlinge magisch an.

Cistus* x *purpureus
Zistrose
BODEN: durchlässig
LAGE: sonnig
BLÜTENFARBE: Dunkelpurpurrosa mit rotem Basalfleck
BLÜTEZEIT: Spätfrühling bis Hochsommer
DÜNGUNG: Frühling
SCHNITT: Wenn nötig, nach der Blüte etwas stutzen, nicht bis ins alte Holz zurückschneiden.
WEITERE HINWEISE: Graugrüne Blätter, die schön mit den intensiv gefärbten Blüten kontrastieren, benötigt Winterschutz.

***Clematis* 'Mrs Cholmondeley'**
BODEN: durchlässig, nährstoffreich
LAGE: sonnig bis halbschattig
BLÜTENFARBE: Lavendelblau
BLÜTEZEIT: Spätfrühling bis Frühsommer und nochmals im Frühherbst
DÜNGUNG: Frühling
SCHNITT: Im Spätwinter auf etwa 60 cm über dem Boden zurückschneiden.
WEITERE HINWEISE: großblumige Clematis mit sehr schönen blauen Blüten

***Clematis* 'Purpurea Plena Elegans'**
BODEN: durchlässig, nährstoffreich
LAGE: sonnig bis halbschattig
BLÜTENFARBE: rötliches Purpur
BLÜTEZEIT: Frühsommer bis Herbst
DÜNGUNG: Mag hohe Nährstoffgaben, im Winter mit Stallmist mulchen und im Frühling Volldünger geben.
SCHNITT: Im Spätwinter auf etwa 30 cm über dem Boden zurückschneiden.
WEITERE HINWEISE: Reichblütig, Blüten gefüllt, ungewöhnliche Blütenfarbe, sehr gesunde Sorte.

***Dianthus* 'Gran's Favourite' Nelke**
BODEN: leicht, durchlässig
LAGE: sonnig
BLÜTENFARBE: Weiß mit kastanienbraunem Saum
BLÜTEZEIT: Frühsommer
DÜNGUNG: Knochenmehl im Spätherbst, kaliumreicher Dünger im Frühling und nach der Blüte
SCHNITT: Verblühtes abschneiden und Pflanze nach der Blüte stutzen.
WEITERE HINWEISE: Duftet sehr gut; soll im Herbst nicht vom Laub bedeckt werden, da die Feuchtigkeit darunter schlecht vertragen wird.

***Geranium* (Cinereum-Gruppe) 'Laurence Flatman' Storchschnabel**
BODEN: jeder gute Gartenboden
LAGE: sonnig
BLÜTENFARBE: Hellrosa mit dunklerer Mitte und kastanienbrauner Zeichnung
BLÜTEZEIT: Spätfrühling bis Frühherbst
DÜNGUNG: Volldünger im Frühling
SCHNITT: Nach der Blüte etwas in Form bringen.
WEITERE HINWEISE: attraktive Blütenzeichnung und lange Blütezeit

***Geranium sylvaticum* 'Mayflower' Bergwiesen-Storchschnabel**
BODEN: jeder durchlässige Gartenboden
LAGE: sonnig bis halbschattig
BLÜTENFARBE: dunkles Blauviolett mit weißem Auge
BLÜTEZEIT: Spätfrühling bis Frühsommer
DÜNGUNG: Volldünger im Frühling
SCHNITT: Verblühtes entfernen, damit neue Blüten erscheinen.
WEITERE HINWEISE: Blüht recht früh, guter Bodendecker, passt sehr gut zu Rosen oder in ein Staudenbeet.

***Hebe* 'Great Orme' Strauchehrenpreis**
BODEN: jeder durchlässige Gartenboden
LAGE: vollsonnig
BLÜTENFARBE: Dunkelrosa, im Verblühen weiß
BLÜTEZEIT: Frühsommer bis Frühherbst
DÜNGUNG: Volldünger im Frühling
SCHNITT: Nur nach der Blüte etwas stutzen, um eine schöne Form zu bekommen.
WEITERE HINWEISE: In milden, geschützten Lagen winterhart, aber auch dort durch Mulchdecke und Reisigabdeckung schützen.

***Indigofera heterantha* Himalaja-Indigostrauch**
BODEN: nährstoffreich, durchlässig
LAGE: vollsonnig
BLÜTENFARBE: Rosa oder Weiß
BLÜTEZEIT: Sommer bis Herbst
DÜNGUNG: Volldünger im Frühling
SCHNITT: Im Frühling kräftig zurückschneiden.
WEITERE HINWEISE: Etwas empfindlich, friert oft zurück, kommt aber nach Rückschnitt noch im gleichen Jahr wieder zur Blüte.

Kolkwitzia amabilis
BODEN: jeder Gartenboden
LAGE: vollsonnig
BLÜTENFARBE: dunkles Rosa
BLÜTEZEIT: Spätfrühling bis Frühsommer
DÜNGUNG: Frühling
SCHNITT: Nach der Blüte tote oder schlecht gewachsene Triebe entfernen.
WEITERE HINWEISE: Sehr schöner Blütenstrauch, der öfter verwendet werden sollte.

***Physostegia virginiana* Gelenkblume**
BODEN: Jeder, der nicht austrocknet.
LAGE: sonnig
BLÜTENFARBE: Weiß, Rosa oder Fliederfarben
BLÜTEZEIT: Hochsommer bis Frühherbst
DÜNGUNG: Volldünger im Frühling
SCHNITT: Nicht schneiden.
WEITERE HINWEISE: Wegen der späten Blüte sehr wertvoll, Einzelblüten drehbar, als hätten sie ein Gelenk (Name!).

***Rosa glauca* Hechtrose**
BODEN: jeder gute Gartenboden
LAGE: sonnig bis halbschattig
BLÜTENFARBE: Rosa mit gelber Mitte
BLÜTEZEIT: Spätfrühling bis Frühsommer
DÜNGUNG: Frühling
SCHNITT: Durch Rückschnitt im Winter eine schöne Form erhalten.
WEITERE HINWEISE: Einzigartige pflaumengraue Blätter, sehr schöne Hagebutten, auch als Schnittblume geeignet.

1

2

3

4

5

6

7

AUF KALK IM GARTEN: SONNIG ODER HALBSCHATTIG

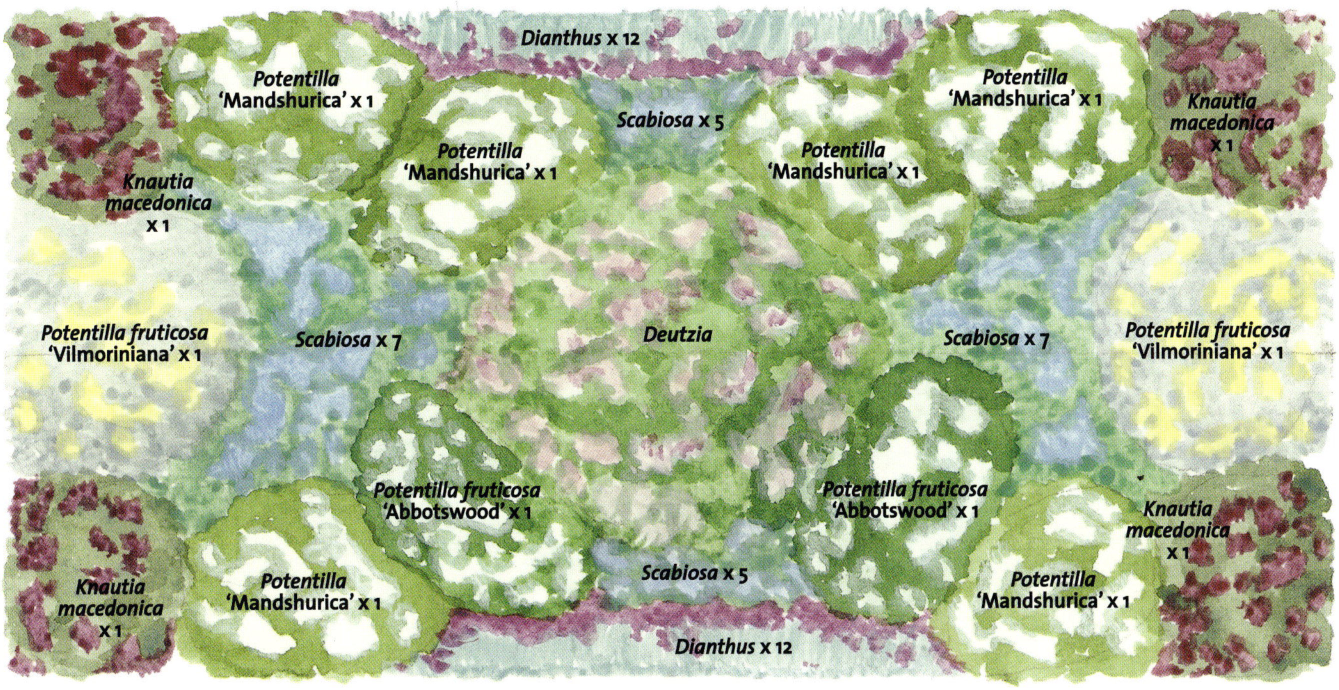

	DIE PFLANZEN	ANZAHL
1	*Potentilla fruticosa* 'Abbotswood'	2
2	*Dianthus* 'Laced Monarch'	24
3	*Potentilla* 'Mandshurica' (syn. *P. fruticosa* 'Manchu')	6
4	*Potentilla fruticosa* 'Vilmoriniana'	2
5	*Knautia macedonica*	4
6	*Deutzia* x *hybrida* 'Mont Rose'	1
7	*Scabiosa caucasica* 'Clive Greaves'	24

GRÖSSE UND PFLANZABSTAND

Deutzia x *hybrida* 'Mont Rose': 180 cm x 120 cm

Dianthus 'Laced Monarch': 20 cm x 20 cm, mit 15 cm Abstand setzen.

Knautia macedonica: 45 cm x 45 cm

Potentilla fruticosa 'Abbotswood': 90 cm x 90 cm

Potentilla fruticosa 'Vilmoriniana': 120 cm x 90 cm

Potentilla 'Mandshurica': 30 cm x 75 cm, mit 60 cm Abstand setzen.

Scabiosa caucasica 'Clive Greaves': 60 cm x 20 cm, mit 20 cm Abstand setzen.

ZUSATZBEPFLANZUNG

FRÜHLINGSBLÜHER

Im Herbst:
50 lavendelblaue, blaue oder weiße Krokusse übers Beet verteilt setzen.

100 Träubelhyazinthen (*Muscari armeniacum* 'Blue Spike') übers Beet verteilt setzen.

50 *Anemone blanda* (Farbmischung) übers Beet verteilt setzen.

50 *Narcissus* 'Hawera' übers Beet verteilt setzen.

SOMMERBLÜHER

Im Spätfrühling:
Weiße Spinnenblume (*Cleome*) und weiße Kosmeen zur Rückseite des Beets hin in Lücken setzen.

ALLGEMEINE PFLEGEHINWEISE

Im Frühling Volldünger geben.

Im Frühling die Fingersträucher (*Potentilla*) zurückschneiden, damit sie eine ansprechende Form aufweisen, und dabei tote Zweige herausschneiden.

Die Blätter der Narzissen entfernen, wenn sie gelb oder braun werden.

Wenn nötig, die *Deutzia* nach der Blüte schneiden.

Bei den Nelken (*Dianthus*) den Sommer über Verblühtes laufend entfernen.

Bei den Skabiosen und *Knautia* Blüten entfernen, wenn sie verwelken.

Im Sommer mit flüssigem Volldünger düngen.

Das Beet im Winter säubern, dabei Sommerblumen beseitigen und im Spätwinter mit reichlich Kompost mulchen.

DIE PFLANZEN IM EINZELNEN

***Deutzia* x *hybrida* 'Mont Rose'**
BODEN: jeder Gartenboden
LAGE: sonnig
BLÜTENFARBE: Rosarot mit dunkleren Tönungen
BLÜTEZEIT: Frühsommer
DÜNGUNG: Volldünger im Frühling
SCHNITT: Nach der Blüte abgeblühte Triebe herausnehmen und auf eine ansprechende Form achten.
WEITERE HINWEISE: Deutzien sind robuste, anpassungsfähige und reich blühende Sträucher, sie zählen zu den schönsten Frühsommerblühern. Die meisten Blüten erscheinen an vorjährigen Trieben, deshalb ist es wichtig, alle 2–3 Jahre ältere Triebe kurz über dem Boden abzuschneiden.

***Dianthus* 'Laced Monarch'**
Nelke
BODEN: durchlässig, leicht
LAGE: vollsonnig
BLÜTENFARBE: Dunkelrosa mit dunklerem Saum
BLÜTEZEIT: Frühsommer
DÜNGUNG: im Frühling Volldünger, im Hochsommer Flüssigdünger
SCHNITT: Nach der Blüte etwas einkürzen.
WEITERE HINWEISE: Eine wundervoll duftende Nelke im alten Stil, die es wert ist, auch in

heutigen Staudenbeeten gepflanzt zu werden.

Knautia macedonica
Mazedonische Witwenblume
BODEN: jeder durchlässige Gartenboden
LAGE: vollsonnig
BLÜTENFARBE: dunkles Rot
BLÜTEZEIT: den ganzen Sommer
DÜNGUNG: Volldünger im Frühling
SCHNITT: Nicht schneiden.
WEITERE HINWEISE: Ein Blickfang im Beet mit kräftig gefärbten, an Skabiosen erinnernden Blüten. Neigt dazu auseinander zu fallen, nutzt deshalb gerne Nachbarpflanzen als Halt.

***Potentilla fruticosa* 'Abbotswood'**
Fingerstrauch
BODEN: jeder nicht zu feuchte Gartenboden
LAGE: sonnig bis halbschattig
BLÜTENFARBE: Weiß
BLÜTEZEIT: Frühsommer bis Frühherbst
DÜNGUNG: Volldünger im Frühling
SCHNITT: Wenn nötig, im Vorfrühling in eine ansprechende Form bringen.
WEITERE HINWEISE: Die zahllosen weißen Blüten vor dem bläulich grünen Laub und die lange Blütezeit machen den Wert dieses Strauchs aus.

***Potentilla fruticosa* 'Vilmoriniana'**
Fingerstrauch
BODEN: jeder nicht zu feuchte Gartenboden
LAGE: sonnig bis halbschattig
BLÜTENFARBE: helles Cremegelb
BLÜTEZEIT: Frühsommer bis Frühherbst
DÜNGUNG: Volldünger im Frühling
SCHNITT: Wenn nötig, im Vorfrühling in eine ansprechende Form bringen.
WEITERE HINWEISE: Wächst straff aufrecht, die gelben Blüten kontrastieren sehr schön mit dem silbrigen Laub des Strauchs.

***Potentilla* 'Mandshurica'**
Fingerstrauch
BODEN: jeder durchlässige Gartenboden
LAGE: sonnig bis lichter Schatten
BLÜTENFARBE: Weiß
BLÜTEZEIT: Früh- bis Spätsommer
DÜNGUNG: Volldünger im Frühling
SCHNITT: Wenn der Wuchs zu ordentlich wirkt, kann die Pflanze im zeitigen Frühling geschnitten werden.
WEITERE HINWEISE: ein weiterer zierlicher, weiß blühender Fingerstrauch mit silbrig grauem Laub

***Scabiosa caucasica* 'Clive Greaves'**
Große Skabiose
BODEN: durchlässig
LAGE: sonnig
BLÜTENFARBE: helles Blauviolett mit hellerer Mitte
BLÜTEZEIT: Hochsommer bis Frühherbst
DÜNGUNG: Frühling
SCHNITT: Abgeblühte Blütentriebe im Herbst bis zum Boden zurückschneiden.
WEITERE HINWEISE: Eine altbewährte horstbildende Staude mit schönen Blüten, die hoch über den lanzettähnlichen Blättern stehen.

EIN SCHÖN BEPFLANZTES KRÄUTERBEET

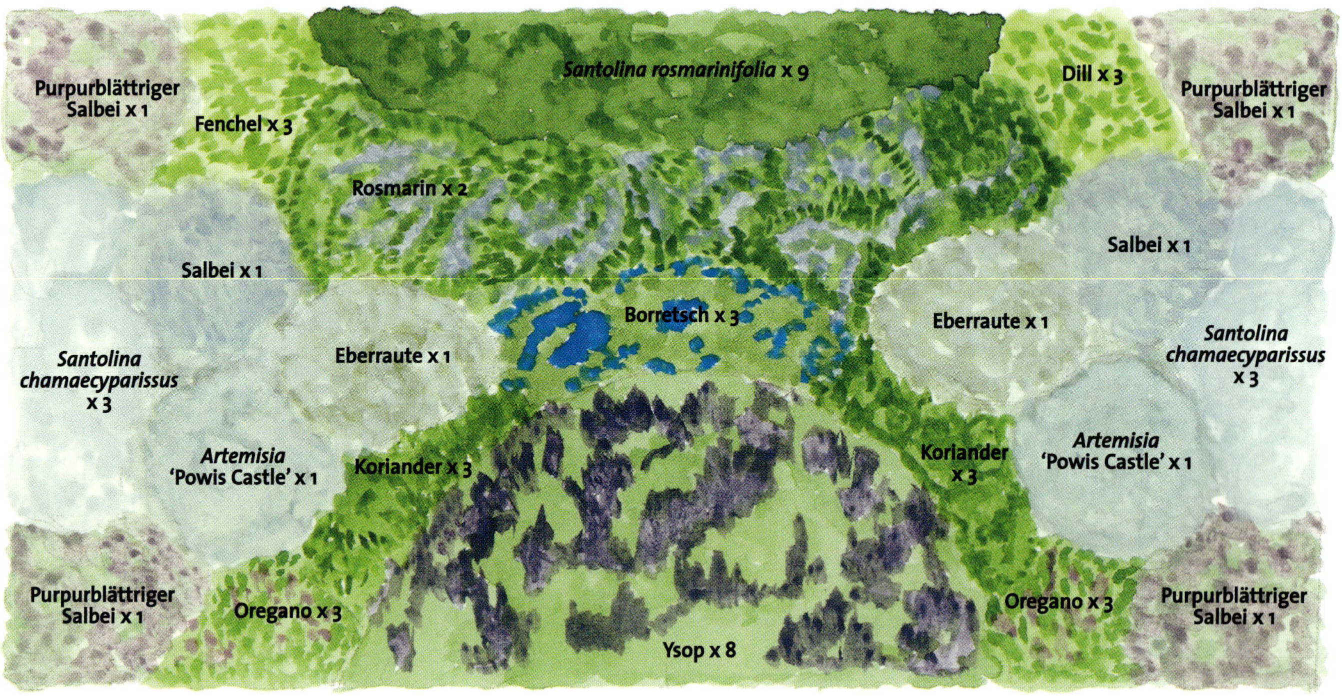

	DIE PFLANZEN	ANZAHL
1	*Coriandrum sativum* (Koriander)	6
2	*Foeniculum vulgare* (Fenchel)	3
3	*Salvia officinalis* 'Purpurascens'	4
4	*Salvia officinalis* (Salbei)	2
5	*Santolina chamaecyparissus* (syn. *S. incana*)	6
6	*Hyssopus officinalis* (Ysop)	8
7	*Anethum graveolens* (Dill)	3
8	*Santolina rosmarinifolia* (syn. *S. virens*)	9
9	*Artemisia* 'Powis Castle'	2
10	*Borago officinalis* (Borretsch)	3
11	*Artemisia abrotanum* (Eberraute)	2
12	*Origanum vulgare* (Oregano)	6
13	*Rosmarinus officinalis* 'Miss Jessopp's Upright' (oder eine andere frostharte Rosmarinsorte)	2

1

2

3

4

5

6

7

8

9

10

11

12

13

GRÖSSE UND PFLANZABSTAND

Dill: 90 cm x 25 cm, mit 25 cm Abstand setzen.

Artemisia abrotanum: 90 cm x 60 cm

Artemisia 'Powis Castle': 60 cm x 60 cm

Borretsch: 60 cm x 20 cm, mit 20 cm Abstand setzen.

Koriander: 45 cm x 15 cm, mit 15 cm Abstand setzen.

Fenchel: 150 cm x 45 cm, mit 30 cm Abstand setzen.

Ysop: 75 cm x 60 cm, mit 30 cm Abstand setzen.

Oregano: 30 cm x 15 cm, mit 15 cm Abstand setzen.

Rosmarin: 90 cm x 90 cm, mit 75 cm Abstand setzen.

Salbei und purpurblättriger Salbei: 60 cm x 60 cm

Santolina chamaecyparissus: 45 cm x 45 cm, mit 30 cm Abstand setzen.

Santolina rosmarinifolia: 45 cm x 60 cm, mit 30 cm Abstand setzen.

Die einjährigen Kräuter Borretsch, Dill und Koriander als Jungpflanzen im Frühling dazusetzen.

ZUSATZBEPFLANZUNG

Frühlings- oder Sommerblüher

Im Herbst oder Frühling:
An freie Stellen gesetzte Stiefmütterchen harmonieren im Frühling und Sommer sehr schön mit den Kräutern im Beet.

Frühlingsblüher

Im Herbst:
50 hohe Tulpen mit leuchtenden Blüten wie etwa 'Hamilton' in Fünfergruppen als Farbtupfer in freie Stellen setzen.

ALLGEMEINE PFLEGEHINWEISE

Wo angegeben, im Frühling Volldünger geben.

Im Frühling die Pflanzen stutzen, Salbei, *Santolina* und *Artemisia* zurückschneiden, damit sie neu austreiben und kompakt bleiben. Die Kräuter stets im Auge behalten und zurückschneiden, bevor sie ineinander wachsen.

Den Fenchel herunterschneiden, wenn er zu hoch wird.

DIE PFLANZEN IM EINZELNEN

Anethum graveolens
Dill
BODEN: jeder, etwas feucht
LAGE: sonnig
BLÜTENFARBE: Gelb
BLÜTEZEIT: Hoch- bis Spätsommer
DÜNGUNG: Nicht düngen.
SCHNITT: Einige Triebe zurückschneiden, damit sie nicht anfangen zu blühen und man die Blätter laufend für die Küche verwenden kann. Einige Blütenstände belassen, damit man bei Bedarf Saat ernten kann.
WEITERE HINWEISE: Bekanntes Küchengewürz, im Aroma milder als Fenchel. Sollte alljährlich neu angezogen werden, Jungpflanzen in Töpfen sind überall erhältlich.

Artemisia abrotanum
Eberraute
BODEN: durchlässig, leicht
LAGE: vollsonnig
FARBE: Wird wegen der frischgrünen Blätter gezogen.
BLÜTEZEIT: Nicht zur Blüte kommen lassen.
DÜNGUNG: Volldünger im Frühling
SCHNITT: Im Frühling auf 30 cm zurückschneiden, Blütenknospen im Spätfrühling und Sommer schon im Ansatz entfernen.
WEITERE HINWEISE: intensiv (nach Cola) duftendes Laub und eines der besten natürlichen Mittel zur Abschreckung von Motten

***Artemisia* 'Powis Castle'**
Beifuß
BODEN: durchlässig
LAGE: sonnig
FARBE: Wird wegen des silbrigen Laubs gepflanzt.

BLÜTEZEIT: Nicht zur Blüte kommen lassen.
DÜNGUNG: Frühling
SCHNITT: Rückschnitt im Frühling, um den Neutrieb anzuregen, eine ansprechende Form zu wahren und Blütenansätze zu entfernen, sobald sie angelegt werden.
WEITERE HINWEISE: Mit den schön geschnittenen, silberweißen Blättern ein guter Hintergrund für andere Pflanzen.

Borago officinalis
Borretsch
BODEN: locker, durchlässig
LAGE: sonnig
BLÜTENFARBE: Blau
BLÜTEZEIT: Frühsommer bis Frühherbst
DÜNGUNG: Nicht düngen.
SCHNITT: Nicht schneiden.
WEITERE HINWEISE: Die leuchtend blauen Blüten können für Drinks, Salate, kandiert oder in Eiswürfeln verwendet werden, die frischen Blätter für Salat. Sät sich an zusagenden Stellen überall im Garten selbst aus.

Coriandrum sativum
Koriander, Wanzenkraut
BODEN: leicht, durchlässig
LAGE: sonnig
BLÜTENFARBE: Weiß
BLÜTEZEIT: Hoch- bis Spätsommer
DÜNGUNG: Nicht düngen.
SCHNITT: Nicht schneiden.
WEITERE HINWEISE: Einjährig, kann im Frühling aus Saat angezogen oder als Jungpflanze im Topf gekauft werden.

Foeniculum vulgare
Fenchel
BODEN: durchlässig, leicht
LAGE: sonnig
FARBE: gelbe Blüten, grüne oder bronzefarbene Blätter
BLÜTEZEIT: Hoch- bis Spätsommer
DÜNGUNG: Nicht düngen.
SCHNITT: Wächst sehr stark, Blüten auskneifen, wenn die Blätter in der Küche verwendet werden sollen. Durch dauernden Rückschnitt in der gewünschten Größe halten, treibt stets wieder durch.
WEITERE HINWEISE: Fiedrige Blätter mit Anisgeruch, die für Salate, Saucen und Füllungen verwendet werden. Sät sich im Garten reichlich selbst aus, sodass stets Nachschub vorhanden ist.

Hyssopus officinalis
Ysop
BODEN: durchlässig, leicht
LAGE: sonnig
BLÜTENFARBE: kräftiges Blau
BLÜTEZEIT: Hochsommer bis Frühherbst
DÜNGUNG: Nicht düngen.
SCHNITT: Im Frühling stutzen, im Herbst zurückschneiden.
WEITERE HINWEISE: Heute oft wegen der leuchtenden Blüten gezogen, die außerdem zahlreiche Bienen anlocken.

Origanum vulgare
Oregano
BODEN: durchlässig, aber nicht austrocknend
LAGE: sonnig bis halbschattig
BLÜTENFARBE: Malvenfarben
BLÜTEZEIT: Hochsommer bis Herbst
DÜNGUNG: Nicht düngen.
SCHNITT: Zum Ende des Sommers alle Blütentriebe bodennah abschneiden.
WEITERE HINWEISE: Neigt dazu, sich auszubreiten, wenn nötig, dort ausgraben, wo es unerwünscht ist.

Rosmarinus officinalis
'Miss Jessopp's Upright'
BODEN: durchlässig
LAGE: sonnig
BLÜTENFARBE: Hellblau
BLÜTEZEIT: Frühsommer
DÜNGUNG: Volldünger im Frühling
SCHNITT: Gleich nach der Blüte etwas und im Spätsommer nochmals kräftiger zurückschneiden.
WEITERE HINWEISE: Beliebtes Gewürz für Fleisch und Gemüse, auch als Tee gegen Kopfschmerzen sowie zum Aufhellen dunkler Haare. In Mitteleuropa besser als Topfpflanze frostfrei überwintern, die Winterhärte von Rosmarin ist sortenabhängig, am härtesten sind 'Backnang' und ähnliche Sorten.

Salvia officinalis* und *S. o.
'Purpurascens'
Salbei und purpurblättriger Salbei
BODEN: durchlässig
LAGE: sonnig
BLÜTENFARBE: Blau
BLÜTEZEIT: Hochsommer, wird aber nicht der Blüten wegen gezogen, daher besser laufend stutzen und auf kompakten Wuchs achten.
DÜNGUNG: Im Frühling etwas kalken.
SCHNITT: Im Frühling etwas zurückschneiden und im Sommer immer wieder stutzen.
WEITERE HINWEISE: In Würzmischungen, Füllungen und Saucen. Schöne, aber zuweilen kurzlebige Staude, die purpurblättrige Sorte bleibt etwas kleiner.

Santolina chamaecyparissus
und S. rosmarinifolia
BODEN: durchlässig
LAGE: sonnig
BLÜTENFARBE: Gelb, wird aber wegen des Laubs verwendet, das bei *S. chamaecyparissus* silbrig, bei *S. rosmarinifolia* intensiv grün ist.
BLÜTEZEIT: Im Hochsommer, muss aber nicht zur Blüte kommen.
DÜNGUNG: mit wenig Volldünger im Frühling
SCHNITT: Durch Schnitt kompakt halten, im Frühling kräftig zurückschneiden, ab Hochsommer nicht mehr schneiden, damit die Triebe zum Winter noch ausreifen.
WEITERE HINWEISE: schöne Zwergsträucher mit aromatischem Laub

1

2

3

4

5

6

7

8

9

10

11

12

13

14

15

EIN KRÄUTERBEET ZUM ANBEISSEN

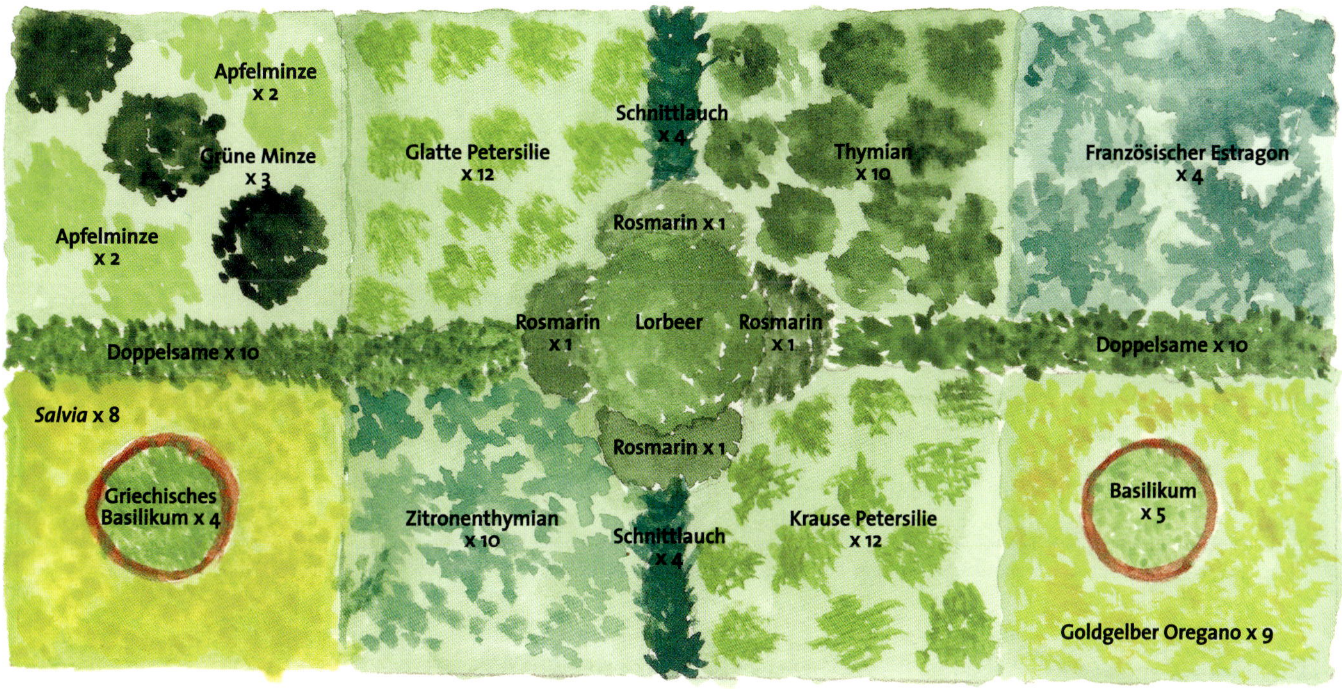

	DIE PFLANZEN	ANZAHL
1	Schnittlauch (*Allium schoenoprasum*)	8
2	Rosmarin (*Rosmarinus officinalis*)	4
3	Goldgelber Oregano (*Origanum vulgare* 'Aureum')	9
4	Doppelsame (*Diplotaxis tenuifolia*)	20
5	Glatte Petersilie (*Petroselinum crispum*)	12
6	Französischer Estragon (*Artemisia dracunculus* 'Sativa')	4
7	Thymian (*Thymus vulgaris*)	10
8	Lorbeer (*Laurus nobilis*), als Hochstamm	1
9	Basilikum (*Ocimum basilicum*)	5
10	Zitronenthymian (*Thymus* x *citriodorus*)	10
11	Grüne Minze (*Mentha spicata*)	3
12	Apfelminze (*Mentha rotundifolia*)	4
13	Krause Petersilie (*Petroselinum crispum*)	12
14	Salbei (*Salvia officinalis* 'Icterina')	8
15	Griechisches Basilikum (*Ocimum minimum* 'Golden Globe' oder eine andere Sorte von *O. minimum*)	5

GRÖSSE UND PFLANZABSTAND
Schnittlauch: 13 cm x 13 cm, mit 13 cm Abstand setzen.
Estragon: 45 cm x 30 cm, mit 30 cm Abstand setzen.
Doppelsame: 15 cm x 25 cm, mit 15 cm Abstand setzen.
Der Lorbeer wird als Hochstamm im Kübel gezogen. Höhe je nach Schnitt und ganz wie gewünscht.
Apfel- und Grüne Minze: 60 cm x 30 cm, verbreiten sich durch Ausläufer. In einem 35-cm-Topf pflanzen, der eingegraben wird, und so die Ausbreitung eingrenzen.
Basilikum: 15 cm x 15 cm, zwei Töpfe mit jeweils einer Sorte nebeneinander setzen. Jeder Topf sollte 45 cm Durchmesser haben und zuunterst mit einer Lage Schotter, darüber dann mit durchlässiger Blumenerde gefüllt werden. Die Töpfe dann wie im Plan auf Seite 165 gezeigt jeweils vorne links und rechts aufstellen.
Goldgelber Oregano: 20 cm x 20 cm, mit 20 cm Abstand setzen.
Petersilie: 25 cm x 15 cm, mit 15 cm Abstand setzen.
Rosmarin: 75 cm x 45 cm, mit 90 cm Abstand um den Lorbeer setzen.
Salbei: 45 cm x 30 cm, mit 30 cm Abstand setzen.
Zitronen- und gewöhnlicher Thymian: 15–25 cm x 30 cm, mit 25 cm Abstand setzen.
Krause und glatte Petersilie und Basilikum werden als Einjährige behandelt und im Frühling ausgepflanzt.

ZUSATZBEPFLANZUNG
Eine zusätzliche Bepflanzung sollte nicht notwendig sein; wo aber im Frühling voraussichtlich Lücken sein werden, kann man im Herbst hohe Tulpen mit leuchtenden Blüten setzen und außerdem im Sommer Stiefmütterchen.

ALLGEMEINE PFLEGEHINWEISE
Wenn man von den Kräutern laufend Blätter pflückt, bleiben die Pflanzen kompakt und ansehnlich. Kräuter, die man in der Küche verwenden möchte, sollten nicht zur Blüte kommen, da die Blätter dann härter und eher bitter werden. Eine Ausnahme bildet nur der Schnittlauch, da seine Blüten einfach schön sind.
Die Minzen sollte man stets im Auge behalten: Auch wenn sie im Topf wachsen, wachsen sie oft über den Rand und breiten sich unkontrolliert aus. In dem Fall reißt man diese Teile einfach aus.
Rosmarin wächst recht kompakt, muss aber dann und wann im Frühling doch gestutzt werden.
Das Beet erhält im Frühling Volldünger.
Salbei, Estragon und Thymian werden im Frühling, wenn nötig, zurückgeschnitten.
Der Lorbeer muss an einem Stab gezogen werden, bis der Hochstamm seine endgültige Höhe erreicht hat.

DIE PFLANZEN IM EINZELNEN

Allium schoenoprasum
Schnittlauch
BODEN: etwas lehmig
LAGE: sonnig bis halbschattig
BLÜTENFARBE: Rosa
BLÜTEZEIT: Früh- und Hochsommer
DÜNGUNG: Nicht düngen.
SCHNITT: Blütenansätze abschneiden, wenn die Pflanze nicht blühen, sondern lieber weitere Blätter treiben soll. Braun werdende Blätter abschneiden.
WEITERE HINWEISE: Vielseitig verwendbar, etwa für Salate, Gemüse, Käse und Omeletts.

***Artemisia dracunculus* 'Sativa'**
Französischer Estragon
BODEN: durchlässig
LAGE: sonnig
BLÜTENFARBE: Nicht zur Blüte kommen lassen.
DÜNGUNG: im Frühjahr mit wenig Volldünger
SCHNITT: Im Frühling zurückschneiden und laufend stutzen, damit er nicht umfällt.
WEITERE HINWEISE: Geschätztes Küchenkraut für würzige Gerichte, besonders für Huhn sowie in Saucen.

Diplotaxis tenuifolia
Doppelsame
BODEN: durchlässig
LAGE: sonnig bis halbschattig
BLÜTENFARBE: Cremefarben
BLÜTEZEIT: Sommer, sollte nicht zur Blüte kommen.
DÜNGUNG: Nicht düngen.
SCHNITT: Junge Blätter schmecken am besten, deshalb laufend stutzen. Blüte abschneiden, da sonst der Geschmack leidet.

WEITERE HINWEISE: Kräftiges, senfähnliches und pfefferig scharfes Aroma, gut für Salate oder Pasta.

Laurus nobilis
Lorbeer
BODEN: durchlässig
LAGE: sonnig
BLÜTENFARBE: Gelbgrün
BLÜTEZEIT: Frühling
DÜNGUNG: Volldünger im Frühling
SCHNITT: Als Hochstamm ziehen, Formschnitt im Frühsommer, danach stutzen, um die Form zu erhalten.
WEITERE HINWEISE: Leidet zuweilen unter Schildläusen, die man beim ersten Auftreten absammelt. Bei uns frostfrei zu überwinternde, pflegeleichte Kübelpflanze.

***Mentha rotundifolia* (Apfelminze) und *M. spicata* (Grüne Minze)**
BODEN: nährstoffreich, mit Kompost
LAGE: sonnig bis halbschattig
BLÜTENFARBE: Fliederfarben, sollte aber nicht zur Blüte kommen; Apfelminze mit frischgrünen Blättern.
DÜNGUNG: Nicht düngen.
SCHNITT: Minze wuchert sehr stark und sollte deshalb stets in Töpfen gezogen werden, seitliche Triebe abschneiden.
WEITERE HINWEISE: Apfelminze eignet sich gut für Saucen, passt zu Gemüse, Obstsalat und Eisgetränken. Grüne Minze schmeckt gut zu jungen Kartoffeln und als Tee.

***Ocimum minimum* (Griechisches Basilikum) und *O. basilicum* (Basilikum)**
BODEN: durchlässig, leicht
LAGE: sonnig
BLÜTENFARBE: Weiß
BLÜTEZEIT: Sollte nicht zur Blüte kommen, Knospen entfernen, damit neue Blätter nachwachsen.
DÜNGUNG: Nicht düngen.
WEITERE HINWEISE: Griechisches Basilikum hat kleinere, aromatischere Blätter. Bei uns sind beide Einjährige, die jeden Frühling neu gepflanzt werden müssen.

***Origanum vulgare* 'Aureum'**
Goldgelber Oregano
BODEN: durchlässig
LAGE: Sonnig oder etwas schattig, damit die Blattspitzen nicht braun werden.
BLÜTENFARBE: Rosa, sollte aber nicht zur Blüte kommen.
BLÜTEZEIT: Sommer
DÜNGUNG: Nicht düngen.
SCHNITT: Blüten abschneiden, Pflanze immer wieder stutzen.
WEITERE HINWEISE: Besonders als Pastagewürz, aber auch für Fleisch und Omeletts.

Petroselinum crispum
Petersilie
BODEN: durchlässig, mit Kompost
LAGE: sonnig bis halbschattig
FARBE: Wird wegen der Blätter gezogen.
BLÜTEZEIT: Sommer, sollte aber nicht zur Blüte kommen.
DÜNGUNG: In nährstoffreichen Boden pflanzen.
SCHNITT: Fortlaufend zurückschneiden, damit frische Blätter nachwachsen, Blüten auskneifen.
WEITERE HINWEISE: Reich an Vitaminen, vielseitig verwendbar, gut nach Knoblauch, da es dessen Geruch entgegenwirkt. Glatte Petersilie hat ein etwas kräftigeres Aroma als krause.

Rosmarinus officinalis
BODEN: durchlässig
LAGE: vollsonnig
BLÜTENFARBE: kräftiges Blau
BLÜTEZEIT: Frühling bis Frühsommer
DÜNGUNG: mit wenig Volldünger im Frühling
SCHNITT: Nach der Blüte stutzen.
WEITERE HINWEISE: Rosmarin in Mitteleuropa besser als Topfpflanze frostfrei überwintern, die Winterhärte ist sortenabhängig, am härtesten sind 'Backnang' und ähnliche Sorten.

***Salvia officinalis* 'Icterina'**
Grüngelber Salbei
BODEN: durchlässig
LAGE: sonnig
FARBE: Wegen der panaschierten Blätter gezogen, nicht zur Blüte kommen lassen.
DÜNGUNG: mit wenig Volldünger im Frühling
SCHNITT: Im Frühling in eine ansprechende Form bringen, die Blätter in der Küche verwenden. Blütenansätze ausbrechen und bis in den Spätsommer immer wieder stutzen.
WEITERE HINWEISE: Passt sehr gut zu Huhn, Schwein und Füllungen.

***Thymus vulgaris* (Thymian) und *T.* x *citriodorus* (Zitronenthymian)**
BODEN: leicht, durchlässig
LAGE: sonnig
BLÜTENFARBE: kräftiges Rosa
BLÜTEZEIT: Früh- bis Spätsommer
DÜNGUNG: im Frühling mit wenig Volldünger
SCHNITT: Im Spätfrühling zurückschneiden. Die Form bleibt ansprechender, wenn die Pflanze nicht zur Blüte kommt.
WEITERE HINWEISE: Kräftiges Aroma, gut in Stews und in Bouquet garni, zu gebratenem Fleisch und Huhn, junge Spitzen auch für Salat.

EINE STEINMAUER IN DER STADT: SONNIG UND DUFTEND

	DIE PFLANZEN	ANZAHL
1	*Jasminum officinale*	1
2	*Syringa meyeri*	6
3	*Escallonia* 'Iveyi'	1
4	*Geranium macrorrhizum* 'Album'	5
5	*Choisya ternata*	1
6	*Philadelphus* 'Manteau d'Hermine'	6
7	*Cytisus battandieri*	1
8	*Daphne bholua* 'Jacqueline Postill'	5
9	*Hesperis matronalis*	12
10	*Rosmarinus officinalis* 'Severn Sea'	2

1

2

3

4

5

6

7

8

9

10

GRÖSSE UND PFLANZABSTAND

Choisya ternata: 150 cm x 150 cm

Cytisus battandieri: 300 cm x 180 cm

Daphne bholua 'Jacqueline Postill': 110 cm x 60 cm, mit 60 cm Abstand setzen.

Escallonia 'Iveyi': 180 cm x 120 cm

Geranium macrorrhizum 'Album': 30 cm x 30 cm, mit 25 cm Abstand setzen.

Hesperis matronalis: 45 cm x 60 cm, mit 30 cm Abstand setzen.

Jasminum officinale: 450 cm x 600 cm, wenn nötig zurückschneiden.

Philadelphus 'Manteau d'Hermine': 90 cm x 60 cm, mit 60 cm Abstand setzen.

Rosmarinus officinalis 'Severn Sea': 75 cm x 45 cm, mit 90 cm Abstand setzen.

Syringa meyeri: 110 cm x 60 cm, mit 60 cm Abstand setzen.

ZUSATZBEPFLANZUNG

FRÜHLINGSBLÜHER

Im Herbst:
40 *Narcissus poeticus* var. *recurvus* in Zehnergruppen setzen.

40 weiße *Narcissus* 'Cheerfulness' in Zehnergruppen setzen.

Je 15 *Hyacinthus orientalis* 'City of Haarlem' und 15 *H. o.* 'Amethyst' einzeln übers Beet verteilt setzen.

SOMMERBLÜHER

Im Herbst oder Frühling:
15 *Lilium speciosum* var. *rubrum* an der Vorderseite des Beets in und um die Sträucher setzen.

30 rosa Stiefmütterchen um den Seidelbast setzen.

Im Herbst:
25 Königslilien (*Lilium regale*) in Fünfergruppen setzen.

Im Spätfrühling:
15 Ziertabak (*Nicotiana affinis*) in und um die Sträucher im Hintergrund des Beets setzen.

8 Duftpelargonien setzen: 5 in und um den Rosmarin, 3 hinter den Storchschnabel.

ALLGEMEINE PFLEGEHINWEISE

Die Mauer mit Kletterhilfen versehen (s. Seite 9) und die Haupttriebe des Jasmins anbinden.

Den Stamm des Ananasginsters (*Cytisus battandieri*) mit altem Nylonstrumpf oder Gartenschnur anbinden, damit er nicht scheuert.

Im Frühling Volldünger geben.

Bei den Narzissen das Laub belassen, bis es gelb wird, und dann ebenso wie alte Blüten abschneiden, oder die Zwiebeln aufnehmen, trocken lagern und im Herbst wieder einsetzen.

Wenn nötig, die Lilien anbinden.

Die *Escallonia* nach der Blüte zurückschneiden, damit sie ein zweites Mal blüht.

Alle anderen Sträucher nach der Blüte so auslichten, dass sie eine ansprechende Form behalten.

Das Beet im Herbst etwas mulchen und im Winter säubern.

DIE PFLANZEN IM EINZELNEN

Choisya ternata
Orangenblume
BODEN: jeder Gartenboden
LAGE: sonnig bis schattig
BLÜTENFARBE: Weiß
BLÜTEZEIT: Frühling bis Frühsommer, geringe Nachblüte im Herbst
DÜNGUNG: Frühling
SCHNITT: Kann nach der Blüte, wenn nötig, sehr kräftig zurückgeschnitten werden.
WEITERE HINWEISE: Ein sehr schöner Strauch mit beim Zerreiben aromatisch duftenden Blättern, auch für Blumensträuße. Nur in sehr milden Gegenden ausreichend hart, sollte dort aber häufiger gepflanzt werden.

Cytisus battandieri
(syn. *Argyrocytisus battandieri*)
Ananasginster
BODEN: jeder durchlässige Gartenboden
LAGE: sonnig
BLÜTENFARBE: Gelb
BLÜTEZEIT: Spätfrühling bis Frühsommer
DÜNGUNG: Vorfrühling
SCHNITT: Wenn nötig, nach der Blüte zurückschneiden.
WEITERE HINWEISE: Kegelförmige Blütentrauben mit Ananasduft und silbrige Belaubung kennzeichnen diesen Strauch. Benötigt Weinbauklima und geschützte Lagen, etwa vor einer Südmauer.

***Daphne bholua* 'Jacqueline Postill'**
Himalaja-Seidelbast
BODEN: kühl, feucht, humusreich
LAGE: sonnig bis halbschattig

BLÜTENFARBE: Purpurweiß und Weiß
BLÜTEZEIT: Winter bis Vorfrühling
DÜNGUNG: Frühling
SCHNITT: Nicht notwendig, kann nach der Blüte vorsichtig ausgelichtet werden.
WEITERE HINWEISE: Aufrecht wachsender Strauch mit glänzenden, immergrünen Blättern und intensiv duftenden Blüten.

***Escallonia* 'Iveyi'**
BODEN: jeder durchlässige Gartenboden
LAGE: sonnig
BLÜTENFARBE: Weiß
BLÜTEZEIT: im Frühling, oft nochmals im Frühherbst
DÜNGUNG: Frühling
SCHNITT: Nach der ersten Blüte zurückschneiden, damit eine zweite erfolgt.
WEITERE HINWEISE: Immergrün, duftende Blüten, benötigt in Mitteleuropa sehr guten Winterschutz oder Überwinterung im Kalthaus.

Geranium macrorrhizum
'Album'
Weißer Felsenstorchschnabel
BODEN: jeder Gartenboden
LAGE: sonnig bis schattig
FARBE: weiße Blüten, ältere Blätter mit schönem rotem Anflug
BLÜTEZEIT: Frühling bis Frühsommer
WEITERE HINWEISE: guter Bodendecker mit aromatisch duftenden Blättern

Hesperis matronalis
Nachtviole
BODEN: durchlässig, nicht zu nährstoffhaltig
LAGE: sonnig
BLÜTENFARBE: Weiß oder Violett
BLÜTEZEIT: Spätfrühling bis Hochsommer und nochmals im Herbst
DÜNGUNG: Nicht erforderlich, verträgt aber etwas Knochenmehl jeden zweiten Winter.
SCHNITT: Nach der Blüte im Herbst bis zum neuen Laub herunterschneiden.
WEITERE HINWEISE: Eine klassische Pflanze des Cottagegartens mit Blüten, die abends sehr gut duften.

Jasminum officinale
Echter Jasmin
BODEN: jeder Gartenboden
LAGE: sonnig bis halbschattig
BLÜTENFARBE: Weiß
BLÜTEZEIT: Frühsommer und Frühherbst
DÜNGUNG: in den ersten Jahren im Frühling, dann nicht mehr
SCHNITT: Nach der Blüte ineinander wachsende Triebe entwirren und während der Wachstumszeit immer wieder auf einen ansprechenden Wuchs achten.
WEITERE HINWEISE: Duftet sehr gut und intensiv, schon eine Blüte kann einen ganzen Raum mit Duft erfüllen. In Mitteleuropa nicht ausreichend winterhart, härter ist hier der ähnliche *J.* x *stephanense* mit gleichfalls duftenden, rosa Blüten.

Philadelphus
'Manteau d'Hermine'
Pfeifenstrauch, Falscher Jasmin
BODEN: jeder normale, mit Humus versetzte Gartenboden
LAGE: sonnig bis halbschattig
BLÜTENFARBE: Rahmweiß
BLÜTEZEIT: Früh- bis Hochsommer
DÜNGUNG: Frühling
SCHNITT: Nach der Blüte einige der alten Blütentriebe bis zum Boden zurücknehmen.
WEITERE HINWEISE: Bleibt recht klein, blüht sehr reich, Blüten mit angenehmem Duft nach Vanille.

Rosmarinus officinalis
'Severn Sea'
BODEN: durchlässig
LAGE: vollsonnig
BLÜTENFARBE: kräftiges Blau
BLÜTEZEIT: Frühling bis Frühsommer
DÜNGUNG: mit wenig Volldünger im Frühling
SCHNITT: Nach der Blüte stutzen.
WEITERE HINWEISE: Wuchs sehr schön, mit überhängenden Zweigen, Blüte mit besonders intensivem Blau. In sehr geschützte Lage pflanzen und Winterschutz durch Nadelholzreisig geben.

Syringa meyeri
Zwergflieder
BODEN: jeder Gartenboden
LAGE: sonnig bis lichter Schatten
BLÜTENFARBE: Lavendelrosa
BLÜTEZEIT: Spätfrühling bis Frühsommer
DÜNGUNG: Knochenmehl im Herbst
SCHNITT: Schwache oder schlecht gewachsene Triebe nach der Blüte ausschneiden.
WEITERE HINWEISE: rundlicher, vieltriebiger Busch mit kleinen runden Blättern und zahlreichen Rispen mit duftenden Blüten

1

2

3

4

5

6

7

8

9

10

EIN HOCHBEET VOR EINER MAUER: SONNIG ODER HALBSCHATTIG

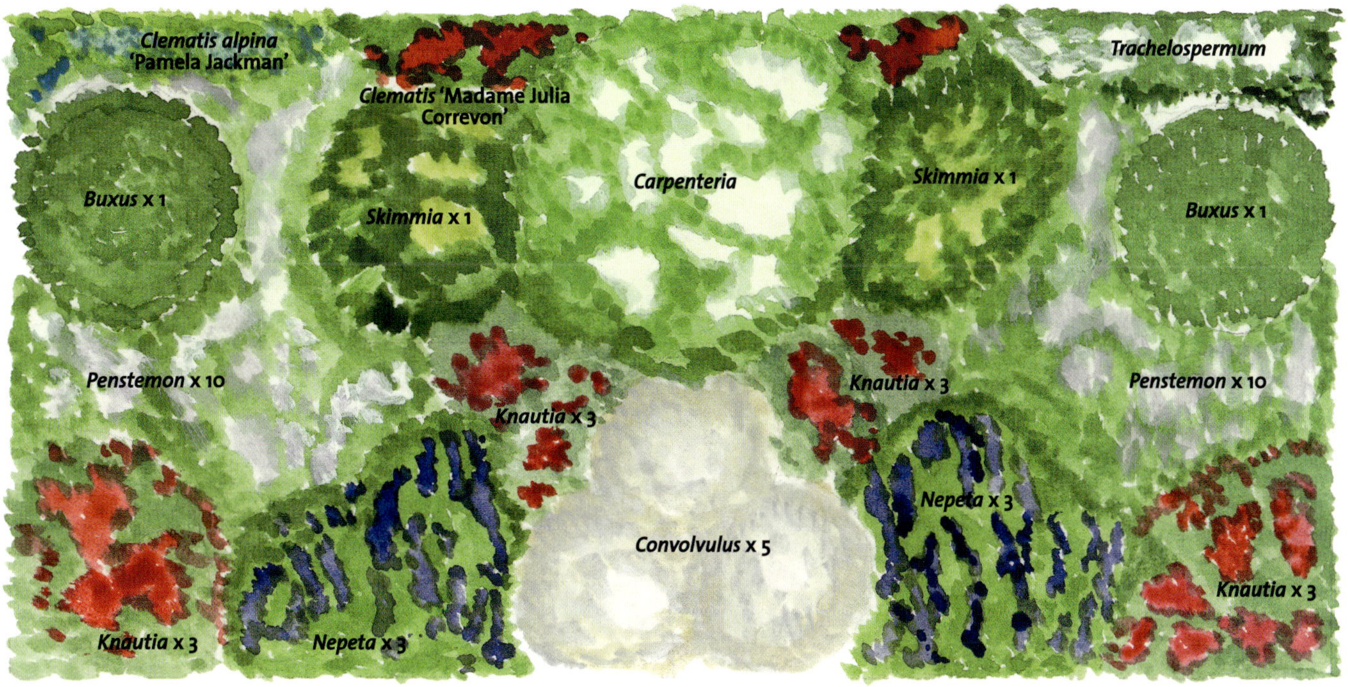

	DIE PFLANZEN	ANZAHL
1	*Carpenteria californica*	1
2	*Buxus sempervirens*	2 Kugeln
3	*Skimmia* x *confusa* 'Kew Green'	2
4	*Clematis* 'Madame Julia Correvon'	1
5	*Penstemon* 'Sour Grapes'	20
6	*Trachelospermum jasminoides*	1
7	*Nepeta* 'Six Hills Giant'	6
8	*Clematis alpina* 'Pamela Jackman'	1
9	*Knautia macedonica*	12
10	*Convolvulus cneorum*	5

GRÖSSE UND PFLANZABSTAND

Buxus sempervirens: Die Kugeln auf etwa 45 cm x 45 cm Größe halten.

Carpenteria californica: 150 cm x 90 cm

Clematis alpina 'Pamela Jackman': 250 cm x 120 cm

Clematis 'Madame Julia Correvon': 370 cm x 120 cm

Convolvulus cneorum: 45 cm x 45 cm, mit 30 cm Abstand setzen.

Knautia macedonica: 45 cm x 45 cm, mit 45 cm Abstand setzen.

Nepeta 'Six Hills Giant': 75 cm x 60 cm, mit 45 cm Abstand setzen.

Penstemon 'Sour Grapes': 75 cm x 45 cm, mit 30 cm Abstand setzen.

Skimmia x *confusa* 'Kew Green': 60 cm x 60 cm, mit 45 cm Abstand setzen.

Trachelospermum jasminoides: 450 cm x 150 cm

ZUSATZBEPFLANZUNG

FRÜHLINGSBLÜHER

Im Herbst:
Im Beet verteilt Tulpen setzen: 20 *T. bakeri* 'Lilac Wonder', 20 'West Point', 20 'Maja', 20 'Blue Heron' und 20 'Bellflower'.

SOMMERBLÜHER

Im Herbst:
Zierlauch (10 *Allium caeruleum* und 20 *A. unifolium*) einzeln übers Beet verteilt setzen.

Im Frühling:
25 Ziertabak (*Nicotiana affinis*) an der Rückseite des Beets in freie Stellen setzen.

ALLGEMEINE PFLEGEHINWEISE

Die Mauer mit Kletterhilfen versehen (s. Seite 9) und die Kletterpflanzen anbinden.

Im Frühling Volldünger geben.

Bei den Bartfaden die abgestorbenen Triebe im Frühling herausnehmen, damit neue Triebe nachwachsen.

Die Katzenminze (*Nepeta*) im Frühling zurückschneiden.

Wenn die Tulpen einziehen, Stängel und Blätter abschneiden und düngen.

Den Ziertabak vor Schneckenfraß schützen.

Die Buchskugeln im Frühsommer schneiden, damit sie Größe und Form wahren.

Das Beet im Herbst säubern, dabei den Ziertabak ausreißen.

DIE PFLANZEN IM EINZELNEN

Buxus sempervirens
Buchsbaum
BODEN: jeder, nicht staunass
LAGE: sonnig bis schattig
FARBE: Wegen der immergrünen Belaubung gezogen, Blüte unbedeutend.
DÜNGUNG: Knochenmehl im Herbst, Volldünger im Frühling
SCHNITT: Formschnitt im Sommer und, wenn nötig, nochmals im Frühherbst
WEITERE HINWEISE: Anspruchsloser, immergrüner Strauch, der Strukturen im Garten setzt. Wenn das Laub im Sommer seinen Glanz verliert, mit Blattdünger spritzen. Wegen des langsamen Wuchses fertige Kugeln kaufen.

Carpenteria californica
BODEN: frisch, durchlässig
LAGE: sonnig
BLÜTENFARBE: Weiß mit gelber Mitte
BLÜTEZEIT: Früh- und Hochsommer
DÜNGUNG: Volldünger im Frühling
SCHNITT: Kaum erforderlich, gegebenenfalls im Frühling stutzen und zu starken Wuchs eindämmen, dabei auf eine ansprechende Form achten.
WEITERE HINWEISE: Immergrün, Blüten duften. In Mitteleuropa besser als Kübelpflanze im Kalthaus überwintern, da Überwinterung im Freiland zu unsicher.

***Clematis alpina* 'Pamela Jackman'**
BODEN: nährstoffreich, durchlässig
LAGE: sonnig bis halbschattig
BLÜTENFARBE: Dunkelblau
BLÜTEZEIT: Frühling bis Spätfrühling
DÜNGUNG: Knochenmehl im Herbst, Volldünger im Frühling
SCHNITT: Bei unschönem Wuchs nach der Blüte zurückschneiden.
WEITERE HINWEISE: Nickende blaue Blüten und die robuste Natur machen den Wert dieser früh blühenden Clematis aus.

***Clematis* 'Madame Julia Correvon'**
BODEN: nährstoffreich, durchlässig
LAGE: sonnig bis halbschattig
BLÜTENFARBE: Weinrot mit hellgelben Staubgefäßen
BLÜTEZEIT: Hochsommer bis Frühherbst
DÜNGUNG: Knochenmehl im Herbst, Volldünger im Frühling
SCHNITT: Im Spätwinter über einem Augenpaar auf 30 cm zurückschneiden.
WEITERE HINWEISE: reich blühende, sehr gesunde Sorte

***Convolvulus cneorum* Silberwinde**
BODEN: durchlässig, arm
LAGE: vollsonnig
BLÜTENFARBE: Weiß, außen mit Dunkelrosa
BLÜTEZEIT: Spätfrühling bis Spätsommer
DÜNGUNG: Frühling
SCHNITT: Nicht schneiden.
WEITERE HINWEISE: Eine sehr schöne Immergrüne mit schmalem, seidigem und wirklich silbrigem Laub, nur in geschützten Lagen winterhart.

***Knautia macedonica* Mazedonische Witwenblume**
BODEN: jeder durchlässige Gartenboden
LAGE: vollsonnig
BLÜTENFARBE: dunkles Rot
BLÜTEZEIT: den ganzen Sommer
DÜNGUNG: Volldünger im Frühling
SCHNITT: Im Herbst zurückschneiden.
WEITERE HINWEISE: Wächst gern in die Nachbarpflanzen hinein, blüht den ganzen Sommer über sehr reich.

***Nepeta* 'Six Hills Giant' Katzenminze**
BODEN: jeder durchlässige Gartenboden
LAGE: sonnig bis halbschattig
BLÜTENFARBE: schönes, kräftiges Blau
BLÜTEZEIT: Spätfrühling bis Spätsommer
DÜNGUNG: Frühling
SCHNITT: Im Spätherbst zurückschneiden.
WEITERE HINWEISE: Lange, kräftige Blütenstängel mit schönen, blauen Blüten, die sich in einer ruhigen, fließenden Pflanzung sehr gut einfügen.

***Penstemon* 'Sour Grapes' Bartfaden**
BODEN: nährstoffreich, durchlässig
LAGE: sonnig bis halbschattig
BLÜTENFARBE: Purpur mit weißen Flecken
BLÜTEZEIT: Hochsommer bis Frühherbst
DÜNGUNG: Frühling
SCHNITT: Alte Blütenstände erst im Frühling bodennah abschneiden, wenn der Neutrieb erfolgt.
WEITERE HINWEISE: Interessante, glockenförmige Blüten mit ungewöhnlicher Färbung, die je nach Boden und Lage variiert. Winterschutz durch Nadelholzreisig geben.

***Skimmia* x *confusa* 'Kew Green'**
BODEN: fruchtbar, nicht austrocknend
LAGE: Liebt Schatten.
BLÜTENFARBE: Weiß
BLÜTEZEIT: Frühling bis Spätfrühling
DÜNGUNG: Frühling
SCHNITT: Nicht schneiden.
WEITERE HINWEISE: Anspruchsloser, schöner immergrüner Zwergstrauch mit glänzend grünen Blättern, die einen schönen Hintergrund für andere Pflanzen liefern, und mit duftenden Blüten.

***Trachelospermum jasminoides* Sternjasmin**
BODEN: jeder durchlässige Gartenboden
LAGE: sonnig
BLÜTENFARBE: Rahmweiß
BLÜTEZEIT: Sommer
DÜNGUNG: Frühling
SCHNITT: Abgestorbene Triebe im Spätfrühling abschneiden.
WEITERE HINWEISE: Glänzend grüne Blätter, sternförmige, duftende Blüten machen den Reiz dieser Kletterpflanze aus. Sie kann im Weinbauklima mit etwas Winterschutz im Freiland überwintern, sonst als Kübelpflanze im Kalthaus.

EIN WILDBLUMENBEET FÜR BIENEN UND SCHMETTERLINGE

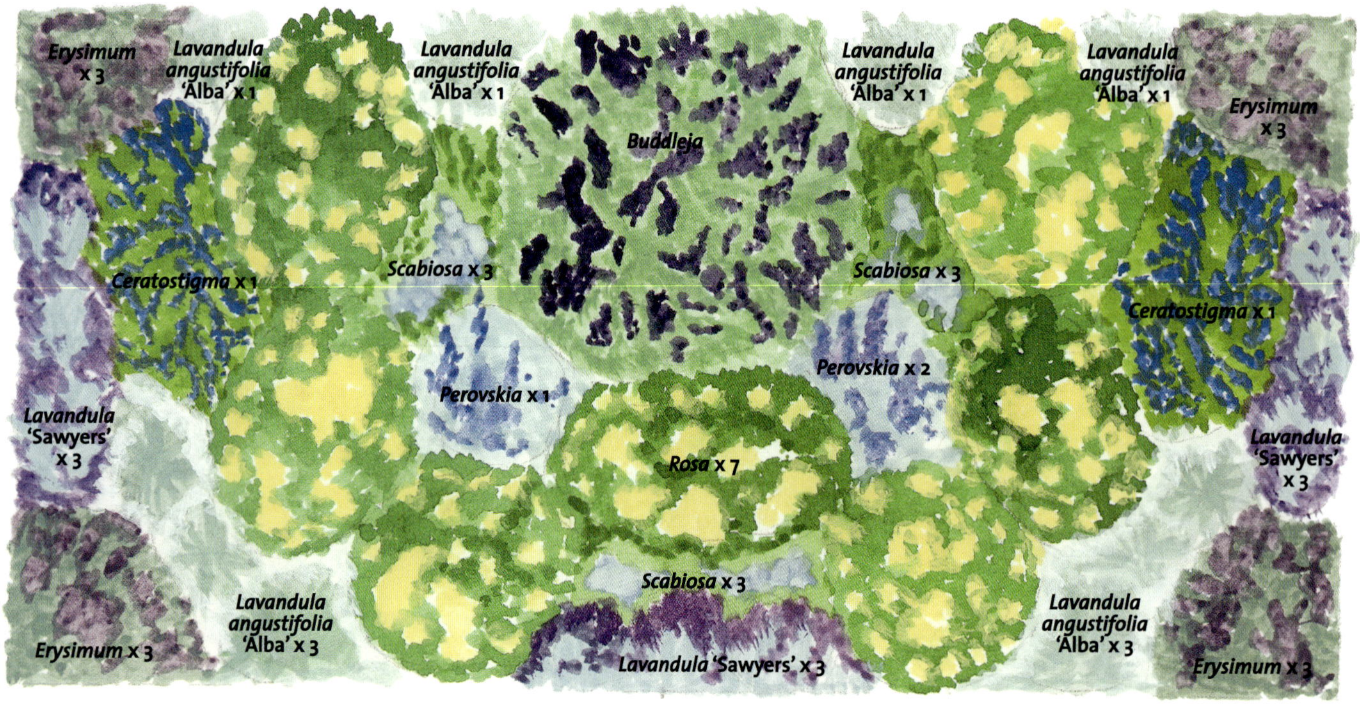

	DIE PFLANZEN	ANZAHL
1	*Buddleja davidii* 'Ile de France'	1
2	*Erysimum* 'Bowles's Mauve'	12
3	*Lavandula* 'Sawyers'	9
4	*Rosa* Charlotte	7
5	*Perovskia* 'Blue Spire'	2
6	*Ceratostigma* 'Autumn Blue' (oder *C. griffithii*)	2
7	*Lavandula angustifolia* 'Alba'	10
8	*Scabiosa caucasica* 'Clive Greaves'	9

1

2

3

4

5

6

7

8

GRÖSSE UND PFLANZABSTAND

Buddleja davidii 'Ile de France': 250 cm x 110 cm

Ceratostigma 'Autumn Blue': 110 cm x 110 cm

Erysimum 'Bowles's Mauve': 45 cm x 30 cm, mit 30 cm Abstand setzen.

Lavandula angustifolia 'Alba': 45 cm x 40 cm, mit 30 cm Abstand setzen.

Lavandula 'Sawyers': 40 cm x 40 cm, mit 30 cm Abstand setzen.

Perovskia 'Blue Spire': 90 cm x 75 cm, mit 30 cm Abstand setzen.

Rosa Charlotte: 90 cm x 75 cm, mit 60 cm Abstand setzen.

Scabiosa caucasica 'Clive Greaves': 60 cm x 20 cm, mit 20 cm Abstand setzen.

ZUSATZBEPFLANZUNG

FRÜHLINGSBLÜHER

Im Frühling oder Herbst:
40 Primeln (*Primula vulgaris*) im Beet verteilt setzen.

Im Herbst:
20 weiße Scilla im Beet verteilt setzen.

Im Frühling:
30 Vergissmeinnicht (*Myosotis*) an den Beetkanten setzen.

SOMMERBLÜHER

Im Herbst oder Frühling:
25 Königslilien (*Lilium regale*) und 25 *L.* Golden-Splendor-Gruppe um die Rosen herum setzen.

Im Herbst:
Weiße Fingerhüte (*Digitalis purpurea* f. *albiflora*) in Gruppen übers Beet verteilt setzen.

ALLGEMEINE PFLEGEHINWEISE

Die Rosen nach dem Rückschnitt im Spätwinter mit gut abgelagertem Stallmist mulchen.

Im Frühling Volldünger geben.

Das gesamte Beet im Frühling säubern, dabei Laub und andere Pflanzenreste beseitigen.

Die Perovskia im Frühling zurückschneiden.

Den Lavendel im Frühling stutzen, aber nicht bis ins alte Holz zurückschneiden.

Die Rosen im Juli mit Rosendünger versorgen.

Die Blütenstände des Lavendels nach der Blüte abschneiden.

DIE PFLANZEN IM EINZELNEN

***Buddleja davidii* 'Ile de France'**
Sommerflieder, Schmetterlingsstrauch
BODEN: jeder normale Gartenboden
LAGE: sonnig bis halbschattig
BLÜTENFARBE: dunkles Purpurblau
BLÜTEZEIT: Hochsommer bis Frühherbst
DÜNGUNG: Frühling
SCHNITT: Im Spätwinter auf etwa 90 cm zurückschneiden.
WEITERE HINWEISE: Die intensiv gefärbten, duftenden Blüten sind die ganze Blütezeit über ein Magnet für Schmetterlinge und Bienen.

***Ceratostigma* 'Autumn Blue'**
Hornnarbe
BODEN: gut, humusreich
LAGE: sonnig bis halbschattig
BLÜTENFARBE: leuchtendes Blau
BLÜTEZEIT: Spätsommer bis Herbst
DÜNGUNG: Frühling
SCHNITT: Abgestorbene Triebe im Frühling herausschneiden.
WEITERE HINWEISE: Blätter im Herbst mit schöner Rotfärbung. Guten Winterschutz durch Reisigabdeckung geben. Härter sind *Ceratostigma willmottianum* (bis 1 m hoher Strauch) und insbesondere *C. plumbaginoides* (bis 30 cm hoher, Ausläufer bildender Bodendecker).

***Erysimum* 'Bowles's Mauve'**
Schöterich
BODEN: durchlässig
LAGE: vollsonnig
BLÜTENFARBE: Malvenfarben
BLÜTEZEIT: Spätfrühling bis Herbst
DÜNGUNG: Frühling
SCHNITT: Verblühtes laufend entfernen.
WEITERE HINWEISE: Blaugrüne Blätter, lange Blütezeit, aber meist kurzlebig und nur in milden Lagen winterhart, deshalb zur Sicherheit im Sommer Stecklinge nehmen, bewurzeln und frostfrei überwintern.

***Lavandula angustifolia* 'Alba'**
BODEN: jeder durchlässige Gartenboden
LAGE: sonnig
BLÜTENFARBE: Weiß
BLÜTEZEIT: Hochsommer bis Frühherbst
DÜNGUNG: Frühling
SCHNITT: Blütenstände nach der Blüte abschneiden. Im Frühling stutzen, aber nicht bis ins alte Holz zurückschneiden.
WEITERE HINWEISE: Dieser weiß blühende Lavendel wird am besten gruppenweise gepflanzt. Verträgt keine Nässe, deshalb den Boden mit Kies versetzen, um eine gute Drainage zu gewährleisten. Sollen die Blüten für Duftsäckchen verwendet werden, so müssen die Blüten kurz vor dem Aufblühen geschnitten werden, da dann der Gehalt an ätherischen Ölen am höchsten ist.

***Lavandula* 'Sawyers'**
BODEN: durchlässig
LAGE: sonnig
BLÜTENFARBE: dunkles Purpur
BLÜTEZEIT: Hoch- bis Spätsommer
DÜNGUNG: Frühling
SCHNITT: Blütenstände nach der Blüte abschneiden. Im Frühling stutzen.
WEITERE HINWEISE: Schöne Sorte mit dunkler Blüte und intensiv silbrigen Blättern.

***Perovskia* 'Blue Spire'**
BODEN: durchlässig
LAGE: sonnig
BLÜTENFARBE: Purpurblau
BLÜTEZEIT: Spätsommer bis Herbst
DÜNGUNG: Frühling
SCHNITT: Im Spätfrühling auf 25 cm über dem Boden zurückschneiden.
WEITERE HINWEISE: Unmengen bläulich purpurfarbener Blüten in langen Rispen über dem graugrünen, aromatisch duftenden Laub machen den Wert dieses anspruchslosen kleinen Strauchs aus.

***Rosa* Charlotte**
BODEN: jeder durchlässige Gartenboden außer Kalk oder Sand
LAGE: sonnig
BLÜTENFARBE: Gelb
BLÜTEZEIT: Früh- bis Spätsommer
DÜNGUNG: Mit gut abgelagertem Stallmist im Herbst mulchen, im Frühling Volldünger und im Sommer Rosendünger geben.
SCHNITT: Schwache oder unschön gewachsene Triebe im Winter herausnehmen, dabei auf einen ansprechenden Wuchs achten.
WEITERE HINWEISE: Schöne, gelbe Blüten mit schwachem, aber angenehmem Duft.

***Scabiosa caucasica* 'Clive Greaves'**
Große Skabiose
BODEN: durchlässig
LAGE: sonnig
BLÜTENFARBE: helles Blauviolett mit hellerer Mitte
BLÜTEZEIT: Hochsommer bis Frühherbst
DÜNGUNG: Frühling
SCHNITT: Abgeblühte Blütentriebe bis zum Boden zurückschneiden.
WEITERE HINWEISE: Eine altbewährte horstbildende Staude mit schönen Blüten, die hoch über den lanzettähnlichen Blättern stehen.

REGISTER

Acanthus
mollis 64–46
spinosus 96–98
Acer palmatum var. *dissectum* 52–54, 96–98
Aconitum 'Ivorine' 12–14
Actaea matsumurae 'White Pearl' (*Cimicifuga simplex* 'White Pearl') 124–127
Agapanthus 12–14, 40–42
Akelei siehe *Aquilegia*
Alcea rosea 16–18, 88–90
Alchemilla mollis 20–22, 28–30, 112–114, 116–118
Allium
atropurpureum 42
caeruleum 94, 174
cristophii 42
hollandicum 'Purple Sensation' 86, 154
neapolitanum 142
schoenoprasum (Schnittlauch) 164–166
unifolium 94, 142, 174
Anchusa azurea 'Opal' 32–34
Anemone
blanda 18, 22, 34, 66, 70, 74, 94, 118, 158
coronaria 58
hupehensis 'Hadspen Abundance' 56–59
x *hybrida* 'Honorine Jobert' 44–46, 108–110, 112–114
nemorosa 134
Anethum graveolens 160–162
Antirrhinum 14, 34, 42
Aquilegia
longissima 44–46
vulgaris 36–38, 48–50
Artemisia
abrotanum (Eberraute) 160–162
dracunculus 'Sativa' (Estragon) 164–166
ludoviciana 'Silver Queen' 24–26, 36–38, 80–82, 140–142
'Powis Castle' 16–18, 140–142, 160–163
Asplenium (Phyllitis) scolopendrium 44–46
Astilbe var. *taquetti* 'Visions' 124–126
Astrantia
'Hadspen Blood' 36–39
major
'Ruby Wedding' 48–50
subsp. *involucrata* 'Shaggy' 52–54
Aucuba japonica 'Crotonifolia' 60–62

Ballota pseudodictamnus 16–19
Baptisia australis 148–150
Bartfaden siehe *Penstemon*
Bartonia aurea (*Mentzelia lindleyi*) 130
Basilikum siehe *Ocimum*
Beifuß siehe *Artemisia*
Bellis 130
Bergenia
'Bressingham White' 104–106, 108–110
cordifolia 100–102
'Silberlicht' 52–55
'Sunningdale' 100–102
Borago officinalis (Borretsch) 160–163
Buchs siehe *Buxus*
Brunnera macrophylla 108–111
Buddleja
davidii 'Ile de France' 176–178
'Pink Pearl' 152–154
Buschwindröschen siehe *Anemone nemorosa*
Buxus sempervirens (Buchs) 48–51, 172–174

Calamintha nepeta subsp. *nepeta* 72–74
Camassia 58, 82, 94, 114
Camellia 144–146
Campanula
lactiflora
'Alba' 32–34
'Loddon Anna' 92–94
'Prichard's Variety' 72–74
persicifolia 116–118
var. *alba* 112–115
pyramidalis 'Alba' 68–70
Cardiocrinum giganteum 146
Carpenteria californica 172–174
Ceanothus
'Puget Blue' 84–86
thyrsiflorus var. *repens* 16–19
Cephalaria gigantea 28–30
Ceratostigma 176–178
Chionodoxa 82, 86, 130
Orangenblume siehe *Choisya*
Choisya ternata 56–59, 96–99, 108–111, 168–170
Christrose siehe *Helleborus*
Cimicifuga simplex 'White Pearl' 124–126
Cistus
x *argenteus* 'Silver Pink' 144–147, 148–150
x *corbariensis* (x *hybridus*) 148–151
x *cyprius* 148–151
'Grayswood Pink' 148–151
x *purpureus* 152–154
'Alan Fradd' 148–150
Clematis
alpina 'Pamela Jackman' 172–175
'Arctic Queen' 108–111
'Ascotiensis' 108–111
'Betty Corning' 84–86
'Blue Bird' 104–106
'Carmencita' 88–90
'Duchess of Edinburgh' 108–111
'Huldine' 68–71
macropetala
'Snowbird' 92–94
'White Swan' 92–94
'Madame Julia Correvon' 172–175
'Margot Koster' 80–82
montana 'Alba' 96–99
'Mrs Cholmondeley' 152–155
'Polish Spirit' 144–147
'Prince Charles' 76–78
'Purpurea Plena Elegans' 152–155
'Rouge Cardinal' 144–147
'Viola' 76–78
viticella 'Mary Rose' ('Flore Pleno') 92–95
Cleome 18, 82, 90, 158
Consolida 94
Convallaria majalis 44–47
Convolvulus cneorum 12–15, 172–175
Coriandrum sativum (Koriander) 160–163
Cornus alba 'Elegantissima' 132–134
Corydalis flexuosa 'Père David' 110
Cosmos 14, 18, 22, 38, 42, 94, 142, 150, 158
atrosanguineus 28–31
Cotinus coggygria 136–138
Crocosmia x *crocosmiiflora*
'Emily McKenzie' 24–26
Crocus 26, 110, 130, 158
Kaiserkrone 26, 118
Cyclamen
cilicium 66
coum 54, 66, 118, 122, 134
f. *pallidum* 'Album' 122
hederifolium 134
Cytisus
battandieri 168–170
x *praecox* 40–42

Dahlia 26, 142
Daphne
bholua 'Jacqueline Postill' 168–171
odora 96–99
pontica 60–62
tangutica 100–102
Delphinium 'Langdon's Royal Flush' 36–39
Deutzia x *hybrida* 'Mont Rose' 156–158
Dianthus
barbatus 38, 78
'Gran's Favourite' 92–95, 152–155
'Laced Monarch' 92–95, 156–158
'Mrs Sinkins' 76–79
plumarius 'Haytor White' 128–130
Dicentra spectabilis 'Alba' 32–34, 100–103
Digitalis
grandiflora 28–31
purpurea 44–47, 54, 62, 114, 178
Dill siehe *Anethum*
Diplotaxis tenuifolia 164–167
Doppelsame siehe *Diplotaxis*

Eberraute siehe *Artemisia*
Eleagnus angustifolia 124–127
Epimedium perralderianum 96–99
Eranthis hyemalis 62
Eryngium
bourgatii 128–130
giganteum 16–19
'Silver Ghost' 32–35
Erysimum
'Bowles's Mauve' 176–179
cheiri 26
Erythronium
'Citronella' 66, 98
dens-canis 54, 106
'Pagoda' 62
revolutum 'White Beauty' 62, 126
Escallonia 'Iveyi' 168–171
Estragon siehe *Artemisia*
Euphorbia
amygdaloides var. *robbiae* 44–47, 60–63, 112–115
characias subsp. *wulfenii* 48–51, 52–55, 104–107
griffithii 'Fire Glow' 24–27
polychroma 56–59

Fenchel siehe *Foeniculum*
Fingerhut siehe *Digitalis*
Fleißiges Lieschen siehe *Impatiens*
Foeniculum vulgare 160–163
Frauenmantel siehe *Alchemilla*
Fritillaria
imperialis 'Lutea' 26, 118
meleagris 46, 58, 78
subvar. *alba* 46
Fuchsia magellanica
var. *molinae* ('Alba') 104–147, 136–139
'Versicolor' 104–147
Funkie siehe *Hosta*

Galanthus nivalis 62, 66, 110, 134
Galega officinalis 92–95
Galium odoratum 60–63, 64–66, 138
Gentiana sinoornata 144–147
Geranium
(Cinereum-Gruppe)
'Laurence Flatman' 152–155
clarkei 'Kashmir White' 32–35
ibericum 12–15
'Johnson's Blue' 116–119
macrorrhizum 64–67
'Album' 168–171
maculatum 56–59

'Chatto' 128–131
x *magnificum* 22–27, 92–95
nodosum 64–67
phaeum 52–55
'Album' 108–111
'Lily Lovell' 60–63
pratense
'Mrs Kendall Clarke' 32–35, 40–43
'Striatum' 76–79
psilostemon 16–19
renardii 16–19, 84–87
riversleaianum 'Mavis Simpson' 92–95
sanguineum var. *striatum* 20–23, 36–39
sylvaticum 'Mayflower' 76–79, 152–155
Goldlack siehe *Erysimum cheiri*
Gypsophila 'Rosenschleier' 140–143

Hamamelis x *intermedia*
'Hiltingbury' 132–134
Hebe 'Great Orme' 152–155
Helianthemum 148–151
Heliopsis 14
Helleborus
argutifolius 96–99, 116–119
niger (Christrose) 44–47, 108–111
orientalis (x *hybridus*) 100–103
'Sirius' 104–107
Hemerocallis
'Catherine Woodbery' 56–59
'Green Flutter' 28–31
Hesperis matronalis 168–171
Heuchera
cylindrica 'Greenfinch' 104–107
'Strawberry Swirl' 48–51
Hippophae rhamnoides 136–139
Hirschzunge siehe *Asplenium*
Hortensie siehe *Hydrangea*
Hosta
fortunei
var. *albopicta* 48–51
'Aureomarginata' 124–127
'Frances Williams' 116–119
'Hadspen Blue' 100–103
'Krossa Regal' 44–47, 96–99
'Patriot' 44–47
sieboldiana var. *elegans* 124–127
(Tardiana-Gruppe) 'Halcyon' 124–127
Hyacinthoides
hispanica 'Alba' 118
non-scripta (Hasenglöckchen) 66, 106
Hyacinthus orientalis 146, 170
Hydrangea
anomala subsp. *petiolaris* 104–107, 108–111
arborescens 'Annabelle' 44–47, 148–151
paniculata 'Grandiflora' 116–119, 136–139
'Preziosa' 148–151
quercifolia 124–127
villosa 100–103
Hyssopus officinalis (Ysop) 160–163

Ilex aquifolium 60–63
Impatiens 46, 50, 62, 98, 102, 106, 110, 114, 126, 146
Indigofera hererantha 152–155
Iris
'Deep Black' 88–91
ensata 120–122
'Ever After' 140–143
'Fort Apache' 28–31
'George' 126
'Hildegarde' 130
'Jane Phillips' 72–75
'Jeanne Price' 20–23
'Pale Shades' 88–91
pseudacorus 120–122
'Purple Sensation' 142
'Rosette Wine' 28–31
'Sally Jane' 88–91
'Superstition' 88–91
'Vinho Verde' 20–23
'White Bridge' 130
'Winemaster' 140–143

Jasminum 168–171
Jungfer im Grünen siehe *Nigella*

Kapuzinerkresse siehe *Tropaeolum*
Kerria japonica 'Picta' 136–139
Knautia macedonica 156–159, 172–175
Kolkwitzia amabilis 'Pink Cloud' 152–155
Königskerze siehe *Verbascum*
Kosmee siehe *Cosmos*

Lamium maculatum 'White Nancy' 48–51
Laurus nobilis 164–167
Lavandula
angustifolia
'Alba' 68–71, 76–79, 176–179
'Hidcote' 32–35, 80–83, 92–95
'Hidcote Pink' 40–43, 80–83, 84–87
'Twickel Purple' 72–75
x *intermedia* 'Grosso' 128–131
'Marshwood' 80–83
'Sawyers' 176–179
stoechas
'Kew Red' 36–39
'Papillon' 140–143
Leucojum aestivum 114
Lilium
African-Queen-Gruppe 12–15, 52–55
Golden-Splendor-Gruppe 178
martagon var. *album* 146
Pink-Perfection-Gruppe 146
regale 170, 178
'Roma' 30
speciosum var. *rubrum* 16–19, 82, 170
Limnanthes douglasii (Sumpfblume) 90
Linaria 130
Lithodora diffusa (*Lithospermum diffusum*) 148–151

Lonicera tragophylla 112–115
Lorbeer siehe *Laurus* 164–167
Löwenmäulchen siehe *Antirrhinum*
Lunaria annua 54, 112–115
Lungenkraut siehe *Pulmonaria*
Lupinus
arboreus 12–15
'Judith Chalmers' 36–39, 48–51
'My Castle' 36–39, 48–51
'Noble Maiden' 68–71, 84–87
texensis 150
Lychnis coronaria 'Alba' 84–87
Lysimachia
ephemerum 104–107, 112–115
vulgaris 120–123

Magnolia x *soulangeana* 'Lennei' 144–147
Mahonia x *media* 'Charity' 96–99
Maiglöckchen siehe *Convallaria*
Malva moschata f. *alba* 32–35, 68–71
Meconopsis
betonicifolia 144–147
grandis 148–151
Mentha
rotundifolia (x *villosa*) (Apfelminze) 164–167
spicata (Grüne Minze) 164–167
Mentzelia lindleyi (*Bartonia aurea*) 130
Milchstern siehe *Orinithogalum*
Milium effusum 'Aureum' 96–99
Minze siehe *Mentha*
Mohn siehe *Papaver*
Monarda 'Cambridge Scarlet' 124–127
Muscari
armeniacum 'Blue Spike' 34, 38, 58, 110, 114, 158
azureum 'Album' 98, 118
Myosotis (Vergissmeinnicht) 14, 18, 86, 138, 178

Nachtviole siehe *Hesperis*
Narcissus
'Cheerfulness' 114, 170

'Hawera' 22, 50, 86, 106, 114, 138, 158
'Minnow' 110, 118
poeticus var. *recurvus* 130, 170
'Thalia' 38, 54, 94, 138
'Yellow Cheerfulness' 50
Nemophila menziesii 'Penny Black' 90
Nepeta
govaniana 20–23
'Six Hills Giant' 172–175
Nicotiana 22, 50, 54, 58
affinis (*alata*) 70, 102, 170, 174
sylvestris 98, 102, 110
Nigella damascena 34, 74, 78, 82, 86

Ocimum
basilicum 164–167
minimum 'Golden Globe' (Griechisches Basilikum) 164–167

Ophipogon planiscapus 'Nigrescens' 96–99
Oregano 164–167
Origanum vulgare 160–163, 164–167
Ornithogalum
arabicum 106, 114, 118
balansae 70
umbellatum 134

Pachysandra terminalis 60–63, 64–67
Paeonia
'America' 36–39
'Golly' 20–23
lactiflora
'Bowl of Beauty' 20–23
'Clare Dubois' 72–75
'Duchesse de Nemours' 84–87
'Sarah Bernhardt' 56–59
'White Wings' 88–91
peregrina 36–39
suffruticosa
'Joseph Rock' (*rockii*) 88–91
'Yoshinogawa' 72–75
Papaver 154
rhoeas 26
somniferum 94
Parthenocissus 100–103
Pelargonien 38, 58, 170
Penstemon
'Firebird' 24–27
'Sour Grapes' 172–175
'White Bedder' 32–35, 68–71
Perovskia 'Blue Spire' 84–87, 176–179
Persicaria campanulata (*Aconogon campanulatum*) 120–123
Petersilie 164–167
Petroselinum crispum (Petersilie) 164–167
Philadelphus 40–43, 136–139, 168–171
Phlomis 28–31, 128–131
Phlox
maculata 'Omega' 92–95
paniculata
var. *alba* 108–111
'Franz Schubert' 56–59
Phormium 'Yellow Wave' 52–55
Phyllitis scolopendrium 44–46
Physostegia virginiana 152–155
Polyanthus 106
Polypodium vulgare 104–147
Polystichum setiferum Divisilobum-Gruppe 44–47
Pontederia cordata 120–123
Potentilla
fruticosa
'Abbotswood' 156–159
'Moonlight' ('Maanelys') 128–131
'Red Ace' 24–27
'Vilmoriniana' 156–159
'Mandshurica' ('Manchu') 156–159
rupestris 88–91
Primula
auricula 28–31
'Greenpeace' 52–55
pulverulenta 124–127

vulgaris 30, 74, 98, 114, 154, 178
Prunus
laurocerasus 60–63
spinosa (Schlehe) 132–135
Pulmonaria 108–111, 116–119
Puschkinia scilloides var. *libanotica* 54, 118

Rheum 'Ace of Hearts' 120–123
Rhododendron
'Christmas Cheer' 144–147
'Cunningham's White' 144–147
decorum 144–147
Rosa
'Agnes' 128–131
'Belle Isis' 16–19
'Blairii Number Two' 76–79
'Blush Noisette' ('Noisette Carnée') 84–87
Bonica 72–75
'Boule de Neige' 68–71
'Celestial' ('Céleste') 80–83
Charles Rennie Mackintosh 36–39
Charlotte 176–179
'Comte de Chambord' ('Madame Knorr') 80–83
Constance Spry 80–83
Cottage Rose 80–83
'Fantin-Latour' 92–95
'Félicité Perpétue' 92–95
'Ferdinand Pichard' 80–83
'Frensham' 24–27
Gertrude Jekyll 76–79
glauca 152–155
'Goldfinch' 88–91
'Madame Hardy' 68–71
'Madame Knorr' ('Comte de Chambord') 80–83
Margaret Merril 28–31
'May Queen' 72–75
'Noisette Carnée' ('Blush Noisette') 84–87
Pearl Drift 76–79
'Penelope' 40–43
pimpinellifolia 148–151
'Sander's White Rambler' 68–71
The Pilgrim 88–91
'Tour de Malakoff' 36–39
Tradescant 28–31
'White Pet' 72–75
Winchester Cathedral 76–79
Windrush 40–43
xanthina 'Canary Bird' 12–15
Rosmarinus officinalis 160–163, 164–167, 168–171
Ruta graveolens 'Jackman's Blue' 24–27

Salbei siehe *Salvia*
Salix alba 'Chermesina' ('Britzensis') 132–135
Salvia
argentea 140–143
farinacea 'Strata' 34
officinalis (Salbei) 160–163
'Icterina' 164–167
'Purpurascens' 160–163
Santolina 160–163
Sarcococca confusa 44–47, 64–67
Scabiosa caucasica
'Clive Greaves' 156–159, 176–179
'Crimson Cushion' 140–143
Schlehe siehe *Prunus* 132–135
Schneeball siehe *Viburnum*
Schneeglöckchen siehe *Galanthus*
Schnittlauch 164–166
Schwertlilie siehe *Iris*
Scilla 78, 130, 178
Sedum 'Herbstfreude' 20–23
Senecio cineraria 78
Sidalcea 'Elsie Heugh' 20–23
Sisyrinchium striatum 88–91
Skimmia
x *confusa* 'Kew Green' 116–119, 172–175
japonica
'Fragrans' 124–127
'Rubella' 124–127
Smilacina racemosa 124–127
Sonnenröschen siehe *Helianthemum*
Stachys byzantina 'Big Ears' 140–143
Stiefmütterchen siehe *Viola*
Stockrose siehe *Alcea*
Storchschnabel siehe *Geranium*
Symphoricarpos x *doorenbosii*
'Mother of Pearl' 64–67
Syringa meyeri 168–171

Tabak siehe *Nicotiana*
Thalictrum
aquilegiifolium 36–39, 72–75
'Thundercloud' 104–107
delavayi 100–103
Thymus
x *citriodorus* (Zitronenthymian) 164–167
vulgaris 164–167
Trachelospermum jasminoides 172–175
Träubelhyazinthe siehe *Muscari*
Trillium cuneatum 46
Tropaeolum 26, 138
Tulipa (Tulpe)
'Angélique' 22, 38, 78, 142, 150
bakeri 'Lilac Wonder' 78, 90, 146, 154, 174
'Ballade' 82
'Bellflower' 74, 142, 174
'Bellona' 14, 114
'Black Parrot' 22
'Blue Heron' 174
'Blue Parrot' 82
'Burgundy Lace' 30, 78
'Candela' 14
'Carnaval de Nice' 38, 150
'China Pink' 18, 22, 74, 86
'Clara Butt' 18
'Diana' 70
'Dreaming Maid' 94
'Eros' 78
'Estella Rijnveld' 26, 58
'Fancy Frills' 82
'Generaal de Wet' 26
'Hamilton' 162
'Havran' 30
'Lilac Time' 78
'Maja' 30, 90, 174
'Marilyn' 38, 142
'Maureen' 14, 70, 74
'Maywonder' 58
'Oratorio' 150
'Peach Blossom' 18, 22, 94, 150, 154
'Philippe de Comines' 22
'Picture' 74
'Purissima' 14, 30, 42, 82, 102, 114, 150
'Queen of Night' 22, 42, 86, 90
'Red Shine' 26
'Red Wing' 38
'Shirley' 86
'Spring Green' 154
'Swan Wings' 78
'West Point' 14, 46, 174
'White Swan' 18
'White Triumphator' 14, 18, 34, 42, 70, 74, 94, 102, 142

Verbascum 20–23, 56–59
Verbena 85, 154
Vergissmeinnicht 14, 18, 86, 138, 178
Veronica 12–15, 32–35
Viburnum
x *burkwoodii* 100–103
davidii 60–63, 96–99
opulus 132–135
Viola 82, 90, 98, 102, 106, 110, 126, 138, 162, 170
cornuta 22
'Molly Sanderson' 90
'Moonlight' 30, 118
x *wittrockiana* (Stiefmütterchen) 14, 18, 46, 78
Vitis coignetiae 96–99

Waldmeister siehe *Galium*
Wiesenraute siehe *Thalictrum*
Winterling siehe *Eranthis*

Zantedeschia aethiopica 120–123
Zaubernuss siehe *Hamamelis*
Zierlauch siehe *Allium*
Zistrose siehe *Cistus*

DANKSAGUNG DER AUTORINNEN

Die Autorinnen danken der Redaktion bei Francis Lincoln, insbesondere Anne Fraser, Jo Christian, Anne Askmit, Sue Gladstone und Caroline Clark, die eine unschätzbare Hilfe waren, sowie Robin Wallis von Chichester Trees, Jacques Amand International, Mr. Marshall in North Nibley und Barry Fretwell von Peveril Clematis.

BILDNACHWEIS

l = links, M = Mitte, o = oben, r = rechts, u = unten

David Austin Roses Limited: 177 Ml
Richard Bloom/Bloom Pictures: 156 or
Eric Crichton Photos: 36 ol
The Garden Picture Library: 12 Mr (Howard Rice), 17 ur (J. S. Sira), 33 ol (J. S Sira), 41 ur (David Askham), 49 oM (David Dixon), 49 ur (Clive Nichols), 61 ol (Howard Rice), 76 M, 2. von l (Chris Burrows), 76 uM (Eric Crichton), 80 ur (Mark Bolton), 85 u, 2. von l (David Cavagnaro), 89 ul (Mayer/Le Scanff), 92 ol (Clive Nichols), 113 or (Neil Holmes), 116 ur (Marijke Heuff), 121 Mr (Eric Crichton), 124 Mr (Clive Nichols), 137 or (Neil Holmes), 145 oM (Andrea Jones), 148 r, 2. Reihe von oben, 2. von r (Neil Holmes), 153 Ml (Chris Burrows), 156 3. Reihe u, r (Jerry Pavia), 161 or (Jacqui Hurst), 161 3. Reihe von oben, l (Jacqui Hurst), 161 3. Reihe von oben, M (Mark Bolton), 164 2. Reihe von oben, M (Christi Carter), 164 M (Jane Legate), 169 or (Brian Carter), 169 2. Reihe von oben, r (Howard Rice)
Marcus Harpur: 85 Ml, 97, 2. Reihe von oben, M
Sunniva Harte: 7, 85 ol
Andrew Lawson: 33 o, 2. Reihe von r, 36 2. Reihe von oben, 3. Reihe von l, 36 ur, 56 ur, 61 oM, 64 or, 73 ur, 80 u, 2. Reihe von r, 89 M, 92 3. Reihe von oben, 2. Reihe von l, 104 M, 109 Mr, 129 ol, 145 Mr, 148 or, 148 ur, 161 ol, 164 2. Reihe von oben, l, 169 u, 3. Reihe von l, 172 2. Reihe von oben, l
Photos Horticultural: 25 Ml, 76 oM, 85 ul, 104 uM, 129 Mr, 129 ur, 148 ul, 161 3. Reihe von oben, M, 161 uM
Visions (www.visions.nl): 129 ul
Steve Wooster: 164 ur

NÜTZLICHE ADRESSEN

Gesellschaft der Staudenfreunde e. V.
Eichenstr. 5
D–67259 Beindersheim
E-Mail: info@gds-staudenfreunde.de
Internet: www.gds-staudenfreunde.de

Gesellschaft Schweizer Staudenfreunde
Postfach 335
CH–8820 Wädenswil
sekretariat@staudenfreunde.ch
www.staudenfreunde.ch

Bund deutscher Staudengärtner im Zentralverband Gartenbau e. V. (ZVG)
Godesberger Allee 142–148
D–53175 Bonn
zvg-bonn.banse@g-net.de
www.stauden.de

Staudengärtnereien
Viele der in diesem Buch genannten Stauden und Sträucher sind ohne weiteres in Gärtnereien und Baumschulen erhältlich oder können dort bestellt werden. Besondere Sorten findet man in Gärtnereien, die sich auf ausgewählte Pflanzengruppen konzentrieren. Hier findet man auch Rat, welche Sorte als Ersatz für eine andere infrage kommt, die nicht erhältlich ist. Die folgende Zusammenstellung bietet eine kleine Auswahl, unter dem Stichwort „Staudengärtnerei" findet man im Internet eine große Zahl von Betrieben, bei denen man von zu Hause aus online Stauden auswählen und bestellen kann.

Beringmeier
Inh. Jörg Pohlmann
(Blumenzwiebeln)
Landauer Str. 9
D–34454 Bad Arolsen
info@bepa-direkt.de
www.bepa-direkt.de

F. M. Westphal Clematis-Kulturen
Peiner Hof 7
D–25497 Prisdorf
kontakt@clematis-westphal.de
www.clematis-westphal.de

Foerster-Stauden GmbH
Am Raubfang 6
D–14469 Potsdam/Bornim
info@foerster-stauden.de
www.foerster-stauden.de

Friesland Staudengarten
Uwe Knöpnadel
Husumer Weg 16
D–26441 Jever/Rahrdum
info@friesland-staudengarten.de
www.friesland-staudengarten.de

Sarastro Stauden
(u. a. Storchschnabel und Funkien)
Ort 131
A–4974 Ort/Innkreis, Österreich
office@sarastro-stauden.com
www.sarastro-stauden.com

Sortiments- und Versuchsgärtnerei Simon
Staudenweg 2
D–97828 Marktheidenfeld
info@gaertnerei-simon.de
www.gaertnerei-simon.de

Staudengärtnerei Alpine Raritäten Jürgen Peters
Auf dem Flidd 20
D–25436 Uetersen
Alpine.Peters@t-online.de
www.staudenshop-peters.de

Staudengärtnerei Arends
Monschaustr. 76
D–42369 Wuppertal
stauden@arends.de
www.arends-maubach.de

Staudengärtnerei Gräfin von Zeppelin
(speziell Schwertlilien, Mohn und Taglilien)
Weinstr. 2
D–79295 Sulzburg-Laufen
info@graefin-v-zeppelin.com
www.graefin-v-zeppelin.com

Staudengärtnerei Schöllkopf
(speziell Phlox und Gartenchrysanthemen)
Gewand Heckwiesen
D–72770 Reutlingen (Betzingen)
info@staudengaertnerei.net
www.staudengaertnerei.net

Staudengärtnerei Sprich
(speziell Storchschnabel, Kräuter)
Papierweg 20
D–79400 Kandern
gaertnerei@staudensprich.de
www.staudensprich.de